QIE JI QIE XIN

且记且新

我这样写教育教学反思

曹军 著

安徽师范大学出版社
ANHUI NORMAL UNIVERSITY PRESS
·芜湖·

图书在版编目(CIP)数据

且记且新:我这样写教育教学反思 / 曹军著.—— 芜湖:安徽师范大学出版社,2023.3
ISBN 978-7-5676-5982-7

Ⅰ.①且… Ⅱ.①曹… Ⅲ.①中学教育—教育研究 Ⅳ.①G632.0

中国国家版本馆CIP数据核字(2023)第071312号

且记且新:我这样写教育教学反思

曹 军◎著

责任编辑:赵传慧　　　　　　　责任校对:祝凤霞
装帧设计:张德宝　汤彬彬　　　责任印制:桑国磊
出版发行:安徽师范大学出版社
　　　　　芜湖市北京东路1号安徽师范大学赭山校区
网　　址:http://www.ahnupress.com/
发 行 部:0553-3883578　5910327　5910310(传真)
印　　刷:苏州市古得堡数码印刷有限公司
版　　次:2023年3月第1版
印　　次:2023年3月第1次印刷
规　　格:700 mm×1000 mm　1/16
印　　张:17.5
字　　数:278千字
书　　号:ISBN 978-7-5676-5982-7
定　　价:59.00元

凡发现图书有质量问题,请与我社联系(联系电话:0553-5910315)

前　言

　　每位教师都是"一本书"，都有属于自己的教育故事。读懂这本"书"、写好自己的教育故事，是教师的职业追求。做教师时间越长，实践经验越多，对教育教学的解读也越丰富，这些经验和解读需要通过记录整理才能更好地保存。"学而不思则罔，思而不学则殆。"思考是人类前行的有力武器，我们要正视思考的力量，在学习、工作中留点时间思考。教师一直在和人打交道，永远在面对年轻而鲜活的生命。教师教给学生的知识，多年以后可能会过时或被学生遗忘，但教给学生为人处世的道理则是学生一生的财富。教学没有最好，只有更好，我们要坚持不懈去研究学生、研究教学、研究教育，优化、提升、创新自己的教育教学，做有思想的行动者，而反思正是实现这一目标的有效途径。

　　古希腊思想家柏拉图说："思考的危机决定了一个人一生的危机。"如果一位教师每天除了上课还是上课，不关注教育动态，没有广泛的阅读，没有深度的教育反思，长此以往，就会成为落伍的、不受学生欢迎的老师。教育者的初心，就是培养人才。教师不仅要有扎实的专业知识和宽厚的教育素养，更要具有为党育人、为国育才的视野和情怀，具有俯下身倾听、洞察、支持人成长的能力和智慧。教师要成为拥有大智慧的人，就离不开实践、离不开读书、离不开反思。

　　1996年至今我一直在乡村教书，虽身处偏远地区，但使命崇高、责任重大。农村学生学习不一定很好，表现不一定优秀，但我们要坚守教育初心，尽心尽力做好本职工作，助推学生成人成才。每一天我都在播种希望，每天的课堂和眼前的学生就是我反思和研究的鲜活素材，从做好一件件小事、解决一个个小问题入手，在实践中观察，在观察中反思，在反思中探索，用爱心和智慧培育学生心中求真向善的种子。一路走来，遇到过诸多困难和挑战,也积累了一些经验和成果,今后我还会在这条路上一直走下去。

从事高中地理教学的这些年,教学反思成了我生活的一种需要、一种习惯。每天的教学活动,哪些成功了,哪些失败了,哪些还需进一步改进,及时叙之以文,将看到、想到的东西记录下来,一事一议或一天一议,涉及教育教学的方方面面。这些反思也许并不深刻也不"前卫",但真实记录了一位农村教师课堂内外发生的点点滴滴及所思所盼,记录了一位教师工作和成长的轨迹。我深切地感到,教学反思贵在坚持和创新,说真话,说自己的话,说实在的话,唯有如此,教学反思才有生命活力。

本书精选了2018年1月至2021年12月本人所写的教育教学反思,从身边小事说起,聚焦课堂、聚焦学生、聚焦教育,话题广泛,主要包括六个部分。一是教学过程反思。本部分涉及教学理念、教学设计、教学行为、教学评价和展望等方面内容。二是学生成长反思。本部分涉及学情分析、学习指导、学习品格、素养培育等方面内容。三是教材课程反思。本部分涉及课标解读、教材分析、知识拓展、课程建设和开发等方面内容。四是教师素养反思。本部分涉及教师学习与实践、借鉴与研究、内化与提升、创新引领等方面内容。五是教育生态反思。本部分涉及"三全育人"、"五育融合"、教育协作等方面内容。六是人生事业反思。人生事业是教师常谈的话题,本部分涉及理想信念、道德情操、生活态度等方面内容。

本书的教育教学反思大多是在工作日记录的。受疫情影响,2020年春学期居家学习期间教育教学反思曾停止了一段时间。书中涉及的教学内容主要来自鲁教版高中地理教材。每则反思都有日期和明确的主题,整理时,我对原稿进行了修改和完善,主观上确实下了一番功夫。有些地理素材或数据和当下相比有较大出入的,作了更新或改正,相差不大的未作改动。如果这些教育教学反思能给大家带来一些收获和启示,我就满足了。

在整理书稿的过程中,南京师范大学赵媛教授对书稿提出修改意见,许多同仁也提出了宝贵意见。在此向他们表示衷心的感谢!

由于水平有限,书中不妥之处在所难免,希望广大读者批评指正,以求今后不断完善。

曹 军
2022年7月5日

目　录

教学过程反思

学生成长反思

教材课程反思

教师素养反思

教育生态反思

人生事业反思

教学过程反思

我们教育者的伟大而光荣的使命，就是在每一个受教育者的心上培植崇高的理想。

——苏霍姆林斯基

问题式教学的关键 | 2018-01-04,星期四

问题式教学的关键是分析基于课程标准和教材内容的核心真实问题。问题设计应紧扣学习目标与核心素养,遵循学生的认知水平和知识基础,注重问题的生活化与层次性,增强问题的趣味性和可操作性。在此基础上设计贯穿课堂教学全过程的问题情境,引导学生在解决问题的过程中构建知识的意义,形成对知识的深层理解。但我们要注意,问题式教学不是"万能模式",它更适用于综合性地理知识的教学,如探讨风的形成、洋流分布规律、产业发展、城市化、环境污染等。而地理概念、类型划分、空间分布等单一型地理知识,有时只需说明或交代一下学生即明白,不太适用问题式教学。另外,在运用问题式教学方式时,课堂呈现的问题不宜太多,要多设计"高品质"的问题,要突出逻辑性和层次性。

教师德育常态化 | 2018-01-12,星期五

地理课堂存在德育吗?大家回答都是肯定的。但很多教师认为,只有在讲人口、城市、农业、可持续发展等知识时才好融入德育,而在讲自然地理知识时,不好融入德育。如果不讲与时政、与经济社会发展相关的知识,地理课堂还有德育吗?答案是"有"。其实,在任何一门学科的课堂教学中,都存在直接的德育和间接的德育(包括隐性的德育)。其中,隐性德育指的是教学方法、课堂组织形式、师生互动方式等方面的教育作用,这些方面都会对青少年的品德形成产生深刻影响。在教育实践中,每位教师都应该意识到自己是一名德育工作者,是课程思政的践行者。作为一名教师,我们每一次课堂教学都在开展德育,自己的一言一行、与学生的互动,难道会与德育分离?人人都是德育实践者,教育存在德育性,每位教师都要在教学时自觉、有效地融入德育。教师德育常态化是教育发展的本然性要求。

搞好"过程教学" | 2018-01-17,星期三

以往的"结论式"教学过程是单一的,即教师帮助学生理解知识点,然后设计典型例子进行分析和练习,再不断强化。"过程教学"则不同,它关注

学生在教师指导下的知识及思维能力的形成过程,既关注学生对知识的透彻理解,也关注学生在理解知识的同时是否习得了思考问题的一般性方法和策略。"过程教学"的重要特征是注重过程反馈,注重思路评价,注重对知识、技能的获得过程,即对解题思路或训练步骤做出评价,同时对情感态度的内心体验做出评价。"过程教学"不是将结论告诉学生,而是让学生在教师的指导下自己去探索,把"死"的结论变成生成知识的"活"的过程,使学生在理解知识的同时,培育认知能力和情感态度,提升学科核心素养。

注意语言表达 | 2018-01-24,星期三

上课前,我挟着试卷,匆匆走进高二(5)班教室。期末考试成绩揭晓,高二(5)班这次考试有10多人不及格,这出乎我的意料!因为我在这个班花的时间很多。在通报成绩后,我说:"有人考这么差,你复习了吗?你认真做题了吗?你的心思在学习上?平时不看书,不认真写作业,你对得起自己吗?"……我训斥了学生一番,有的学生低下了头,有的学生却不以为然,甚至窃窃私语,对我的话似乎无动于衷,这又有什么效果呢?学生不是没听到我的话,而是我说的话太"刻薄"了,伤害了他们的自尊心,所以他们反而无所谓了。学生考不好,不能全怪学生,教师也有责任。批评和指责的话说多了,不仅无助于解决问题,还会"雪上加霜"。在课堂上,教师要控制住自己的情绪,注意表达方法,这是教师十分重要的素养。

表征知识本质联系 | 2018-01-25,星期四

针对地理教材中的易错点、难点,教学中,教师多使用动态的、具有"即时推演"功能的图片或AR软件进行授课,有利于学生了解地理现象的演化过程,减少表层因素干扰,加深对知识本质的理解。如学习新月形沙丘的相关知识时,学生往往对新月形沙丘的风向产生误解,主要因为教师讲授时呈现的是静态的俯视图或侧视图,学生本能想到的是沙丘的凹陷处由风的侵蚀所致。教师如果使用动态图片或AR软件展示,那么学生就能看清新月形沙丘的形成过程。再如,河流"凸岸堆积,凹岸侵蚀"的知识点,有的学生会搞混淆。如果借助动态的流水作用图,学生就能清晰地看出泥沙堆积的位置和形成的地表形态,印象就会更加深刻了。当然,借助地理实验

也能进行观察,效果也很好。

具身认知的优势 | 2018-01-30,周二

从自身的直观感受出发的认知就是具身认知。具身认知强调自身在认知过程中的地位和作用,强调认识的本质在于意义的构造,自身赋予认知以载体与意义,自身与认知作为整体而存在。高中生的思维处于形象思维向抽象思维转化的阶段,地理事象的呈现是由多个形象因子共同作用形成的,需要学生进行分析、归纳,内化知识。情境教学法是具身化教学思维方式的重要体现,即从学生自身的认知水平和经验出发,将学生置于某个具体的情境中,去感知地理事物发展过程、分析地理事象,最后得出地理规律。例如,我国东部地区的河流大多是外流河,补给来源多为降水和地下水,新疆地区有许多内流河,河流补给类型和季节各有差异。设置问题:冰川补给的河流季节性变化表现在哪里?河流枯水期为什么没有断流?学生讨论交流,教师点评。

为何提不出问题 | 2018-02-01,星期四

今天我在课堂上讲解完"人口合理容量"后,问学生有没有问题,大家一言不发,只是看着我。无奈,我只好找了几个问题,让学生回答。学生提不出问题的现象由来已久,值得关注。爱因斯坦说:"提出一个问题,往往比解决一个问题更重要。"学生能提问,不仅意味着他观察思考并产生了困惑,而且说明他对该知识有了一定的理解。学生提不出问题,究其原因,有三个方面:一是意愿,即他们不想提问题。有的学生认为,学习就是学现成的知识,不需要再去发问,甚至一些教师也这么认为。二是能力,即学生不会提问题。学生思路不开阔,跳不出书本或前人的"框框",书读得少、知识面窄,哪来问题可言?即使有一点疑问,也认为微不足道。三是环境影响。看到别的同学没有提问,自己有想法也不愿说出来。所以,我们要大力创设让学生敢于提问、敢于质疑的环境和氛围。

破解"最大困惑区" | 2018-02-02,星期五

"热力环流"是大气运动的最基本形式,但在日常教学中仍有部分学生

难以理解。学生的困惑到底在哪里？我调查发现，主要是学生对热力环流的形成过程理解不够。我想了个办法，上课时我带来一个热水壶，倒进大半壶的水，插上电源。过了10多分钟，水烧开了。我把热水壶放到前面桌子上，问："水开了，水汽向哪个方向冒？""向上！"学生回答。我接着问："为什么会向上冒？"学生回答："水被加热了，所以会向上冒。""水汽到达天花板后向哪里流动？"我问。学生说向四周流动。"为什么向四周流动？"我追问。学生热烈讨论起来……通过这个实验，学生就清楚了热力环流的形成过程，化解了他们的困惑，教学就顺利多了。要提高教学效果，就得破解学生的"最大困惑区"，为此教师要清楚学生的困惑是什么，明确教学的着力点。基于学生的"最大困惑区"设计教学活动，如此教学就有了针对性和生命活力。

"问题"从何而来 | 2018-02-28，星期三

很多时候，教师在课堂上抛出的问题并不能"牵一发而动全身"，期待的行云流水般的教学场景也并未出现，课堂气氛沉闷，教学效果不够理想。我想，这是因为教师备课只备了教材教法，而没有关注学生，没有从学生的思想困惑出发。虽然课程标准和教材编排，总体上都顾及了学生的认知特点和学习规律，但这并不意味着每一堂课教师的教学都能紧扣学生的需求。很多时候我们忘记了一个朴素的道理——学习是学生在学，而不是教师在教；教师的"教"只不过是为学生的"学"服务。无论备课还是上课，教师最关心的应是学生有什么疑惑，教学的问题应该来自学生，而不是来自教案。教师上课时，结合教材设计一些提问是必要的。如果教学问题从学生中来，使学生在学习一开始就处于主动地位和兴奋状态，教师就能直接把握学生的思维状况，教学就更有针对性。优秀的教师总能够将教师设疑与学生提问巧妙地结合起来。学生的疑问越多，说明学生的思维越活跃，这正是课堂成功的标志。

核心素养导向下的教学设计 | 2018-03-01，星期四

2017年版普通高中地理课程标准中的教学建议和要求启示我们，以核心素养为取向的教学设计应具备以下特征：①教学设计的价值取向（理

念)要转变为"培养地理学科核心素养,落实立德树人根本任务";②教学理念要转变为以学生为中心,做学生学习的引导者、促进者和辅助者;③教学关注点要转变为关注学的过程,了解学生知道什么、学什么、如何学,以学定教;④教学目标要转变为让学生在真实、复杂或劣构的问题情境下,培养学生分析、解决问题的能力;⑤学习方法要指向"深度学习",在多样的地理活动中实践、探索自然和世界的本质;⑥依托地理信息技术,优化各种教学资源的开发与利用;⑦教学过程要凸显师生互动交流,在师生互动中发现问题、分析问题,培养学生解决问题的能力,内化与提升学科核心素养。

生成与体验 | 2018-03-15,星期四

生成与体验是学生深度参与解决问题的突出表现。生成贯穿解决问题的始终。首先,教师要引导学生从真实情境中提出有价值的问题。学生发现和提出地理问题的过程就是自我引导、主动建构的过程。比如,针对盐城市提出的"向海图强"发展战略,有学生认为盐城拥有江苏省最长的海岸线、最大的沿海滩涂,向海洋发展前景广阔;有学生认为盐城沿海旅游资源丰富,旅游业发展空间大;也有学生认为盐城沿海属淤泥质海岸,筑港条件差,发展海洋运输前景不大。这些都是值得探讨的问题!在解决问题的过程中,首先要让学生对所获得的经验进行审视与重组,生成有意义的认知。其次,从体验的角度看,要把学习任务与学生的经验、经历、生活对接起来,把学科活动与自然、社会大课堂联系起来。例如,组织学生进行沿海自然环境考察、查阅资料,并走访生态环境相关部门,激发学生探究现实地理问题的兴趣,在实践中感悟可持续发展和人地协调的重要性,这对培养学生地理核心素养是大有好处的。

探讨"精讲多练" | 2018-03-20,星期二

对于课堂教学形式,有教师特别推崇"精讲多练",认为这种形式体现了教师为主导、学生为主体的原则,学生参与度高,效果好。"精讲多练"是不是最优教学形式?有必要探讨一下。我通过观察发现,"精讲多练"对不同学生产生的效果有差别。对中等生来说比较适用,因为他们有一定学习

基础,教师"精讲"他们才有可能理解,教师讲多了他们反而无法及时消化,"精讲"后再辅助一些练习,学生就能较好地掌握知识。但对学困生(指学习困难的学生)来说,"精讲多练"效果并不明显。学困生学习基础薄弱,理解和应用能力都有欠缺,教师讲少了,或者对知识讲解不够透彻,他们理解就会遇到困难,做大量练习也变得没什么意义。所以对于学困生,教师应该在"讲"上下功夫,力求通俗易懂、深入浅出,留出时间让他们理解、消化。而对于优等生来说,"精讲多练"并不能满足他们对知识的需求,会产生"吃不饱"的问题。教师"精讲"的内容他们懂了,他们更希望教师在课堂上能多讲些新的、实用的知识,这样他们才会感到充实。当然,学生不喜欢教师"满堂灌",更希望教师能和他们互动交流,给他们一些展示的机会。所以,"精讲多练"只是教学的一种方法,有优势也有不足,教学方法要依据学情而定。

设计地理实验 ｜ 2018-03-22,星期四

我在讲授"外力作用与地表形态"时,引导学生做如下地理实验,让学生观察流水侵蚀作用的过程,理解其发生原理:

1.实验的步骤和过程。

(1)在教学楼西南侧一块泥土地上撒上一些石子、沙子(约5千克),学生观察并记录石子、沙子的具体位置;

(2)用一根长塑料管子,接上教学楼西侧的自来水龙头;

(3)打开自来水龙头,控制好水速,使水通过塑料管子流向泥土地,学生观察泥土地上石子、沙子的流动;

(4)5分钟后,学生观察并记录石子、沙子的具体位置。

2.引导学生分析探讨。

(1)塑料管子出水口处,"地表形态"发生了怎样的变化?

(2)石子、沙子被冲到哪里去了?是否堆积在一起?

(3)请对观察到的现象进行解释。

这种实验活动从学生的生活经验出发,容易操作,为学生提供了直接观察的机会,符合学生的认知规律,提升学生的学习兴趣,促进学生更好地掌握地理知识。

理解"河流阶地" | 2018-03-23，星期五

在地理试题中，经常出现考查河流阶地的题目，有教师对此不够熟悉，评讲试题就会遇到麻烦，所以有必要弄清这一概念。河流阶地是指在地质作用下，原先的河谷底部（河床或河漫滩）超出一般洪水位以上，呈阶梯状分布在河谷谷坡的地形。阶地主要是在地壳垂直升降运动的影响下，由河流的下切侵蚀作用形成，是内外力共同作用的结果。有几级阶地，就有过几次地壳运动。下图是发源于太行山的拒马河的河流阶地，具有典型性。

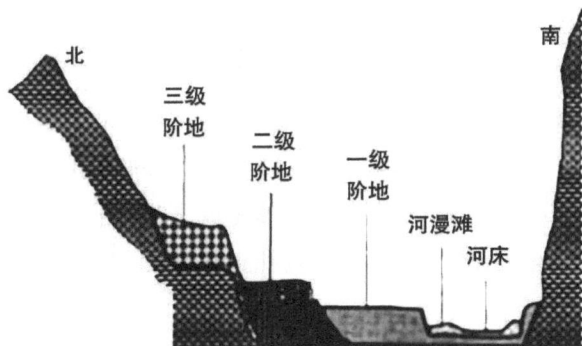

拒马河阶地示意图

当河流流经地区的地壳上升时，河床纵剖面的比降加大，流水侵蚀作用加强，河流下切，形成阶地。一般情况下，阶地位置越高，年代越老。一般地，河流阶地土壤肥沃，灌溉便利，有利于农耕，所以早期人类活动一般首选在河流阶地。

品德修养的内生动力 | 2018-03-29，星期四

坚持育人为本，聚焦立德树人使命，培育和践行社会主义核心价值观，关键是把德育融入学校教育教学各个环节。随着立德树人向更宽领域、更高水平拓展，我们不能简单地将德行视为施教者对受教育者的外在要求和压力，应该充分调动受教育者的积极性、主动性和创造性，让每个受教育者重视自身品德养成，并明确成长成才志向，逐渐达到自觉自省自悟的境界，形成强大的内生动力，这样才能使立德树人理念焕发出更为持久的生命力。所以我们不仅要教育而且要关心帮助每个学生，做细做实学生思想政治工作，为他们提供适合的教育，让他们学会知识技能、学会动手动脑、学

会生活生存、学会做人做事,取得实实在在的收获与进步,让学生能真正感受到校园生活的美好,促进他们主动适应社会,努力成长为社会有用之才。

课堂要"形"不要"僵" | 2018-03-30,星期五

课堂要"形","形"即课堂的形式和外在表现,如讲授环节、师生互动、教学节奏、教学方法等。教师在课堂上要把握教学节奏,合理规划和设计各个环节,时间分配上要向重点知识倾斜、向学生容易混淆的知识倾斜,要兼顾不同学习程度的学生。师生互动设计要既能让课堂富有表现力,又能激发学生的学习动力,使其学到真知。比如,地理课堂中案例教学设计,案例和情境增强时代感和乡土气息,更容易吸引学生,有利于学生理解核心知识。课堂不要"僵",如果课堂固化、形式单一,缺乏教学环节的优化和整体教学节奏的把握,"填鸭式"教学,就不能真正调动学生的积极性。教师讲得津津有味,学生听得昏昏欲睡,教师完成了教学任务,却忽视了学生的认知感受。"教""学"两张皮,照本宣科和生搬硬套的教学,很难提高学生的认知水平。

重要的是探究过程 | 2018-04-02,星期一

一位老师在讲解煤、石油的形成原因时,学生的回答五花八门。有的学生说是内力作用形成的,有的学生说是外力作用形成的,也有学生不清楚。见此情形,该老师就直接告诉学生:"煤、石油是远古时代动植物遗体堆积形成的,其能量来自太阳辐射。"少了探究,老师省时省力,学生直接记住结论。可是学生能深入理解吗? 这样的教学,出发点不是基于知识的发展,也不是基于学生认识过程,聚焦的始终是知识结论。其实,学生"心中的想法"虽然可能与科学理论相悖,却是学生长期生活经验和智力活动积累的结果。"灌输式"教育是用外来的知识与学生"心中的想法"进行竞争,有权威的教材在手,教师可以暂时领先,但这样的领先不仅很快会烟消云散,而且还可能会使学生对科学知识产生排斥,进而导致科学精神的缺失。我们需要教给学生的不是"结论",而是探究、思考和重新认识的过程。

用好乡土案例 ｜ 2018-04-09，星期一

今天我在讲授"工业地域的形成"时，先设计了这样的问题：盘湾工业园区在盘湾镇什么位置？这些工厂为什么选建在那里？学生热烈讨论起来。王同学说："工业园区在盘湾镇东部，那里有丰富的劳动力资源。""盘湾镇其他地方不也有丰富的劳动力吗？"我追问。王同学想了想说："东部交通更便捷。"我点头表示同意："那还有什么优势呢？"其他同学纷纷补充："那里靠近政府和医院。""水电供应充足。""土地价格低。"我点点头："盘湾工业园区就是一个工业地域，工业地域是怎么形成的？这是我们本节课要探讨的问题。请大家结合教材，思考这些工厂是怎么集聚到一起的？"我以本地的工业案例导入，学生熟悉，都能讲上几句，虽然讲得并不全对，但激起了疑问，而疑问正是学习和思考的开端。

思维型课堂的构建 ｜ 2018-04-10，星期二

美国著名教育心理学家罗伯特·斯腾伯格在《思维教学：培养聪明的学习者》一书中提出："没有思维，知识就是空洞的，是没有活力的，没有生命力的。"知识型课堂向思维型课堂转变是大势所趋，让思维之光照亮课堂，需要教师的使命担当。居于一隅还是放眼世界？安于现状还是放眼未来？教师的责任感、使命感尤为重要。一位有担当的教师，需要葆有求知心态，要像学生一样充满好奇，站在学生和教师的双立场去思考问题，让学习真正发生、持续发生，让学生在思考中学习，在学习中学会选择与判断，唤醒学生的好奇心和求知欲，培养学生解决问题的能力和批判性思维能力，最终让学生有思、有悟、有获。具体如何做是我们教师应该思考的问题。

问题链的设计 ｜ 2018-04-18，星期三

在地理课堂上，常能看到教师围绕中心议题，将其分解为一组按逻辑展开、由基本问题构成的问题链。在讲授"水稻种植业"时，我结合地图，设计了以下问题链：

水稻种植业 { 盐城水稻种植业是如何分布的？
亚洲水稻种植业是如何分布的？
盐城水稻种植业的特点是什么？
亚洲水稻种植业的区位条件及特点是什么？

这样的问题链，能启发学生的思维，帮助学生逐步理解所要解决的问题，促进其对关键知识的掌握。但问题链设计要注意以下几点：①问题链是一个明晰的知识链，能加强知识的内在关联；②问题链是一个可操作的学习链，它只是课堂教学的"统领"，设计问题链时要以学生的思维发展为导向，也可根据学情及时调整，要避免用问题链过度牵引学生的现象；③问题链的设计要避免出现仅解决某个小组的某个问题或仅涉及某个具体环节的现象，要保证全体学生都能参与各个问题的讨论分析，全面把握知识的来龙去脉。

用好思维导图 | 2018-04-20，星期五

思维导图的要素有中心主题、分支、图像和关键词等。思维导图只有一个中心主题，从主题向四周散射分支，分支上是与中心主题密切相关的关键词、短语，以表达某个核心观点。每个分支还可以有下一层的分支，形成放射状（树状）的结构。思维导图中同一层级的数目体现思维的广度，层级数量体现思维的深度。思维导图呈现的是一个思维过程，学习者能够借助思维导图提高发散思维能力，厘清思维脉络，以便于回顾整个思维过程。下图是"水资源短缺的解决措施"思维导图。

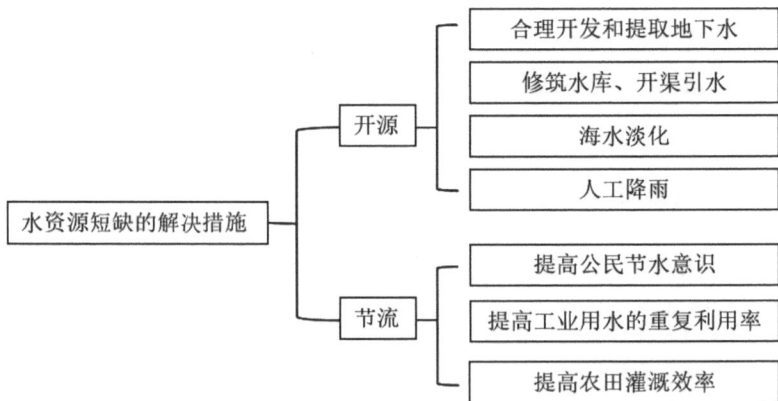

```
水资源短缺的解决措施 ─┬─ 开源 ─┬─ 合理开发和提取地下水
                      │        ├─ 修筑水库、开渠引水
                      │        ├─ 海水淡化
                      │        └─ 人工降雨
                      │
                      └─ 节流 ─┬─ 提高公民节水意识
                               ├─ 提高工业用水的重复利用率
                               └─ 提高农田灌溉效率
```

"习题"和"问题" | 2018-04-23，星期一

"题海战术"仍是部分学校应对考试的主要策略。实际上，学生每天做的"习题"和"问题"有本质的区别。习题前50%的工作是出题人完成的，设计情境、创设条件、提出假设或疑问，来考查学生分析、解决问题的能力，而学生做题的目的是获取"标准答案"。大量的"习题"能不能提高学生的应试能力？能不能提升学生的学科核心素养？其实，学习需要"问题"，习题中有"问题"，但是，与学生在学习过程中产生的"问题"相比，出题人设计的"问题"对学生学习能力和素养的提升作用还是有限的。从情境、实践入手经历事实、发现问题，这才是更有效的学习方式。没有实践就没有问题，没有问题就没有猜想和探究。关于"锋面系统"，我们在课堂上讲过很多遍，为什么还有些学生弄不清楚？主要原因在于学生缺乏这方面的生活经历和体验。如果我们引导学生设计锋面的模拟实验并进行观察，那么学生对冷锋、暖锋相关知识的印象就会更深刻，同时也会产生一系列疑问，这会促使他们进一步探究，核心素养自然就提升了。

短视频的应用 | 2018-04-27，星期五

今天我在高二(6)班讲授"城市空间结构"时，选用了科普短视频《真正的"一线"城市》导入。该视频介绍了兰州沿黄河东西延伸的城市布局的形成，虽然时长只有三分钟，但是材料新颖、视觉冲击力强，立刻引起了学生的关注，整节课学生参与热情高、效果好。上周我使用短视频《北纬30°》，对地中海气候的分布、成因、特点进行了回顾，同样取得了较好的教学效果。课堂导入就是要激趣设疑、开篇点题，短时间内达到"引人入胜"的目的。短视频不仅可以作为课堂导入材料，在教学过程中也可用作教学材料，对某些环节进行再探讨、再分析。选取恰当的短视频会给课堂教学增加亮点。当然，每节课使用短视频次数不宜超过3次，太多会干扰学生学习关键知识。

创新方法讲交通运输 | 2018-05-04，星期五

在复习"中国的铁路干线"内容时，我创新教学方法，利用多媒体带学

生"云旅游",在旅游过程中了解全国主要铁路干线。讲课前,我告诉学生:"我们全班同学组成一个旅游团,我任导游,带领大家从盐城出发,乘火车到全国各地来一次'长途旅游'。当然和日常旅游相比,本次旅游路程长、时间短并且免费!"全班顿时哄堂大笑,学生的注意力立刻被吸引。沿着旅游路线(全国主要铁路干线),我向大家介绍铁路干线的起点城市、沿途经过的城市和地形状况、终点城市等,让学生到黑板上填图和指认,这样就基本弄清了全国铁路干线的分布大势。学生仿佛身临其境,对重要铁路干线及枢纽城市留下了深刻印象,课堂气氛活跃,教学效果较好。

思政教育不可少 | 2018-05-10,星期四

有老师在讲授"交通运输布局"时,既介绍了交通运输线、交通运输站点建设的影响因素,又结合青藏铁路、上海港等实例进行分析,但就没有对我国交通运输建设取得的成就进行点评,没有让学生感受到社会主义制度的优越性。有老师在分析"一带一路"时,讲了"一带一路"构想、发展和重要作用,但只是将相关知识以条目形式列出,让学生识记,没有联系实际让学生感受"一带一路"给我国和周边国家带来的巨大影响,难以激发学生的民族自豪感。这样的课堂就变成了知识的罗列和要点的分析,没有把握住思政教育的良好契机,这是有待改进的。高中地理教学内容涵盖了我国地形、气候、人口、城乡发展、产业发展、国家战略等丰富的国情内容,这些内容与社会主义核心价值观、爱国主义教育等密切相关。地理是高中学段与思政教育联系非常密切的学科,将思政教育融入地理教学有利于发挥地理学科的育人功能,丰富教学内容,拓展地理教学的深度和广度。因此,地理教师在实施课程思政方面是大有作为的。

略谈"地理创新" | 2018-05-14,星期一

所谓"地理创新",不是简单地指那些小制作和小发明,也不是指毫无根据的凭空臆想,而是指在地理教学过程中,学生结合所学知识产生的新颖的观点、见解和发现。比如,一次课上我让学生观看射阳县城市建设视频,大家都为我县城市建设和发展取得的巨大成就感到惊叹,但某同学却说,射阳县新城建设得虽然好,但是占用了一些耕地。该同学的看法为大

家提供了一个新的视角,值得肯定和鼓励! 地理创新包括地理创新意识、地理创新能力和地理创新习惯等方面,其中,地理创新意识是地理创新的内在动力,地理创新能力的核心是创新思维能力,如想象能力、质疑能力、预测能力等。在教学过程中,教师要及时发现学生的创新观点和见解,始终注意培育学生的地理创新意识,促进学生地理创新能力的生成。

地理基础与地理创新 | 2018-05-15,星期二

今天继续谈地理创新的话题。地理创新与地理基础有密切联系,两者在一定条件下相互促进并可实现转化,其中包含三层意思:一是地理基础是地理创新的必要条件。地理创新是在长期积累地理基础后,实现由量变到质变的飞跃过程中迸发出来的灵感。地理创新是地理基础的拓展和升华,但并非地理基础越多,创新能力就越强,两者并不是正比例关系。如果地理基础过于零碎或僵化呆板,就会束缚地理创新。二是地理创新使地理基础富有活力和灵性。创新是地理学习的灵魂,是活化地理基础的源泉,唯有创新才能使地理基础得以拓宽和发展。培育学生创新能力的最佳途径是让学生学会独立探索、发现和思考。三是地理创新成果经一定时间的积淀后能转化为新的地理基础,巩固和充实已有的地理基础。只有源于好奇、兴趣和探索,在多样化的实践活动中发现和提出的创新成果,才能真正内化进入学生已有的知识结构,并成为地理基础的重要组成部分。

问题式教学中的"问题" | 2018-05-22,星期二

问题式教学是用问题整合学习内容的教学方式,以"问题发现"和"问题解决"为主线,指导学生思考、探索和解决问题。问题式教学是培养学生地理核心素养的有效教学方法。但在实施过程中,我发现了一些问题,主要有:①预设的问题质量不高。问题的知识关联度不足,问题大多集中于"是什么""对不对""怎么办"之类,缺少"发展背景""分析评价""推广应用"之类的理性思考。②围绕问题找情境。存在情境"碎片化""简单化"现象,难以引起学生的兴趣。③课堂效率不高。教学情境体验与问题解决需要花费较多时间,基础差的学生则用时更多,这在农村学校尤为明显,教学任务往往难以完成。④教师引导不够。课堂上,教师引导不够,学生参与度

不足,学习效果难以保证。为此教师要围绕地理核心素养要求,及时调整教学目标,紧扣教学主题,选取典型情境,聚焦核心问题,引导学生全员参与、深入参与,同时要鼓励教师团队协作,加强对问题式教学过程性研究,切实提高教师问题式教学的实施水平。

"精讲"与"少讲" | 2018-05-30,星期三

课堂上教师要放弃话语统治权,逐渐转化为学生课堂精彩表现的"导演"和学生成长路上的"导游","精讲""少讲"就是其具体体现。精讲,在于善抓重点,突破难点,按知识的特点和学生认知的规律性,揭示教学内容的内在联系,教会学生剖析知识的逻辑方法,拓宽学生视野,引导学生进入更广阔的思维空间。精讲要求教师讲到"关键点"上,解决"由不知到知"的问题。精讲不是"打包"和"复制"知识,而是思维的引领和境界的提升。"少讲"则要求教师进行有效的"量"的控制。例如,生态学有耐度定律和最适合原则,在适度的范围内,生物才能得到最佳的发展。"少讲"强调扩大学生主动探究、合作交流的空间,让学生在课堂上充分思考、广泛交流,减少教师过多的"阐述",提升学生主动"吸纳"知识的能力。这样既保证了课堂中教与学的平衡,也使学生在一种较轻松的学习环境中健康成长。

对学生常说的一句话 | 2018-06-01,星期五

"课堂是教学的主阵地,抓住了课堂,也就抓住了教学的关键。"在各种教研活动、培训会上我们听到最多的就是这句话。同样,我经常对学生说的一句话是"课堂是学习的主阵地,要想学习好,大家就要认真听"。很多教师都在努力改进教学手段,千方百计提高教学效率,但很多学生并不知道教师的用心,也不清楚学习的"主战场"在哪。他们认为上课就是一个固定流程,甚至认为学得好不好是个人课后是否努力的结果,与上课关联不大。所以在课堂上,教师有必要经常提醒学生课堂的重要性,时刻关注学生在课堂上的表现,教学效果好不好,关键在于教师的组织引导是否有效,在于学生有没有认真听课。当你发现很多学生在打瞌睡或心不在焉时,你最好先暂停一下,把学生的注意力"收"回来,然后再讲课。

做好及时反馈　｜　2018-06-14，星期四

作业反馈是指教师对作业检测的结果进行分析、总结后告诉学生，让学生知道作业达成度。反馈得越及时，学生纠错、反思的效果越好。教师在精讲精练、作业批改全覆盖的前提下进行"当日反馈"效果最好。课堂教学后当天没有课后辅导的学科，教师可以隔日反馈，但也要尽量缩短反馈时间。教师反馈作业不必面面俱到，主要是点拨、讲评难题和易错题，反馈时要注意多鼓励表扬，努力达到反馈的正向效应。对学习困难的学生尽量采用面批形式，"一对一"反馈效果最好。对于学生作业中反复出错的地方，教师可以变换题目的情境、数据、条件，或选取同类型试题，引导学生进行再思考和再分析，触类旁通、举一反三，培养学生认识事物本质的能力。需要注意的是，一次性反馈的题目和内容不宜过多，否则会加重学生负担。

微课的效果评价　｜　2018-06-21，星期四

微课对学习实践操作类知识的促进效果最明显。实践操作类知识大多是实验探究或作品设计，要求学生能够动手实践。教材只是说明操作步骤，学生并不清楚实际操作的具体方法，而微课可以将材料选择、仪器组装、反应条件等实践流程清晰、形象地展示给学生，关键环节学生可以反复观看，目标达成效果好。但是微课对学习理论知识的促进作用较小，理论知识大多是基本概念、基本原理和规律，微课只能在一定程度上提高学习成效。由于理论知识的抽象性，学生理解基本概念和原理较为吃力，所以微课中虽然教师设计精巧、讲得深入，但学生掌握效果并不明显。另外，学生在课前预习和课中学习时观看微课，学习效果比较好，但对于课后复习来说，微课效果并不明显。这是因为学生在复习时，注重对已学过知识的巩固和理解，阅读纸质教材同样可以达到目的。

课堂构成要素的转变　｜　2018-06-25，星期一

传统课堂的构成有教师、学生和教材三个要素（见图1）。其中，教材是中心，教师的主要任务是"用教材、教教材"，学生的主要任务是"学教材"，师生之间围绕教材开展活动，教学过程具有单向性。而现代课堂构成三要

素转变为教师、学生和课程(见图2)。与传统课堂相比,"教材"被"课程"取代,箭头由单向变为双向。教材不再是唯一的教学资源,一切服务于学生成长和核心素养培育的技术和手段都是课程,如地图、实验仪器、多媒体、乡土环境等。课程内容多元化,教师和学生不仅是课程的使用者,也是课程的开发者,师生之间的活动由单向传输转变为双向互动。

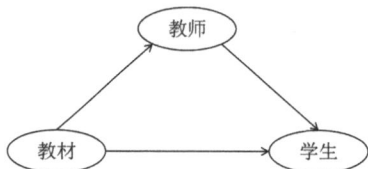

图1　传统课堂构成三要素　　　　图2　现代课堂构成三要素

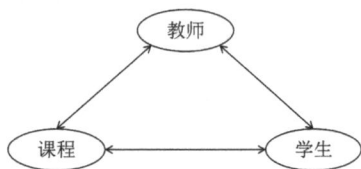

做好知识点的衔接　|　2018-09-19,星期三

今天在高一(4)班讲授"时差换算",这内容可是高一地理的难点之一。我采用板图和多媒体演示的方法,逐层推进,做好知识点的衔接。我首先从地方时使用上的混乱,引入时差产生的原因分析,然后发问:"如何解决时差混乱问题?"学生看书后回答:"实行分区计时。""那么如何分区呢?"接下来讲全球24个时区划分。"每个时区时间如何统一?"这就讲到区时,即每个时区中央经线的地方时。有了区时,时区内部时差混乱问题就解决了。"那么时区之间的区时如何换算?"这就引入了不同时区时差换算方法的探讨:同在东时区或同在西时区的两地,时差为时区序号相减;两地分别在东时区和西时区,时差为时区序号相加,换算原则是"东加西减"。这就从理论上解决了全球范围地方时使用上的混乱问题。"每个国家是否都参照这个标准呢?"这就引入对各国具体计时方法的介绍。如此分析,环环相扣,知识脉络就清晰了。

地理实验的改进　|　2018-09-25,星期二

高二地理兴趣小组昨天为了验证二氧化碳的温室效应,用密封的玻璃瓶设计了如下实验:在一个瓶子中充满二氧化碳,在另一个瓶子中充满空气,放在日光下,并用温度计进行测量(见下图)。

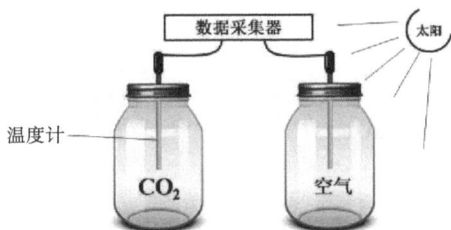

上午9时，他们把两个瓶子放在教室门口，20分钟后开始测量温度，但发现含有二氧化碳的玻璃瓶增温效果不明显。这是怎么回事呢？大家进行讨论。有同学建议将瓶子悬放在高空，以增强光照。但瓶内空气吸收的是地面辐射，而不是太阳辐射，这样做可能会减弱二氧化碳的保温作用，效果反而不好。也有同学建议将温度计放至瓶底，温度会高些，但这样测量的是瓶底温度而不是空气温度。之后大家又进行探讨，有同学提出，将瓶内底涂成黑色，同时延长两个瓶子在日光下照射的时间，这个方案获得了大家的认可。兴趣小组的同学把两个瓶子内底涂成黑色，在日光下放置45分钟，之后再测量，果然含有二氧化碳的瓶子升温效果明显了。瓶内底涂成黑色增加了瓶底吸收的太阳辐射，瓶底温度升温快了，从而使瓶内二氧化碳吸收更多瓶底辐射，瓶内温度上升明显。这样改进，就达到了预期的实验效果，验证了二氧化碳的温室效应。

打破"知识诅咒" | 2018-10-09，星期二

李老师在讲授"城市发展与城市化"时，对"郊区化""逆城市化"等概念做了分析，有的学生很快能理解，但也有学生仍不理解。李老师又讲了一遍，但也没能使所有学生都掌握这个知识点。李老师感到有些诧异。其实，教师缺乏对"知识诅咒"的认知。"知识诅咒"是一种认知偏见，指的是当一个人与他人交流时，理所当然地认为他人也有背景知识。简单地说，一旦你知道了一个信息，你就很难想象不知道该信息的情景。作为教师，我们要研究如何去克服、打破"知识诅咒"。首先，了解学生、研究学情，从学习者的角度进行教学设计和实施课堂教学，最大限度切合学生的认知水平和接受能力。其次，科学选取教学方式，采用多样化的教学手段，如情境教学、案例教学、角色体验教学、尝试教学等都是教学中可以运用的教学方式。无论选取哪种方法，都要对接学生的思维，寻找关键的连接点，消除认知偏差。最后，准确使用教学语言，要打破教学中的"知识诅咒"，就必须使用学生能听得懂的

教学过程反思

语言,教师讲解、点拨,要做到通俗易懂、深入浅出,易于学生理解。

逆向教学设计 | 2018-10-16,星期二

常规的教学设计是一种单向设计,先确定教学目标,由教学目标选择教学内容、教学方法,最后进行教学评价(见图1)。这种教学设计仅从教材内容出发,目标意识不强,教学诊断功能也较差。而逆向教学设计强调教学目标的导向性,即先确定教学目标,由教学目标直接生成教学评价,再由教学目标和教学评价设计教学活动(见图2)。

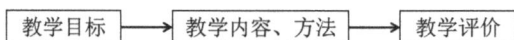

教学目标 → 教学内容、方法 → 教学评价

图1 单向教学设计示意

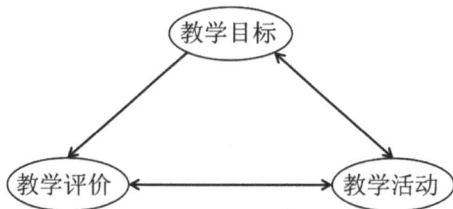

教学目标

教学评价 ← → 教学活动

图2 逆向教学设计示意

逆向教学设计从"终点"出发,将教学起点确定在学生的"最高已知"上,能真正体现学生本位。教学评价在逆向教学设计中是置前的,先于教学资源和教学策略出现,直接由教学目标导出。教学评价成为诊断和驱动教学的工具,促使教师在教学每一阶段都要思考:学生达到这个目标需要理解什么? 他们的学习起点在哪里? 如何嫁接起点与目标达成? 教师据此选择最佳资源和最优策略解决问题,形成"目标—评价—教学"的循环提升,促进高效课堂的实现。

培养学生综合思维 | 2018-10-19,星期五

综合性是地理学的重要特征,任何地理现象都是复杂地理因素综合作用的产物。在地理教学中,要通过对地理现象成因的分析和规律的总结,推导出知识之间的内在联系。以"地理环境的差异性"一节为例,在分析了水平地域分异和垂直地域分异规律之后,教师要结合实例向学生阐述:陆地表面任何一处自然景观或自然带,都是地带性因素和非地带性因素共同

作用形成的。比如,温带半干旱气候区的温带草原带,其温带的属性就是受纬度地带性因素——太阳辐射的影响;而草原景观则是受经度地带性因素——水分的影响。在温带干旱半干旱气候区的高山上分布的森林带、积雪冰川等,则是非地带性因素的影响。再比如,我国西南的横断山区,从地带性因素来分析,应是亚热带常绿阔叶林带,而澜沧江、怒江河谷中却分布着仙人掌等旱生植物,呈现干热河谷景观,这是地形对气流运动的影响而导致的,这使我国西南地区的自然景观更加复杂多样。培养学生的综合思维,有助于从整体的角度,全面、系统、动态地分析和认识地理环境,及其与人类活动的关系。

"专家思维"的教学应用 | 2018-10-31,星期三

有人认为,培养学生解决地理问题的关键是具备"专家思维","专家思维"是高考评价体系对关键能力的考查要求。一方面,在高中地理教学中,学生具备"专家思维",确实可以提升其问题解决能力,培育其学科核心素养。专家擅长以大概念来吸纳、组织信息,快速准确地建立"事实—知识—问题—方法"的关联系统,通过寻找事物之间的相似性和差异性来形成概念类别,并建构解决问题的认知模型。有人基于"专家思维"的问题解决图式来帮助学生解答高考试题,建立了体系严密、互为关联、层层推进的解题系统图式,这个方向是对的。另一方面,我们应该看到这种解题图式应用有很大局限性,因为熟悉并灵活运用这种"图式"需要极高的学科知识水平,不要说学生,就是工作多年的地理教师也不一定能熟悉并把握其中知识的关联。在高中地理教学中,刻意去引导学生建构这种庞大、完整的认知模型,往往会舍本逐末、得不偿失。在学生没有掌握好个别、零碎的知识的情况下,让他们去建构"大知识"体系,可能会失去其应有的意义。中学生在"小知识"学习上更具优势,"小知识"要先学好,"专家思维"培养才有基础。

课堂学习行为观察 | 2018-11-02,星期五

课堂学习行为是学生在课堂教学中表现出来的学习行为。就地理教学而言,主要包括:①地理问题的回答行为,即学生回答教师设置的问题时表现出来的学习行为。该行为具有可观测性和可控性的特点,教师可根据

学生的分析和回答,检测学生对地理知识的理解和应用情况。学生回答问题受到问题设计方式的影响,因此教师在设置地理问题时,应避开简单的知识类判断问题,设计有情境、有思维广度和深度的问题。②地理学习的交流行为,即在地理课堂教学中师生之间、生生之间学习交流时表现出的学习行为,包括同桌交流、小组交流和师生交流。观察、记录学生的交流行为,可评估学生对地理知识的理解、掌握情况及合作交流能力。③地理学习检测行为,指在教学检测中学生试题作答行为。这一过程是独立、静态的过程,但会受到检测方式和内容等因素影响,单次的检测并不能表明学生是否具有较高地理核心素养,只有将多次检测结果综合分析,将测评由静态过程转变为动态的测评过程,才能更客观地评价学生学科核心素养的养成情况。

高三教学的组织 | 2018-11-07,星期三

一般来说,我们倡导师生之间在课堂上进行知识的讨论、思维的碰撞、体验的分享,但高三阶段学生面临高考的压力,再进行课堂"慢"教学,并不现实。高三课堂经常被教师安排得满满当当,知识点回顾、专题复习、试题讲评等内容多、容量大,学生自主探究或合作交流就很难实现。如果学生自主活动多了,教学任务完不成,复习效率就会降低,所以教师只好"自问自答",灌输为主。但课堂上教师讲了那么多,学生能接受多少?这是一个关键问题。如果学生能把教师在课堂上讲的知识都理解、掌握了,还能考不出高分?因为有一部分学生在课堂上是不能立即理解的,哪怕他们听得再认真也无济于事。这就需要学生课后利用充足的时间自主复习,特别是晚自习,要完全"交"给学生,让学生及时复习、消化当天所学,并完成相应作业。教师晚自习进班讲课的做法应予以调整,教师可以进班答疑或个别辅导,但要给学生留出充足的自主学习时间。高三考试次数多,月考是可行的,但建议取消双周考,要保证学生每天必要的自由和休息时间。

"讲"多少适宜 | 2018-11-08,星期四

高三课堂容量大,那么教师在课堂上"讲"多少适宜呢?其实,这并没有统一标准。我们常说"教师为主导,学生为主体",这对任何年级教学都

适用。教师的"讲"是为了引导学生更好地理解和掌握,更好地"学",而不是"追赶进度""完成任务"。相比高一、高二,高三课堂讲的内容多一些,但并不是每节课都"多",有时需要多讲点,有时需要留出充足的时间让学生自主复习。优秀教师在"讲"的环节上更会注意学生状态:学生聚精会神地听、思考,他"讲"得可能多一些、深入一些;学生听不下去,厌倦、疲劳了,他"讲"得就少一些,转而督促学生振奋精神、恢复状态。但即使"满堂讲",优秀教师也会督促学生课后及时去消化、理解,而不是只"讲"而忘了学生"学"。为了吸引学生,优秀教师在备课上下足功夫,在课堂上千方百计激发学生兴趣、吸引学生注意力。有的教师课堂"讲"得也很精彩,但他们不太注意学生的学习状态,教学效果不明显。所以课堂"讲"多少,关键不是取决于教学内容本身,而是取决于学生的学习状态和掌握程度。

把握好教学难度 | 2018-11-13,星期二

在平时备课中,经常会有教师因为一些知识点要不要讲、怎么讲、讲到什么程度而犯愁,这就涉及教学的难度问题。一般来说,学科课程标准或考试说明是我们把握教学难度的依据,课程标准或考试说明中的知识要求分"了解""识别""描述""解释""说明"等层次,对应的难度是有差别的。在课堂教学中,有些知识可以一带而过,有些需要重点讲解,有些还要适当拓展。但仅靠课程标准或考试说明设置教学难度还不够,还要考虑学情,不同学校、不同班级学生学习情况不同,对应的教学设计需要作出调整。对于基础好的学生,教师上课时要尽量把知识讲"全"讲"透",难度可大一些;而对于学习基础薄弱的学生,教学难度就要控制,一些难度大、能力要求高的知识点可以少讲或不讲。同时,教师要考虑学生的"最近发展区",学生"跳一跳"能学会的知识,课堂上也要讲。当然,不管哪一类学生,基本的学科知识、核心知识都应该讲,如果课堂连基本的学科知识也不讲,那就是教师的责任了。

"有效失败"的运用 | 2018-11-14,星期三

在高中地理教学中,对一些重难点知识,如"地球运动""天气系统""气候类型"等,教师可以先设计情境或问题,让学生自主探讨其中的原因、特

点或规律,得出初步结论,然后在此基础上引导学生对不同结论进行辨析,去伪存真,最后进行总结、验证,这样可以加深学生对知识的理解。让学生经历出错过程,从而形成新的认知,这可称为"有效失败"。"有效失败"设计的重点不在于提供初始的学习支持,而是让学生有意识地置身于问题情境中,且问题的解决需要他们运用要学的知识。在接触问题初始阶段,学生自行探索解决方案,并思考其合理性。在短时间内,他们可能无法提出正确的解决方案,但会意识到认知不足从而寻求改进。这时再由教师引导他们对解决方案进行探讨分析,找到科学、合理的解决方案。经历过"失败"的学生在这一过程中对关键知识的理解会更深刻,印象会更深。与直接教学相比,"有效失败"对概念理解和知识迁移应用有积极影响,但对基础知识习得的作用并不明显。当然,"有效失败"离不开学生的实际参与,需要学生充分思考和质疑,而不是简单的问与答,所以教师要精心设计教学情境和学习环节,让学生通过"有效失败"实现真正的深度学习。

学习动力问题 | 2018-11-27,星期二

在课堂上,为何会出现学生心不在焉、昏昏欲睡的现象?为什么老师反复提醒,但学生依然难以进入"角色"?同一个班级的学生,为什么有的学生学习一直很认真,不需要老师操心,但有的学生学习一直不在状态,"问题"不断?这是因为他们在学习动力方面存在差别。教师要引导学生在心理上产生强烈的学习需求,进而进入专注的学习状态。认为学习与己无关或难以逾越学习困难的学生,在课堂上必然呈现心不在焉、无所事事的状态。学习动力还来自学生心里的一种自由状态(无恐惧状态)。留心观察发现,那些学习较好的学生思维活跃,在关注老师讲课的同时,自己也会生成一些新的想法,而且渴望表达出来,他们更愿意和老师沟通交流。"问题"学生可能充满了奇思怪想,但他们的思绪不是围绕课堂,而是去想自己感兴趣的其他事了。

挑战性学习任务的设计 | 2018-12-03,星期一

深度学习中挑战性学习任务的设计需要教师依据学科体系,选择地理课程中最为核心的知识,并将这些核心知识与现实社会、与学生生活经验

相关联,使学生对地理核心知识有更深刻的理解。挑战性学习任务可以依据课标要求设计,也可以依据学生的知识基础、学习能力与目标达成之间的差异设计。如在"产业区位选择"单元中设计的"盐城地区能否大面积发展大棚蔬菜种植""高新技术产业能否成为国民经济的主导产业""工业生产能否实现零排放"等问题,就属于挑战性学习任务。一般来说,挑战性学习任务蕴含问题分析框架,能给学生思考和分析问题提供思想方法引领。挑战性学习任务应指向运用地理原理和规律阐释、分析、评价地理事象和地理问题等高阶思维的发展,而不仅仅是知识的记忆和解释。挑战性学习任务包含一些开放性较强的问题,不一定有"标准答案",可能需要学生思考较长时间,但这样的学习任务贵在培养学生的思辨能力和创新能力。

谈教学效能感 | 2018-12-10,星期一

教学效能感是指教师对自己完成教学任务能力的主观判断和评价,它直接影响教师对教学活动的自我监督和调控。一般来说,教学效能感高的教师对自己的教学能力充满信心,常能确立既适合于自己能力水平,又富有挑战性的教学目标,精神饱满、积极主动地进行教学活动;敢于正视教学中遇到的困难或矛盾,并积极采取各种方法努力去解决,以保证教学的成功。教学效能感低的教师则不然,他们对自己的教学能力缺乏信心,在工作中常感到焦虑,在确定教学目标时容易选取简单的任务,降低对自己的要求;在教学过程中,往往采取消极、应付的态度,过多地注意自己教学上的缺陷,觉得自己无力改变现状,不愿去努力,一遇到困难就回避,表现出教学自我监督意识和能力的缺乏。教学效能感是影响教师教学水平发挥和职业幸福感的一个重要的内部因素。

地理教育基本问题 | 2018-12-12,星期三

目前对于学科核心素养的研究有很多,对教师来说,首先要思考地理教育的一些基本问题:地理学是一门什么样的学科? 地理课程可培养学生什么样的素养? 地理学最基本的研究方法是什么? ……这些问题直指地理学的本质。有的教师没有认真思考过这些问题,教学处于"被动"状态,研究和创新意识比较薄弱。其实,通过地理课程学习,学生应认识到地理

学是研究人与地理环境相互关系的学科,它的使命是解决人口、资源、环境和发展面临的复杂问题,其目标不仅仅在于解释过去,更在于服务现在、预测未来,这对个人和社会发展是极有价值的。地理学的思想和方法独具一格,以综合的、区域的、动态的视角观察世界,以多样的方法(调查、考察、观测等)研究问题,对开阔视野、活跃思维、提高关键能力具有重要作用。只有从地理学的本质出发,把握学科的特色和优势,从价值观念、必备品格、关键能力三方面培养学生地理核心素养,才能充分彰显地理课程的育人价值。

选择学习方式 | 2018-12-19,星期三

问题式教学中学习方式的选择主要依据所学地理知识是否能指导解决实际问题,是否能提高关键能力。如果学习者可以通过所学知识参加实践活动并解决实际问题,那么该类知识可以选择实践学习方式。比如,城市功能分区、水污染现状、农作物分布等知识都可选择实践学习方式。如果所学知识在实际情境中难以生成并且指向理论或认知类问题,那么可以选择探究学习方式。如学习"地球的圈层结构"时,需要从学习资料中了解地球内部圈层划分、各圈层厚度、物质状态等,这些很难从自身经历或实践活动中获得,所以针对地球内部圈层结构的知识点可选择探究学习方式。而地球外部圈层,如大气圈、水圈、生物圈与生活环境密切相关,可选择体验式学习方式,各种学习方式混合交叉进行。

人文地理教学路径 | 2018-12-21,星期五

人文地理学是地理学的两大支柱学科之一,以人类活动及其与地理环境的关系为研究对象。人文地理学的分支学科有经济地理学、人口地理学、文化地理学、历史地理学等。高中人文地理课程主要阐述人类社会经济活动(现象)与地理环境的关系。人文地理学的一般教学路径可归纳为:人类活动空间定位—区域地理条件分析—人类活动区位选择—区位地理条件变化分析—区域可持续发展决策。例如,关于人口与环境,地理学研究的是全球或区域的资源环境究竟能养活多少人,影响人口分布的主要因素,人口怎样分布才算合理,如何实现人口增长与资源环境协调发展等。

聚焦区域发展是人文地理学研究的落脚点,促进人地协调和可持续发展是人文地理学研究的目标,所以在教学中要把握"区域视角"和"人地关系视角",重视区位选择分析,培育学生学科核心素养,实现人文地理学的育人价值。

控制好情绪 | 2019-01-03,星期四

今天在高二(2)班上第四节课,我正带领同学们复习教材内容,门被推开,一声"报告"打破了教室的宁静,大家将目光投向门外。又是某同学,平时就很散漫,经常迟到,但此时我没有指责他,说道:"进来吧,外面有点冷,早点回教室!"大家笑了,该同学也笑着走到座位坐下。我继续上课,教学没受什么影响。其实,像该同学这样的学生我见过很多,以前上课见到迟到的学生,我会批评甚至训斥几句。批评甚至训斥有什么效果呢?当事学生受了"教育",没了面子,也无意中使课堂氛围变得"凝重"起来,影响大家参与教学活动的热情,得不偿失。调动学生的兴趣,让他们在轻松、愉悦的氛围中学习,这是上好课的前提。因此,作为一名教师,不管课前或课堂上发生了什么事,都应控制好情绪,努力用智慧去化解麻烦,切不可一时性急、情绪失控,失去上好一节课的机会。

增强地理课吸引力和感染力 | 2019-01-04,星期五

地理课是中小学落实立德树人根本任务的重要课程。面对错综复杂的国内外形势,教师能不能在地理课堂上有效传播主流价值观,把大是大非的问题讲清楚,事关学生对中国特色社会主义的信念和对实现中华民族伟大复兴中国梦的信心。地理教学的吸引力、感染力往往与教师的人格魅力密切相关,地理教师只有具备高尚的人格,自觉做为学为人的表率,才能感染学生、培养学生。少数学校地理课刻板单一、亲和力不够,要加大教学改革力度,使教学形式更接地气。地理教师应努力提升授课水平,在授课风格、授课形式、授课语言上大胆探索创新,同时要清醒地意识到增强地理教学亲和力和生动性,并不意味着课堂的娱乐化甚至庸俗化。只有坚持以理服人、以情动人,和学生形成思想交流和情感互动,才能让学生找到学习的内在动力,激发学生深入思考,打开学生创造性思维的大门,引导学生形

成正确的世界观、人生观和价值观。

教学目标的设计 | 2019-01-07,星期一

有教师设计的地理教学目标是按课程目标分类表述的,对一节课在"人地协调观""综合思维""区域认知""地理实践力"方面各要达到怎样的水平,进行逐条表述,这样看起来完整,实际上流于形式。课程目标是对整个课程的总体要求,具体的一节课只能聚焦部分学科核心素养,机械地按照四大核心素养面面俱到地设计教学目标,会导致教学目标表面化、形式化、重点不突出,没有必要。在课程目标与教学目标之间,应有学段目标和单元目标,可以结合学段和单元的具体内容,设计地理核心素养目标。例如,要落实"地理实践力"这一核心素养,每节课都开展实践活动是不现实的,但可以在一个月或一个学期内,结合具体内容开展几次地理实践活动,而且实践活动形式也可以是多样的,力争使每个学生都有参与机会。所以,地理教学目标的设计应突出可评价性,从可观察的角度具体描述,要实事求是,保证学习结果的达成程度可通过一定的方式进行评价。

共同解决问题 | 2019-01-08,星期二

我在讲"热力环流"时,提出的疑问是:热力环流是如何"环流"起来的? 如何验证热力环流? 围绕疑问同学们展开探讨。有学生提出,点燃的蜡烛,烟气向上冒,以此验证地面受热,大气膨胀上升;有学生说,家里烧开水(蒸馒头),热气从厨房门框的上部流向室外,就能说明大气水平流动了……在整个问题的解决过程中,教师和学生都起到了重要作用,问题是全体师生共同推动解决的。所以问题产生后,教师不应代替学生回答,而应启发、引导学生朝着一定的方向、按照一定的步骤,运用各种方法去探索、去发现,从而解决问题。课堂上学生要成为"主角",而且是所有学生,不是少数几个学生。教师要做一个高明的引导者,课堂上的疑问可以由教师提出,也可以由学生提出。

重塑师生关系 | 2019-01-10,星期四

去年我教过一个学生,生性顽皮,活泼好动,一次犯错误后被我严厉批

评,结果他对学习没了兴趣,学业水平测试也没有及格。其实他地理基础不错,上高二时还能考70分,但在被我批评之后,他对我就产生反感,对地理学科也失去了兴趣,上课漫不经心。教学实际上是师生之间思想的交流、情感的互动,和谐的师生关系至关重要。师生关系既影响教师的教学,又影响学生的学习态度。从过往的经验看,如果学生喜欢某位老师,那么他这门课就能学好;反之,如果学生讨厌某位老师,也会讨厌这位老师所教的学科。所以我们在研究教与学的时候,一定要注意建立良好的师生关系,这样的教学才能更高效、更可持续。

全面培养地理核心素养 | 2019-01-14,星期一

《普通高中地理课程标准(2017年版)》将地理核心素养分为人地协调观、综合思维、区域认知和地理实践力四个方面,这四个方面是相互联系的有机整体。我们应从整体的视角对其进行理解,地理核心素养是外显行为和内隐品性的融合,并不是各要素的叠加。解决任何一个真实、复杂的地理问题,仅仅依靠某一方面核心素养是不够的,但也不是具备了这四方面素养,任何地理问题都可迎刃而解。比如农业发展、荒漠化防治、土壤污染治理等问题,既需要有较高的地理核心素养,也需要有必备的生物、化学、物理等学科素养。其他素养如获取信息能力、分析信息能力、演绎推理能力等,也是不可或缺的。教学中可以有针对性地对某一方面薄弱的核心素养进行专门的教学设计,但日常教学中简单地将地理核心素养分为四个模块进行单独培养是不可取的。

目标不明的弊端 | 2019-01-16,星期三

现在教师的备课笔记上都写有教学目标,有的教师在课前会展示PPT上的教学目标,但只是一带而过,没有对教学起到引领作用;有的教师上课把教学目标忽略掉了;有的教师没有明确的检测反馈与评价意识,虽然课堂上也设计"同步训练",但对学生掌握的程度没有把握。美国著名教育家本杰明·布鲁姆指出,一切有效的教学活动的出发点就是有明确的目标。高效的课堂就是锁定目标推进,高效达标甚至适度超标。每完成一个学习任务,教师就要引导学生围绕目标进行小结,重温、巩固相应的学习要点,

然后进入下一个要点的学习,如此循环前进,才能达成学习目标。明确的教学目标是课堂教学的"定海神针",使师生双方在教学过程中均有方向感,在教学结束时都有获得感,如此教学才能扎实有效。

去跑步吧 | 2019-01-21,星期一

这是一个冷飕飕的冬日早晨,我像往常一样拿着书本来到教室。正处于期末复习的紧张阶段,同学们都耷拉着头,有气无力的样子,可能是因为作业多、睡眠不足,都没了精神。上课时,他们目光呆滞,反应迟缓,有的同学快睡着了,下意识地应和着老师,"是""对""好"……见此情形,我当即决定:放下书本,全班去操场跑两圈!同学们愣住了,看着我,以为我在开玩笑,直到我重复几遍,同学们才动起身来。我带着大家来到操场,一起跑了起来,同学们脸上露出了久违的笑容。"老师真好!""老师你也能跑?"大家边跑边笑,身心得到了放松。回到教室后,同学们精神振奋了,听课也更加认真,上课效果好多了。

做爱"笑"的教师 | 2019-01-22,星期二

一次,我在上完公开课后,李老师对我说:"你上的课不错,但上课不要太严肃,学生看完视频后都笑了,你也可以笑一笑嘛!"李老师的话我一直记着,做爱"笑"的教师。我性格内向,不是那种能说会道的人,在学生面前极少流露笑容,很多学生对我"亲而远之""敬而远之"。教师要做一个乐观、开朗的人,经常露出自己的笑容,控制好自己的情绪,这不是性格倾向的问题,而是应该努力的方向。每当教师面带笑容走进教室,用积极的情绪感染学生,学生们也会心情愉快,进而思路更开阔,想象力更丰富,活动参与度更高,跟教师交往更大胆自信。"亲其师,信其道",教师保持自信,常常露出笑容,才能让学生处在积极的状态中。我相信,爱"笑"的教师一定会有好运气!

践行"学本课堂" | 2019-01-24,星期四

学本课堂又称学习型课堂,是指以学习者学习为中心的课堂。这里的学习者不仅指学生,还包括教师和其他参与者。学本课堂基于"一切为了

促进学习者和谐成长、全面发展"的教育理念,其主题是创设学习共同体,通过师生共同学习来建构知识、培养能力和丰富情感的素养建构型课堂。随着《普通高中地理课程标准(2017年版)》的颁布施行,学本课堂的探索代表了当前课堂改革的方向。学本课堂注重对课堂情境的创设,在情境中引导学生探究思考,使学生保持积极的学习态度;重视问题式教学,全程体现知识问题化、活动问题化的理念,追求以"问题"为课堂教学主线的学习;建立学习共同体,师生之间建立真正意义上的自由、民主、开放的合作学习关系;减少"直接指导",倡导合作探究,努力让学生在学习同伴的支持下得到最大限度的发展。

仔细分析问题 | 2019-01-25,星期五

今天学生做了2019年江苏省高中学业水平测试信息预测卷(二),其中第24题学生出错率较高。原题如下:

提高该地区(指季风水田农业)农产品商品率的主要措施是(　　)

A. 加强农田水利建设　　　B. 扩大耕地面积

C. 控制人口数量　　　　　D. 加快机械化水平

从材料中可以看出,该地区种植业比重达80%,而商品率只有15%,可确定该地区为季风水田农业。对于这道单项选择题,很多学生选D,认为加快机械化水平,可以提高水稻生产效率,进而提高农产品商品率;也有学生选A,认为季风水田农业区加强农田水利建设,可以防御旱涝灾害,稳定水稻产量,进而提高农产品商品率。学生思考的都有些道理,但是深入分析季风水田农业区商品率为什么低,主要原因不是水稻单产低,也不是总产量少,而是人口多,对粮食需求量大,如中国、印度等国。众多的人口产生巨大的粮食需求,使这些国家的粮食生产长期处于"自给"的边缘状态,粮食商品率低。所以,提高该地区农产品商品率,最关键、最主要的措施是要控制人口数量,减少新增人口的粮食消耗,本题应选C项。

授课效果的评估 | 2019-02-20,星期三

学校对新教师教学进行督导,安排教师去听课,和新教师进行评课交流,这是必要的。但也有学校采取跟踪听课,或者编印练习检测学生学习

情况的方法来检验教师的授课效果,这一做法值得商榷。一节课效果如何,关键看学生核心知识的掌握和关键能力的培育程度,而一份练习只能检测学生知识与技能的掌握状况,而对品格、能力方面无从检测。学生的收获很难通过一份练习进行量化评价,同时跟踪听课也会给教师带来巨大压力。其实教师上课怎么样,听课者应该是能体会到的,如果再去问问学生的感受和评价,那对教师上课效果的评估就比较准确了,何必还要搞练习测评呢?

上课严禁玩手机 ｜ 2019-02-26,星期二

高一(2)班的某同学,这阵子上课根本不在状态。他的课桌上总是摆着两摞约半米高的书,他经常伏在桌子上,睡觉或者玩手机。今天课上我又发现了这个情况,疾步上前,收了他的手机,让他站起来。这下该同学慌了,站在那神情紧张,满脸通红,眼睛盯着我。一下课,他就跑过来:"老师,请你把手机给我!""老师,我家里有事,晚上要打电话回去!"该同学已经迷上了玩手机,手机被收,立刻变得"失魂落魄"。我问他学习如何,视力如何,玩手机的危害,他都作了回答,似乎很懂道理,但只要手机在手,就控制不住玩的欲望。我对他说,老师也有手机,但老师上课能带手机吗?老师在办公室能打游戏吗?他摇摇头说不能。最后我和他约定:手机先放老师这,等期中考试结束再来拿。没有了手机的干扰,该同学上课认真多了。

初中地理学习短板 ｜ 2019-02-27,星期三

今天在高二(3)班复习"农业与区域可持续发展",我展示了一幅东北地区地形图,让学生指出大兴安岭、小兴安岭和三江平原的位置。我连问三个同学,竟然没有一个能全部答出!这让我感到吃惊。之后我让学生查阅地图,才补充完整。东北地区可不是我第一次讲了,可为何学生对东北地区还这么陌生?课后我问了一些同学,他们说初中地理没怎么学,没有基础。教师看来简单的地形图,对他们来说却"非常陌生""毫无印象"。这种情况我不是第一回碰到。有些学校,初一、初二地理每周一节课,课堂上教师只是读读书、画画重点,师生互动探究、实践活动等都难以落实,教师也很少布置作业。初二下学期有市级地理考查,名曰考查,实则开卷答题,

学生找答案抄,个个合格,如此初中地理学习就结束了。在这种考核模式下,学生地理学习能力、地理素养到底如何,自然可想而知了。

关注浅表性学习 | 2019-03-01,星期五

在课堂上有些学生表现出来的是一种良好状态——坐姿端正,听讲认真,发言积极,老师布置的任务都能及时完成。当需要他们用课本上的知识来解决问题时,往往也能很快解决。但是一遇到新情境、新问题,这些学生就不知所措,陷入迷茫之中。其实这些学生对核心概念和原理并没有真正理解和把握,只是看到了一些现象,知道一些浅层的知识,所以遇到高阶问题和挑战性的问题时就会手足无措。这种情况在当下的课堂中客观存在,但很多教师并没有意识到这一点。课堂上师问生答,问题解决似乎非常顺畅,学生看似懂了,但实际上并没有真"懂",他们的关键能力也没有得到有效提升。课堂的未来发展之路在哪里?需要我们对课堂作系统性变革,建设学习共同体课堂,推动浅表性学习向深度学习转变。

把握学生个体差异 | 2019-03-13,星期三

今天在高一(2)班讲"地理模拟试题(二)",一堂课我讲了25道选择题,试题不太难,但学生听课的表现千差万别。有的学生虽然大部分写对了,但仍然在用心地听;有的学生好像听懂了,但实际上并没有真正理解;有的学生不管老师怎么讲,仍然不懂;有的学生虽然坐在教室里,但注意力已转移到教室外。学生的情况我注意到了,我没有一讲到底,而是有重点地分析,给学生留出理解的时间。尽管如此,本节课评讲效果也不佳。我注意到这样一个现象:有的学生利用课堂上预留的时间就能掌握要点;有的学生即使课堂上有时间,一时也无法掌握,他需要慢慢"消化";而有的学生自己根本无力"消化",需要教师给他再点拨。课堂上教师不可能顾及每个学生的需求,只能看大势、抓主体,但是观察、研究学生个体差异,仍然是教师最重要的任务之一。每个教师都应该研究学生,帮助学生提升认知能力,而这绝不是一时之功,需要教师付出长期的努力。

重视课例研究 | 2019-03-19，星期二

对教师来说，课例研究是一种非常有效且"接地气"的培训方式。"一师一优课，一课一名师"平台中的课例质量高，是精心打造的教师课堂教学的典范，值得我好好研究。借每年"优课"评选的契机，以相互交流为抓手，以学习借鉴为目的进行课例研究，能够把教学实践活动和教学研究结合起来，实现在实践中研究，在研究中提升。课例研究一般分为三个环节：一是精心备课。教师选定教学内容，梳理知识结构，借助信息技术和数字教育资源，初步完成教学设计。二是录像和观摩课例。从视频中审视自己的课堂教学，主要是内容呈现、师生互动、重点突破、表情仪态等，教师可以将自己的授课与省部级优课视频进行比较，反思和改进不足之处。三是正式录课。录课前要对教学设计进行加工和完善，要仔细揣摩各个环节，准备好相应设备，保证录课时教学过程流畅，教学亮点突出，展现个人特有风采。

学生为何走神 | 2019-03-20，星期三

有老师上课很认真，对学科知识的讲解真正做到了循序渐进，深入浅出。可学生听着听着就走神了，甚至打瞌睡，而教师本人并未注意，仍然在兴致盎然地讲课。他们常常责怪学生不专心、不认真，但实际上不全是学生的错。试想，如果我们是学生，坐在教室里听课，是否也会走神、打瞌睡？美国作家克里斯·穆尼提出，当你用抽象的或理论性的文字语言去讨论问题，就失去了可以解释行为的身体语言和其他社会线索，这种讨论很容易让人们失去兴趣。有经验的教师在处理这个问题上，会让学生发表自己的观点，或进行讨论、辩论等活动，并不断对学生进行鼓励，或者在讲解中穿插讲一些热点话题、小故事或身边趣事，以此激发学生的兴趣和好奇心，促使学生集中注意力。

主题学习单元教学 | 2019-03-21，星期四

主题学习单元教学是指教师以一个单元(一章)为单位，根据单元中不同知识点的特点，综合利用各种教学形式和教学策略，通过一个阶段教学，让学生完成一个相对完整的知识单元学习。主题学习单元教学强调以主

题、问题和任务活动为设计核心，学习过程中重视学生的主动参与。单元教学设计的优势在于打破零散知识点之间的壁垒，不仅关注如何让学生掌握个别知识点，而且同时重视让学生理解一个单元中各个知识点之间的内在联系。这种系统的教学设计，既能帮助教师整体把握单元的教学内容与教学框架，也方便学生厘清知识点之间的关系，构建更加完善的知识体系。为此教师要做到以下几点：钻研课程标准，把握教材；整合单元内容，编制单元整体知识框架；洞察班情学情，创设情境，激发兴趣；设计学习活动，激活课堂；选择教学策略，设计操作方案。主题学习单元教学设计既要做到统揽全局、以生为本，又要实现环环相扣、有序推进和落实。

重视生成性问题探讨 | 2019-04-08，星期一

我前两天要求学生利用周末回家时间，观察思考"为什么蔬菜大棚内气温高于棚外气温"，学生在实地观察的基础上，得出了比较科学的结论。同时，学生在实践过程中观察了大棚通风，意外获知了大棚通风换气的主要作用：原本认为通风的目的只是降低大棚内的温度，其实更重要的作用是排出湿气和一些有害气体，防止大棚内过湿和病害的发生。与外界交换大气还可以补充二氧化碳，提高光合作用率。简单地说，这就好像教室门窗长时间关着，室内空气混浊一样，经常开窗通风，室内空气才能保持清新。开放性问题探究让学生开阔了视野，拓宽了思维，增强了对真实世界的体验和感悟。地理源于生活、源于真实世界，学生在实践和体验中会产生很多新奇的想法和疑问，探讨小问题、化解小疑惑，这就是有价值的学习！

明察秋毫 | 2019-04-10，星期三

说老师上课时"明察秋毫"，是指教师要让学生知道，他能关注到课堂里的每一个人、发生的每一件事。"明察"的教师要尽量避免被少数几个学生吸引或只与他们交流，在上课时注意扫视教室，与学生保持目光接触，目光中要带着鼓励、带着威严，让正在做小动作的学生望而生畏，让东张西望的学生收回目光。有些教师甚至在黑板上写板书时也知道谁在搞小动作，脑后仿佛有一双眼睛似的。这些教师从最初能预防少数人捣乱转变到能

预防多数人捣乱,并能准确处理当事者,不会犯"时机错误"(很长时间后才进行干预),或"定位错误"(批评错对象)。如果同时发生两个问题,高明的教师总是能首先处理更严重的问题,并能保持全班秩序的稳定。

宽容是沟通 | 2019-04-11,星期四

俗话说,人非圣贤,孰能无过。何况是十几岁的学生?有些学生由于倔强任性或一时冲动,说错了话或做错了事,他们自己可能并不知道错在哪里。如果教师只是一味地批评和责罚,不与他们沟通交流,可能不仅起不到警示作用,还会使他们更加叛逆。有一次,一个学生上课讲话,被我严厉批评,课后我也找他谈了话。谁知在之后的几天里,只要我上课,他就讲话,或者要上厕所,弄得课堂不得"安宁",这不是典型的"叛逆"吗?作为教师,我们应耐心倾听学生的心声,循循善诱,开导他们,摆事实、讲道理,一步步提高他们的认知,让他们逐步认识到自己的不足和错误,以及老师对他们的关心和爱护。只有提高认知,他们才不会犯类似的错误,对老师才更加信赖,问题就能迎刃而解了。我们必须明白,适度的宽容也是一种沟通。

构建环流体系 | 2019-04-12,星期五

气旋和反气旋是常见的天气系统,也是教学的重点内容之一。在教学中,通过PPT演示,分析气旋、反气旋的形成,学生能够识别,但是在做题过程中却经常出错。究其原因,学生对这一知识的掌握只停留在"识记"层面,并没有真正融会贯通。实际上,气旋和反气旋的气流不是孤立流动的,也处在环流的体系中。教学中,教师要引导学生把环流体系建构出来。以北半球气旋为例,近地面中心气压比四周低,气流由四周流向中心,四周大气减少,其垂直方向大气由高空向下补充;而气旋中心区气流辐合抬升,使高空大气聚集,形成高气压,高空的气流由中心流向四周(学生画出气流的流向)。这样,在气旋中心和周边就形成了环流体系,其原理和热力环流相似。然后再分析气旋水平气流的流向及带来的天气特征(阴雨),并结合台风等实例来增加感性认识。用同样方法也可以构建反气旋的环流体系(如下图)。环流体系构建起来,学生就能从整体的角度去认识气旋和反气旋,

对气流流动及形成的天气有更深入的理解,从而有效化解教学难点。

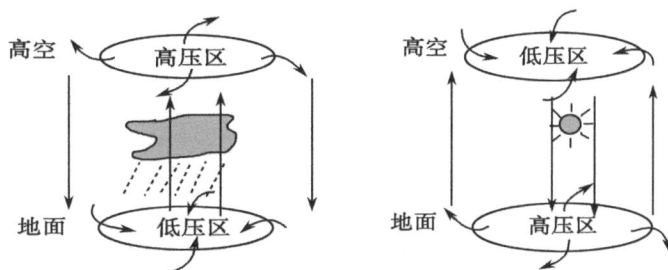

北半球的气旋(左)和反气旋(右)示意图

小组合作学习的差别 | 2019-04-15,星期一

不同学校的课堂教学中,虽然都有小组合作学习,但差别很大。一种小组合作学习,是把成绩优、良、中、差的学生搭配组合,围绕中心内容,由组长负责组织交流探讨,并得出意见和结论,最后由代表汇报。这种合作的目的是让优秀学生带动学困生思考,潜意识中把学困生定位成小组中"需要帮扶、需要提高"的人。另一种小组合作学习,目的不是让一些人去帮助另一些人,而是让他们在这个小群体中在短时间内都有机会表达自己的观点,都有机会对别人的想法提出质疑或补充完善,从而达到成员之间交流思想、相互了解的目的。后一种方式值得我们借鉴。所以,我们在课堂上组织小组合作学习时,要注重成员间的平等交流,尊重每个成员发言的权利和机会。

成绩靠什么拉动 | 2019-04-18,星期四

今天,本届高二学业水平测试成绩揭晓,我校156名学生参加考试,四门全合格的有130人,过关率为83.3%,创近年来最好水平。我任教的高二(3)班地理,41人参加考试,有40人合格,过关率达97.6%,也创造了近几年最好的水平。为何今年学业水平测试过关率特别高?我想有如下几个原因:一是试题结构调整,考试难度下降。试卷易、中、难题分值占比由以往的7∶2∶1调整为8∶1∶1,考生普遍感到试卷难度降低了。二是学校重视,特别是寒假后的一个月,课时增加,各科老师全力以赴抓复习,有力促进了学生知识的掌握和应试技能的提高。三是学风改善,学习氛围浓厚。学校先

后召开三次学生大会，宣传学业水平测试的重要性，提出明确的复习任务和要求，各班级又多次召开班会，分析问题，查找不足，营造了浓厚复习氛围，使学生以昂扬的斗志、积极的态度投入复习中，学生成绩提升明显。

惩罚与回报 | 2019-04-29，星期一

期中考试结束，高一（4）班的某同学引起了我的注意。班级地理平均分61分，他只考了18分，为什么这么低？这使我想起了一周前课堂上发生的一件事。那天课上，我们正在复习，该同学却在座位上悄悄地玩手机。我走过去，要他交出手机，可他就是不交。课后我把他带到办公室，狠狠训斥了一通，他交出了手机，向我认了错，我把这事也告诉了他的班主任。现在回想起来，当时此事似乎处理得很顺利，但是我可能在处理的过程中，伤害了学生的自尊心，打击了他的积极性，使他情绪跌落到"谷底"，对地理课的学习失去了兴趣和动力。如果我当时能委婉一点，更稳妥地处理，保护好他的自尊心，或许他本次考试就不会考这么差。

教养与教育过程的统一 | 2019-05-07，星期二

教学过程是教师和学生、教和学的双向互动过程，是教师指导学生学习的过程。教学过程的基本核心在于教养，即传授各门学科的知识、技能，使学生掌握从事经济、社会、政治、文化等活动所必需的核心素养。但教学过程又不是单纯的教养过程，同时也是教育过程，是教养与教育过程的统一。所以教学并不仅仅传授给学生人类千百年来积累的经典文化知识，它同时也传递世界观、人生观、价值观等。学生是学习过程中的主体，但也是发展的、可塑性很大的受教育者。在教学过程中，学生不仅能增长知识、发展能力，而且思想情感、精神面貌、道德品质也受到熏陶、发生变化。在学习过程中，他们都自觉或不自觉地接受着来自教师的有意识或无意识的感染和教导，不时改变自己的思想观念和行为规范。因此，教师要在"教"和"导"上下功夫，把工作做细做实，并持之以恒，如此教育效果才能提升。

家国情怀的培养 | 2019-05-08，星期三

家国情怀是中华优秀传统文化的基本内涵之一，在增强民族凝聚力、

培养爱国主义精神方面具有重要价值。当前地理教学中,教师往往只注重地理知识和方法技能的传授,忽略了家国情怀的融入和培养。有的教师自身家国情怀不够深厚,学习意识不强,这就造成了学生家国情怀培养的缺失。家国情怀的培养需要师生认识我国优秀传统文化和改革开放以来取得的重大发展成果,树立民族自豪感、社会责任感和国家使命感。《普通高中地理课程标准(2017年版)》中高中地理必修课程"地理2"、选择性必修2"区域发展"、选择性必修3"资源、环境与国家安全"等模块融入了我国重大发展战略和国家安全等内容,突出体现了对学生家国情怀的培养要求。如"以国家某项重大发展战略为例,运用不同类型的专题地图,说明其地理背景","运用资料,说明南海诸岛是中国领土的组成部分,钓鱼岛及其附属岛屿是中国固有领土,中国对其拥有无可争辩的主权",等等。教师要引导学生在区域认知的基础上,了解县情、省情和国情,培养学生对家乡、对祖国的深切认同和真挚情感,促使学生将思想、情感与行动相统一,自觉担负起国家富强、民族复兴的使命。

一流教师教"思想" | 2019-05-14,星期二

要实现立德树人的根本任务,首先要有一大批能践行教育理想的教师。有人说,教师可以分成三个层次:三流的教师教"知识",二流的教师教"方法",一流的教师教"思想"。这话是有道理的,三流教师总是停留在知识点的罗列上,教学停留于识记层面,靠机械重复来加深学生的印象,学生学得既苦又累,效果也不好;二流教师积累了一些解决问题的方法,通过方法把知识串联起来,一题多解,解题思路开阔,但他们往往局限于为应试而教,停留在方法技能层面;一流的教师能够把思维过程呈现给学生,让学生搞清楚为什么要选用这个方法,努力使学生领悟其中的思想,养成获取知识的思维习惯,并能举一反三,融会贯通,而且学生越学兴趣越浓,学科素养淀积越深,能形成一种厚积薄发的冲击力。一流的教师能引领学生持续发展、全面发展,不断开创教育新局面,我们需要大批一流的教师!

"素养培养"目标叙写范式 | 2019-05-15,星期三

地理学科核心素养主要包括人地协调观、综合思维、区域认知和地理

实践力,它们是相互联系的有机整体。核心素养是对"三维"目标的整合和优化,核心素养视角下的培养目标叙写范式可归结为"教学事件为依托的'三维'整合+核心素养达成状况+方向引领"。以"水循环"教学目标为例,叙写如下:①在"地球水体构成示意图"上指出地球上水体的类型,利用"水体分布景观图"分析水体间的运动转化规律,激发学生探究地理问题的兴趣。②利用自制"自然界水循环"模型,模拟并分析水循环过程,探究自然界水循环的三种类型,分析其异同。③分小组活动,各组举例说明水循环对地理环境的影响,并在全班展示成果;感悟自然变化规律及其对人类的影响。④分析家乡河流、湖泊在水循环中的作用,找出生活中污染和浪费水资源的例子,培养资源与环境保护意识。

再谈兴趣 | 2019-05-17,星期五

爱因斯坦说,兴趣是最好的老师。皮亚杰也说,兴趣的加入发动了储存在人内心的力量。兴趣是天才和功利投机者的分界点。但我们个别学校不太重视学生兴趣的培养和保护,经过高中三年"填鸭式"的教学及"夯土式"的复习,对学习充满浓厚兴趣的学生寥寥无几。令人担忧的是,经过中学阶段教育,有些学生很难回答"我到底喜欢什么""我想从事什么职业""我想成为怎样的人"等问题,因为他们没有时间、没有机会发展自己的兴趣。学生失去学习兴趣,责任多在家长、在教师。学校要有一个宽容、开放的环境,让青少年自由地找到自己的兴趣点。兴趣的维护则需要学校、教师、家长为学生提供充足的空间、时间以及基本条件,这样兴趣才可能在学生心中生根发芽。

看书学习简单知识 | 2019-05-20,星期一

上午第二节课在高一(4)班讲授"交通运输布局",在课堂导入后,我让学生结合教材完成练习册中的"自主学习"。大家一边看书,一边填写练习册上的内容。之后我让学生回答交通运输线的类型、交通运输线区位因素、交通运输线区位选择步骤等问题。学生按部就班说出答案。课后我回想,"交通运输线"这一部分内容并不多,难度也不大,课堂上让学生去填写练习册,他们只顾着在教材中找答案,而忽略了对内容本身的理解,效果并

不好。第四节课在高一(3)班上课时,我进行了调整:在提出相关问题后,我让学生看书思考,再让学生回答,学生说得都不错。所以,对一些简单的、一般性的知识,课堂留时间给学生看书思考和分析,比机械地完成练习册的做法效果要好。

要有"问题"意识 | 2019-05-28,星期二

有的教师能力强,在学生中有威信,课堂纪律好,学生考试成绩自然也不会差。这些教师课堂上碰到的"磕绊"少,遇到的教学麻烦也少,教学"问题"意识就比较淡薄。长此以往,对学生学习和成长中的问题可能不太关注。他们常说,"上课哪有这么多问题","学生怎么会顶撞老师"。其实,每位教师在教学中都会有各种各样的问题,只不过有的是显性的问题,如学生讲话、做小动作、注意力不集中等;有的是隐性的问题,如学生集体观念淡薄、价值观扭曲、缺乏同情心等。不管哪一类问题,都会对学生成长产生影响,都有探讨和研究的价值。这就需要教师持有一双"慧眼",保有一颗"灵心",时刻做有心人,善于发现和挖掘身边的教育"问题",多一些观察和思考,多一些个案比较和研究,这样教师的教育素养就能更上一层楼。

培养创新人才主要途径 | 2019-06-06,星期四

培养学生的创造性,到底是以研究性学习为主还是以课堂教学为主?不同人有不同的看法。我认为应以课堂教学为主。这是因为:第一,学生大部分学习时间是在课堂上,时间是素养形成的基本条件,要充分利用课堂这个主阵地去培养学生的创造性。第二,创造性的培养离不开知识元素,也离不开知识学习过程,离开了课堂学习谈培养创造性就成了无源之水。正如吉尔福特所说:"没有哪一位富有创造性的人,不需要以往的经验或事实也能够有所作为,他绝不可能在真空里创造或用真空来创造。"第三,创造性是一种综合素质和多层次的素质。创造性包括思维、想象、品质等多方面素质,多层次意味着创造性可分为基础性和专门性。不管是哪个方面或哪个层次的创造性,都可以在课堂学习中得到培养。当然,我们把课堂作为培养学生创造性主渠道的同时,并不忽略研究性学习。学生从社会生活中选择课题,开展调查、实验和研究,对培养学生创造性有积极作

用,两者可以优势互补,相互融合。

教学从了解学生开始 | 2019-06-17,星期一

　　了解学生是有效教学的切入点,也方便教师对学生进行个别关怀和因材施教。反思自己多年的备课,大多停留在教材分析和教学设计上,很少深入去了解学生。客观上是因为工作比较忙,与学生交流时间少,但更多的是主观原因,育人为本的理念贯彻不到位。美国教育心理学家奥苏贝尔说:"如果我不得不把教育心理学还原为一条原理的话,我将会说,影响学习最重要的原因是学生已经知道了什么,我们应当根据学生原有的知识状况进行教学。"这句话道出了"学生原有的知识和经验是教学活动的起点"这样一个教学理念。教师了解学生的身心发展规律、薄弱点、个性特点及兴趣爱好,充分尊重学生的主体性和差异性,这样才能进行有针对性的教学,灵活使用教学方法,尽量实现教学效益最大化。因此,要想开展有效教学,我们就必须从了解学生的实际情况出发,从"备学生"开始。

教学目标表述方式的转变 | 2019-09-05,星期四

　　以学习成果的形式表述教学目标是以行为主义心理学为理论依据,在学习线性发展的每个阶段,教学目标都以具体的学习成果的形式呈现。一般性的教学目标可以归为三大范畴,即认知范畴、情感范畴和行动范畴。每个范畴又可以进一步划分出亚类,比如认知范畴主要类别有了解、说明、理解、分析、应用、评价及创造等。这些学习要求是逐级提升的,学生只有在完成了低级的学习任务后,才能进入更高级的学习阶段。这些具体化的教学目标是精确测评编制的依据,为详尽分析学习成果、具体描述所期望的行为表现,实现"教学目标—教学—评价"三位一体(如下图)提供了具体指导。

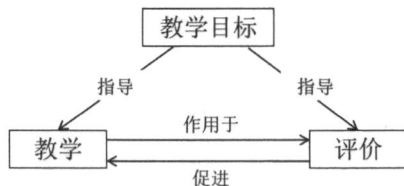

"教学目标—教学—评价"三位一体逻辑关系示意图

这样的教学目标表述方式直接关注学生的学习成果,焦点由教师转向学生,由学习过程转向学习成果,使教学意图更加清晰。

准确读图 | 2019-09-10,星期二

今天在高二(1)班评讲综合试卷时,有一道题目值得一看。原题如下:
读水分含量对玉米反射率的影响图,回答下列问题。

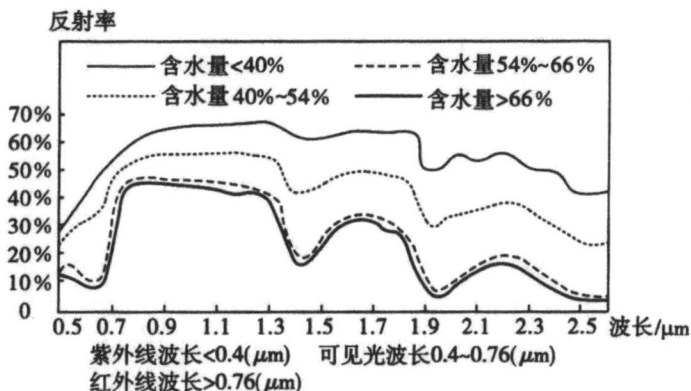

据图可知,玉米叶子含水量与反射率的关系是_____(填"正相关"或"负相关");监测玉米缺水状况,需要采用的地理信息技术是_____。

此图本身并不复杂,就是波长、反射率和含水量三个要素,但图中信息呈现方式较为新颖。如果学生只看图中含水量的波状起伏,没有注意图中数字信息,得出的结论可能就会出错。其实,解答该题,首先要把含水量的四个数值(由小到大)代表的曲线找出来。从图中可知,含水量最低的线(<40%)在最上方,其反射率最高;而含水量最高的线(>66%)在最下面,其反射率最低。由此可以得出,玉米叶子含水量与反射率呈负相关。监测玉米缺水状况,要采用的地理信息技术是遥感技术(RS)。该题用较少的图文信息考查了学生读图和辨析能力,命题视角新颖。

用好"自信放大镜" | 2019-09-11,星期三

课堂上师生积极互动、深度融合,教师常常会闪现出意想不到的灵感。执教者必须及时捕捉并记录这些灵感,及时进行理性的审视和思考,并在实践中尝试创新应用,这可以让师生间情感、思维的交融在课堂上更加深

教学过程反思

入。这些反思活动不断积累，一定会组成一串闪光的"自信链"，帮助执教者的教学实践从生硬走向成熟。比如，课堂导入用典型地理案例还是本地乡土地理案例效果更好？有教师经过比较发现，用本地乡土地理案例导入更容易吸引学生，但呈现方式一定要鲜活。也有教师认为用生活案例导入效果更好，比如天气状况、校园门口车流量等素材。这些灵感有的可能是别人没有提及过的，那就有了创新性，长期积累就是独一无二的实践成果。坚持教学反思，用好"自信放大镜"，让稍纵即逝的课堂瞬间转化为清晰可见的"启示镜面"，执教者就能以崭新视角关注、审视和诊断自己在课堂上的得失成败，实现真正的自我超越。

多种教学方法的融合　|　2019-09-20，星期五

探究式教学、情境教学、问题式教学等教学方法是近些年研究的热点，但实际上讲授法、图示法、实验法等传统教学方法仍是课堂教学活动的重要方法，并不会被完全取代。地理教学方法的研究不仅要关注教学方法、手段的创新，也应该关注传统教学方法与新型教学方法的融合。这种融合不是同时运用多种教学方法，而是将不同教学方法合理有效融合，从而达到最佳教学效果。例如，讲授法与探究法的融合，是先讲解再探究，还是先让学生自主探究再进行评价讲解，或者是师生共同探究？教师讲授与学生自主探究又能达到怎样的程度？这些问题值得我们思考。多种教学方法的融合能够弥补单一教学方法的不足，我们应该深刻认识不同教学方法的特点和优势，将多种教学方法适时、适度地融合，进而构建高效课堂。

认识"前概念"　|　2019-09-23，星期一

前概念是指人们在接触某一科学概念之前，在以往的日常学习和生活经验积累的基础上自然构建的概念，其对学习者获得新的科学概念往往起干扰或阻碍作用，影响高质量学习的实现。学生生来就具有对世界探索的欲望，因而建立的前概念是一个自发的过程，站在自己的立场上，去认知外界事物。由于认识地理事象的能力有限，使用的方法也不一定科学，学生可能无法深入理解地理事象的本质，形成的概念往往存在一定片面性，前概念会在学生长时间积累的经验中不断得到强化、定型。由于很难感知学

习者头脑中的经验信息,教师在进行实际教学时,拨正学生定型的前概念难度增大。教师要引导学生认识前概念,使学生意识到对原有知识结构进行改变的必要性,激发其进一步探究的欲望,为科学概念的建立提供动力。如采用实物演示的教学方式,消除学生原有的模糊或错误的认知;利用可以转动的单摆演示水平运动物体的偏向,让学生理解地转偏向力是一种"惯性力"。

乘势而上 | 2019-10-09,星期三

上午第二节课在高二(1)班上,我准备评讲复习资料第7讲"自然灾害与人类"的试题,可我发现很多学生没写(昨晚学生开会),而这部分试题又很重要,只好让学生先做一部分试题(前10题)。不一会儿,学生写好了,我进行了评讲,感觉效果还不错。剩余的2道综合题,我原准备让学生课后完成,但见学生听得认真,我想不如把这2道综合题也在课内解决吧。于是我让学生当堂完成,过了约8分钟,学生组内进行交换批改,我开始评讲,直至下课。试题评讲一定要让学生先做试题,既然学生课前没有完成,课堂就需要留出时间,而且留的时间不能太短,要让学生有时间思考分析,教师要及时评讲,把重点和易错点讲透彻。所以本节课虽然没有复习新内容,但是保证了学生训练和思考的时间,当堂"做—改—讲",效果还是不错的。

"学而时问之" | 2019-10-28,星期一

在有些教师的课堂上,很多的提问不过是表层的内容性"询问",比如:概念是什么?成因是什么?特征是什么?分布在哪里?等等,并没有真正体现学生的思维困惑和自主疑问。要想真正激发学生发自内心的、独立思考的"问",就要将知识本位、面向教师的"教学"观升华为思维本位、面向学生的"教问"观,努力创设"困难困惑处、意义深刻处、感悟至深处、意见分歧处"的互问情境。比如,讲"季风环流",有教师提问:盐城夏季主要吹什么风?学生回答东南风。教师又问:请你说说盐城夏季为什么东南风多?不看书,先说说你自己的看法。学生议论纷纷,都有自己的看法,然后教师再进行分析。学生有时也会生成一些疑问,比如:夏季我们这里为什么也会

吹西南风？为什么有时没有风？对此类问题，教师要耐心解答，而且要多鼓励学生"发问"。以学生的"问题"为切入点，引导学生自问自答或互问互答，促进课堂教学向其本真属性的回归。

以学定教 | 2019-11-01，星期五

课间我在和学生交谈时，有个女生对我说："您的课上得很好，可惜我不会。"我听了很吃惊："热力环流内容复杂吗，怎么不会？"她说："简单的还能听懂，可是等压线弯曲变形、气压值比较就不会了。"我告诉她，有不懂的及时告诉老师，我在课堂上再讲。其实，热力环流原理、过程我讲了两遍，当时还结合动画、生活实例予以分析，怎么还有学生不会呢？但有学生不懂，我就需要反思。教师上课不是才艺表演，不能跟着感觉走，而要把科学文化的种子播撒到学生心中，让它们生根发芽。如果教师只从"教"的立场出发，而不从学生"学"的立场出发，教学就会出现偏差。每个学生都是独一无二的，教师讲得好、自我感觉好，不代表学生学得好、掌握得好。以学定教，这是教学中必须坚持的一个原则，教师要牢记。

今日乡村 | 2019-11-04，星期一

我在讲解"人口""农业"的内容时，要求学生利用周末回家观察农村景象，学生很乐意。今天上课，我请学生上讲台说说看到的农村景象。有同学说，农村人居环境大为改善，道路修好了，农民出行便利了；也有同学说，农民居住条件大为改善，垃圾有人处理了，河道也变清洁了，农村面貌焕然一新。但胥同学上讲台说的却是农村另外一番景象：乡村人口大量减少，大多数中青年人外出务工或经商了，不少人家进县城买房居住，乡村慢慢"空心化"了。李同学则介绍了他所看到的农村：星期天空气清新，阳光明媚，但一个个留守青少年却在家里痴迷玩手机，父母干什么去了，外面发生了什么，他们都不知道……农村的这些现象如果不去观察，学生可能永远不了解。

疑问从哪产生 | 2019-11-05，星期二

在讲"气旋"时，结合示意图，我向学生解释：气旋的近地面气流由四周

向中心流动,中心气流上升;气流在上升过程中,所含的水汽容易成云致雨(如下图)。这时有学生困惑了,问我气旋的气流是否都先水平运动后垂直运动?学生的疑问引起了我的注意。之前在学习"热力环流"时,我曾向学生强调由于地面冷热不均,大气出现上升或下沉运动,之后同一水平面产生气压差异,进而出现大气水平运动(风)。那么按此思路,气旋不也先有垂直运动,后有水平运动吗?

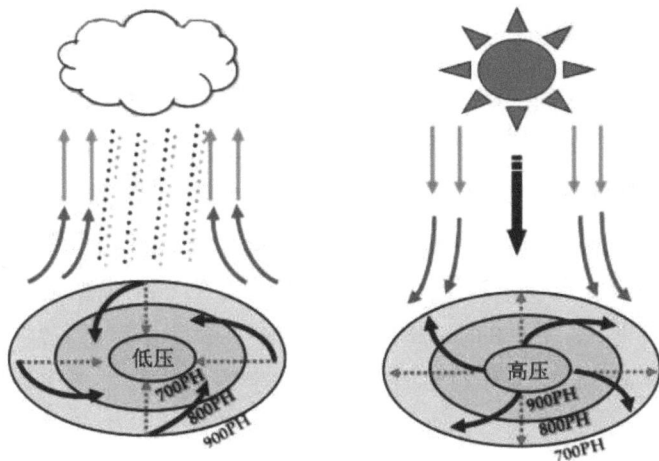

不同天气系统示意图

学生说得没错,热力环流中的气流顺序是固定的,即先垂直运动后水平运动,但是气旋的水平气流与垂直气流到底哪个先要分类分析。比如热力型的气旋(赤道低气压带),一般是先垂直运动,后水平运动;而动力型的气旋(副极地低气压带),一般是先水平运动,后垂直运动。当然,很多情况下也会出现两者混合连贯的模式。该内容由于超出课标要求,我没有作过多阐述,建议学生课后进一步探讨。

及时总结 ┃ 2019-11-14,星期四

今天市教育局督导组来我校进行教学视察指导,下午第一节课听了我在高二(1)班上的复习课"农业地域类型"。课后督导组老师和我交流,指出了我的几点不足:①复习课不要上成新授课。本课的主要任务是复习水稻种植业等三种农业地域类型,我在梳理知识点时,对水稻种植业要点逐条分析,对基塘农业特点也作了详细探讨,复习没有抓住关键点。②教学思路不够清晰。对于几种农业地域类型有的讲分布,有的讲区位条件,有

的只讲特点,主线不够清晰,影响学生把握。③教学语言不够准确。课堂中提到"水稻种植业分布在亚洲",其实北美洲、欧洲等也有水稻分布。④提问要面向全体学生。如果课堂提问大部分让学生个别回答,就容易出现一人紧张,其他学生无事可做的现象。对于这些问题和不足我会认真总结,并及时改进。

课堂导入后留白 | 2019-11-18,星期一

苏霍姆林斯基说:"有经验的老师在讲课开始的时候,往往只是微微打开一个通往一望无际的科学世界的窗口,而把某些东西留下来不讲。"我们在地理教学中,也要有意识地在导入处创设悬念、营造氛围、留下空白,引导学生进入"不愤不启,不悱不发"的思维状态。在讲授"自然灾害与人类"一课时,我播放了关于"汶川地震"的视频,当学生看到山崩地裂、墙倒屋塌的画面,听到悲凉、凝重的音乐时,教室顿时一片寂静。当多媒体视频播完后,我停顿了片刻,并未作过多评论……学生用焦灼的目光注视着我,我这才开始教学。导入后的留白在极短的时间内调动了学生的情绪,渲染了课堂情感氛围,使学生急切地想知道本节课要讲的内容,对课堂教学起到思维定向、内容定旨、感情定调的作用。

问题探究的水平 | 2019-12-03,星期二

问题探究的水平是指探究活动环节所达到的水准,其主要依据教师和教学指导程度来判断高低,一般分为低、中、高三个层次。随着问题式探究水平的提高,学生的自主性依次提高,对教师和教材的依赖性逐渐下降。在问题式教学中,提出问题和分析问题是整个教学活动的重要环节,问题探究水平的高低决定着整个教学过程探究水平的层次。在很多课堂中,"问题提出"往往达到较高水平,通过情景设置促进学生自主提出问题。例如,观看2019年第10号台风"罗莎"的视频,学生提出"台风在哪里""什么时间生成""为何会生成""影响范围多大"等问题,但分析过程往往水平较低,虽然学生也能探讨几个问题,但是探究到底的并不多。有教师看到课堂时间有限,等不得学生慢慢思考、探究,就直接把答案告诉学生,让学生记录结论。如此,问题探究的水平自然不高。

心中有"区域" ｜ 2019-12-04，星期三

我在讲授"自然灾害与人类"时，让学生说说射阳县属于哪个流域，很多学生说是长江中下游流域，只有少数学生说是淮河流域。我又问："射阳县境内最大的河流是什么？"知道的学生也不多，看来学生的区域认知还是很不足的。我把《中国地形图》打开，让学生指认射阳县的区位及地形特征，然后点开《淮河流域水系图》，让学生分析淮河的流向、流经的省份、支流的分布特征。之后提问："试从自然角度分析淮河流域洪灾多发的原因。"同时提示：从流域状况和水系状况两方面入手分析。学生仔细看图，相互讨论交流，最后得出：淮河流域支流多，汇水区域广；洪泽湖周边地势低平，而下游泥沙淤积，河道弯曲，排水不畅；降水集中于夏季。如此，学生对该问题就基本把握了。

情境展示在前 ｜ 2019-12-06，星期五

上午第三节课在高一（1）班讲到"滑坡、泥石流"时，我让学生先看书，说说滑坡、泥石流的形成条件及特点。我请王同学回答，他却支支吾吾说不上来，很明显他没看书。我用PPT展示了几幅贵州泥石流灾害图，问他："这是什么灾害？"他看了一下说："泥石流！"我又点开另一张滑坡灾害图，他也能说出是滑坡。"滑坡、泥石流有什么区别呢？"我问。他翻看教材，找出了答案：滑坡是岩体在重力作用下向下滑动的现象，而泥石流是山间大小混杂物在重力作用下向下快速运动的特殊洪流。课后我反思这一环节，教学中把灾害情境（图片、视频、实物等）展示在前，让学生带着新鲜感和好奇心再去看教材，学生回答老师的提问时就不至于那么费力。事实上，任何新知识的传授，都应该由现象到本质、由事实到理论，多让学生接触一些实际情境，视觉冲击会给学生留下深刻印象，然后再探究地理知识或原理，这才是真正的学习之道。

用好三张地图 ｜ 2019-12-09，星期一

今天在高二（1）班讲"过关演练"题，在讲到综合题第16题"江苏省可持续发展水平和潜力分布"时，除了分析题目中的图表信息，我还用PPT打开

《江苏省政区图》，让学生在图上指认相关区域的位置范围，以加深学生对具体区域的认知。同样，在讲第17题"库布齐生态治沙模式"时，我在PPT中打开《中国地形图》，让学生从宏观上了解库布齐沙漠在北方的具体位置。这样可使学生对鄂尔多斯高原地区存在的生态环境问题以及防治荒漠化的"中国方案"有更为深刻的理解。

在高二地理教学课堂中，我会经常呈现三张地图，即《世界政区图》《中国地形图》《江苏省政区图》。这三张地图图幅完整，画面清晰，无论是复习课还是新授课，都可使用。因为部分学生地理基础薄弱，而高中无论是自然地理还是人文地理，都有大量的地理原理、规律、特征等需要在区域中予以呈现，如果学生不能从宏观上认识和把握，学习效果就会大为降低。我在复习要点和讲解试题的过程中，都会让学生在地图上指认，让"题—图"对接，让知识"落地"，培养学生从区域综合视角认识地理事物和现象的能力。

行为习惯教育 | 2019-12-11，星期三

今天我在高一（2）班讲"自然灾害的防避"，从社会层面和个人层面介绍防震减灾的一系列措施，并通过"活动"栏目介绍地震发生时的应急措施。同时，我也和学生分享自己的防震减灾措施：家中5年前就准备了应急救援包，里面有手电筒、矿泉水、毛巾、方便面等，这个包放在门旁的柜子里，便于携带。虽然小区一年停不了几回电，但手电筒也有发挥作用的时候。救援包里的矿泉水和方便面等食品也会不断更换……学生乐于听我讲"故事"，我也不失时机向学生提要求：通过本课学习，大家要提高对防震减灾重要性的认识，并转化为自身防震避险的实际行动。教师要加强行为习惯教育，叮嘱学生：在家里要察看居住环境是否安全，寻找或拟定应急逃生路线，准备好防灾应急救援包，向父母宣传防震减灾常识等。只要我们共同努力，就能极大地减少灾害带来的人员伤亡和财产损失。

幸福感的培养 | 2019-12-18，星期三

苏霍姆林斯基认为，"要使孩子成为有教养的人，就要让他们有欢乐、幸福及对世界的乐观感受"，"教育学方面真正的人道主义精神，就在于珍

惜孩子有权享受的欢乐和幸福"。幸福感是教育,尤其是有道德的教育,得以进行的前提。如果有学生突然不愿学习还违反纪律,那么他可能遭遇了不幸。如果无人过问,听之任之,那么他的精神世界就可能处于冰冷的状态,长此以往,学生就会滑向"危险"的境地。幸福无处不在,但就像阳光充足时没有人去感受阳光一样,很少人去思考生活的幸福。培养学生的幸福感,是学校教育中极为重要的一环。教师要教会青少年善于观察和感受幸福,教会他们学会观察、发现、思考和赞叹,激发他们对生活的热情。天地有大美而不言,人生的每一天都在增加新的精神财富。当然,学生欢乐和幸福的源泉是丰富的智力生活,学习、读书、掌握知识是人的最大幸福,不接受教育,幸福感的培养就难以实现。

做好考情分析 | 2019-12-24,星期二

每次考试之后,学校都会召开考试分析会,通报各班平均分、合格率等数据,提出下一步教学要求。教师在此基础上需要作进一步分析,这样可以更好地查漏补缺。比如,12月19日市合格性学科模拟考试成绩揭晓后,我把高二(1)班地理成绩作了统计分析,52人参加考试,合格的有41人,合格率为78.8%,在不及格的11人当中,女生7人,占63.6%,男生4人,占36.4%。而在最近三次考试中,高二(1)班都能及格的有33人,其中男生26人,占78.8%,女生7人,占21.2%。从中可以看出,该班男生地理合格人数多于女生,高分段也是男生多于女生,男生地理成绩相对稳定。而女生不及格人数比重大,地理成绩也不够稳定,这和我以前统计的结果相似。针对男女生地理学习表现情况,在平时教学中,我们要加大对女生地理学习的指导,引导她们学会思考和分析地理问题,着力提高她们区域认知和空间想象能力,对个别地理"零"基础的学生还要进行单独辅导。

教学中的付出 | 2019-12-25,星期三

这阵子特别忙,下个月高二年级学生要进行学业水平测试。我任教2个高二班,每周4节课,加上高一还有4个班的课,现在每周要上20节课。今天上午第一节课在高二(3)班上,复习知识点,讲解试题,丝毫不敢懈怠。第二节课在高一(2)班上,第三节课在高一(3)班上,高一是新课标、新内

容，我认真教，学生听得也认真。上完三节课后，我回到办公室，喝了两口水，正想放松一下，此时来了两个高二学生，她们拿着地理书，想请我辅导。我让她们坐下，帮她们梳理教材，对重点知识进行分析，不知不觉半小时过去了，此时已快11点。学生的作业还没改，于是我又抓紧时间批改作业，改完才离开办公室。赶快去吃饭，之后匆匆回宿舍休息，因为下午还有两节课……

跟踪辅导的成效　|　2019-12-30，星期一

周末高二年级学生进行了学业水平合格性模拟考试，高二(3)班几个学生引起了我的关注。戴同学、李同学等7名同学在之前的期中考试、市合格性学科模拟考试中地理学科都没有及格，我当时很担心。之后10多天，我利用上午第二节课后课间休息时间给他们进行对点辅导，给他们提要求、定目标，帮他们梳理教材内容，主要是基本的知识要点，如天体系统、太阳活动、地球圈层、水循环、自然灾害、城市化等，同时给他们分析资料上的例题，题目比较简单，他们能听懂。10多天里，这样的辅导进行了6次。从今天考试结果看，7个人当中有5人及格，对这个结果，我是满意的。要知道他们的地理基础很差，前两次考试他们只考四五十分，甚至更低，在短时间内能有大幅提高，说明跟踪辅导是有效果的。

现象式教学的适用性　|　2020-01-06，星期一

芬兰的现象式教学一度火热，引人关注，其推广应用价值如何？近期芬兰学者发表文章称：这种学习方法并不适合所有学生。他们认为，现象式教学对基础教育阶段的学生来说要求过高。这个结论是通过最近几年对PISA（国际学生评估项目）成绩的研究得出的。他们强调，现象式教学不仅对学生学习兴趣、学习动机有较高要求，而且对学生自律能力、专注能力、灵活管理等方面要求也很高。芬兰学者认为，现象式教学适合学习成绩较好、家庭教育良好的学生，而对学习状况不佳、家庭教育又缺乏的学生来说，无疑增加了他们学习障碍。现象式教学所提倡的方式，不能很好地解决学生学习层次差异，对数学、物理等学科学习产生了一定的负面影响。对此我有同感，例如以"一带一路""欧盟"为主题的现象式教学，内容涉及

地理、历史、政治、经济等多个学科领域，不但要求学生单科知识熟练，还要有融合各学科知识的能力、浓厚的学习兴趣及协作能力，而15岁左右的孩子很难完全具备这些品质，并长期坚持下去。

师生有效互动 ｜ 2020-01-17，星期五

结合对课标的解读，我将"自然地理环境的整体性"一节的教学目标进行分解，并以"水在中亚地理环境演化中的作用"为主题情境，设计问题链，开展教学活动。以"问题链二"为例：①说出阿姆河的流向和主要补给类型；②绘制阿姆河流域水循环示意图，并标注各环节名称；③分析阿姆河年输沙量大的自然原因；④说明阿姆河对附近自然地理环境的影响。

生1：①阿姆河为东南—西北流向。该河以高山冰雪融水和山地降水补给为主。②蒸发蒸腾→水汽输送→山地降水→河流径流→湖泊水体。

师：对问题②中水循环各环节的过程进行补充，完善水循环示意图。

生2：③一是因为上游山区降雪量大，春季气温回升快，河流径流量大，地势起伏大，流速快，导致输沙量大；二是流经地区土质疏松，植被稀疏，导致大量泥沙流入河道，因此汛期河流含沙量高。

师：河流泥沙量与径流量、流速、土壤、植被等地理要素相关。

生3：④河流流经地区→植被生长茂盛→土壤含水量增加→蒸发量增多，湿度增大→降水增多，气温年较差减小→流水作用对地貌的影响减弱。

师：河流对地理环境的影响主要是影响气候、地貌、植被、土壤等方面，需要综合考虑。

学好当下这堂"大课" ｜ 2020-02-12，星期三

疫情防控关键期，教育部要求各级教育行政部门、中小学和校外培训机构，在各地正式开学之前，不要提前进行新学期课程网上教学，可安排一些疫情防控知识、心理健康辅导等方面的网上学习内容，确保学生度过愉快的假期，并提醒家长，在严峻形势下，把孩子身心健康放在第一位。这份提醒正当其时，留守家中不等于没有课堂——疫情肆虐，全国上下共同抗疫，这正是一堂最值得孩子们好好学习的"大课"。最新疫情进展、抗击疫情英雄人物事迹、专家访谈、疫情防控知识等，都是很好的教材，再加上我

们每个人都在参与疫情阻击战，为了自己，也为了他人，这堪称一堂生动的社会实践课。上好这堂课，可以加强孩子们的思想政治教育，引领他们关注社会问题，培养爱国主义精神。所以，延期开学，别急着上"网课"，而要把当下这堂"大课"先认真学好。

居家学习新特点 | 2020-02-17，星期一

疫情来袭，中小学生居家学习，这和在校学习有很多不同之处。一是学习环境变了。学生的学习场所从学校回到家庭，从学校的集体学习环境转变为家庭中的个体学习环境，从师生互动的学习环境转变为学生个体自主学习的环境，这些意味着教师对学生学习的监督相比学校教学大大降低了。二是组织形式变了。学生居家学习，教师在教室里统一组织教学的方式不存在了，取而代之的是教师网上直播教学活动，而且大多是单向的教学讲授，无法实现课堂上师生、生生的交流、互动与生成。三是教学关系变了。学生居家学习与在校学习相比，最大的变化是从教师主导学生学习转向了学生个体主导的学习，教师的主导作用弱化了。四是管理方式变了。居家学习环境下，学校各种教学管理制度对学生的约束力降低了，教师无法实时把握教学过程。五是技术方式变了。在学生居家学习环境下，网络技术成了支撑学习的"硬核"，教师的指导、引导必须依赖网络平台，这对教师信息技术教学素养提出了更高要求。

多一份信心和期待 | 2020-02-18，星期二

疫情牵动着我们每一个教育工作者的心，这些天，我们一直密切关注疫情发展的最新动态。很多人每天第一件事就是打开手机，了解疫情防控的最新资讯。这些天，大家谈论最多的也是疫情。疫情期间，我们看到了很多义无反顾的"逆行者"奋勇向前，万众一心、众志成城，这是中华民族生生不息的精神力量。疫情面前，没有局外人。对抗击疫情的战士，我们要心怀感恩；对病人，我们应怀真诚的悲悯和同情，如果有可能，尽量提供一点力所能及的帮助。鲁迅先生那一句"无穷的远方，无数的人们，都和我有关"，值得我们铭记。作为无法冲锋陷阵的教育工作者，唯有坚守自己的职业操守，教育好学生，做一个有大爱、能担当、能贡献的人！

我这样布置作业 | 2020-02-19，星期三

今天上午在高一班级微信群里，我向学生布置了今天和明天的作业任务：

（1）学习地理必修二1.3节"人口分布与人口合理容量"，完成课堂检测1～10题。

（2）近日江苏境内下了一场大雪，请观察大雪后本地天气变化，并分析原因。

（3）做家务：收拾房间，并帮助父母洗碗、扫地两次，时间不少于半小时。

寒假延长期间，学生居家学习，通过"省名师空中课堂"等平台，学生可以同步学习课程内容。除此之外，教师应该布置一些作业任务。相对于在校学习，居家学习作业量要少一些，形式可以多样化。2月15日，本地下了一场入冬以来最大的雪，立春10多天了下雪是比较少见的，我要求学生及时观察天气变化，希望学生能感受自然环境。现在的学生平时难得做家务，利用居家学习时间做点家务，这既是家长的期待，也是学生成长的需要。

自学重于教学 | 2020-02-26，星期三

疫情防控期间，教师在组织本班学生居家学习时，必须考虑到学生居家学习的特点。学生居家学习，无法接受教师的直接监督，也没有了往常同学之间的互学赶帮的学习氛围。对于他们来说，自学很重要。教师在精心准备自己的教学视频的同时，要拿出一定时间来指导学生自学，学生读什么、背什么、写什么、思考什么、应学到什么程度，都在这个范畴之内。教师应适当调整"教"与学生"学"的时间，录制一些指导学生如何自学的教学视频，而不是把更多的教学时间用于讲解知识点。平时在学校教学时，老师可以把更多的精力用于研究如何上好课，现在则要想方设法把学生组织起来，千方百计调动学生的积极性，使居家学习能取得较好的效果。

"适合教育"的基础性 | 2020-03-02,星期一

"适合教育"是发展素质教育的一种新表述,是江苏走向教育现代化的战略选择。在基础教育阶段,强调"适合教育"还要关注其基础性,要在如下三个方面促进人的均衡发展:学业与学术、品性与品位、适应力与竞争力。任何教育都应该促进学生这几个方面均衡而充分的发展,不可偏废。不能因为学生将来要考大学,就只关注学生的学术学业,忽视了品性与品位的培养。同样,不能因为"适合""适宜",就只培养学生的适应力与竞争力,而忽视了学生的学术与学业。在基础教育阶段,过早或过分打着"适合教育"名号,对学生进行选拔和分类,不利于学生全面和健康发展。"适合教育"一定要有丰富的课程和多样、自主的选择,以此来满足学生个性成长的需求。

拉近与学生的距离 | 2020-03-25,星期三

网课开始之初,学生们倍感新奇,热情高涨,按时上课,及时提交作业。但随着时间推移,学生兴趣减退,懈怠情绪越来越严重,甚至出现了挂机逃课现象。我认为当务之急要在网课教学中拉近与学生的距离。首先教师应该打开摄像头,模拟真实的课堂教学。大多数时候,教师上网课是进行幕后直播教学,学生看见的只是屏幕上老师的板书,这样做教师可以放松点,不用太拘谨,但学生看不到老师,老师也看不到学生,屏幕冰冷生硬,拉开了师生之间的距离。要解决这个问题,教师上课时就应打开摄像头,让学生看到老师的一举一动,模拟线下教学场景。此外,教师在课堂上要尽可能多提问,创造条件多与学生交流互动,并对学生的回答及时给予点评。我相信,教师的关心和鼓励会换来学生的信任,教师的耐心会换来学生的自律。

网课上的焦虑 | 2020-03-26,星期四

利用网络上课到现在已有一段时间了,媒体对网课大多持肯定和支持的态度,如"形式新颖""灵活高效"等,对此我持不同看法。平时习惯了在课堂里和学生面对面交流,学生不懂时,我就放慢速度或再来一遍;学生点

头或会心地笑了,我就继续往下讲。可是在网课上,这些互动没有了,我只能根据自己的猜测尽量讲清楚,但有时也会被屏幕中的小诉求打乱节奏:"老师,我听不见!""刚才那个图我没看清楚!""老师,您再讲一遍吧!"一节课下来,真有些手忙脚乱。网络上课还有一种焦虑,就是我在电脑前认真讲,不知道学生在那头有没有听。对电脑的运用,我们不一定是学生的"对手",他们会用分屏的"黑技术",让他们看起来在听网课,其实却在聊天、玩游戏。更重要的是,网课并不是一种高效的教与学方式。网课虽然坐在家里上,但我感到不比平时上课轻松,45分钟盯着电脑,一节课下来头晕眼花。很多学生也反映,网课学习效果不佳,学过的知识容易忘记。

德行教育重在"实" | 2020-04-03,星期五

德行教育侧重的是行为教育,而不是逻辑说教,更不是空洞地讲道理。好的德行,才能教育、滋养出好的品行。当我们在奋力疾呼"立德树人"的重要性时,绝不应该仅仅停留在号召的阶段,而要推进到行动阶段。"写实"的德行教育只有在实践活动中才能实现行为教育的目的。比如,自己的事情自己做,自己的东西自己拿,自己的责任自己承担,让学生在行动、活动中落实这样的价值取向,形成稳定的正确行为习惯。许多父母替孩子整理资料、替孩子背书包,孩子考不好就急忙安慰……如此培养出的孩子大多心理脆弱,只能成功不能失败,风吹易"折",雨淋易"湿",雷打会"伤"。德行教育要"虚实"结合,重在"实",实际的生活、实际的挫折、实际的苦难才是夯实德行的根基,才能让人厚德行远。

新学期 新征程 | 2020-04-08,星期三

受疫情影响,今年各级各类学校开学时间一再推迟,今天我们终于回到了校园,心里多了一份踏实。这个学期教学时间只剩3个多月,教学任务繁重。我任教高一、高二两个年级共5个班级,周课时量达到17节,课时数在校内算是比较多的。农村学校的课不太好上,因为学生学习基础相对薄弱。如何激发学生积极性和主动性,让他们更有信心地学习,是本学期的一个重要任务。新学期,新征程,我要让道德教育、情感教育渗透在学科教学中,多设计一些能让学生参与的活动,对后进生要多一些包容、多一些引

导,要带领学生共同前进;要继续积累教育实践案例,积极撰写教育反思,力争写两篇高质量的教学论文;还要完成两项市教育规划课题研究。

学生的"自省"教育 | 2020-04-14,星期二

今天在高一(4)班上课,某同学一开始就表现出不安分的状态,过了一阵,他突然和旁边的同学动起手来,这个举动惊动了全班。我让该同学站起来,他红着脸,气喘吁吁,就是不站。我沉住气,继续上课。下课时,我把他们带到办公室谈话,了解了详细情况,对他们进行了教育。他们认了错,道了歉。遇到这种事情教师一定要冷静,控制住自己的情绪,如果学生不听话、不尊重教师,教师就大发雷霆,学生不会心服。其实,课堂经常犯错的学生就几个,为极少数学生大动肝火,不仅影响教学,也使自己身心俱损,确实得不偿失。即使在盛怒之下,教师也不能说粗话,更不能打骂学生,否则你会在学生面前失身份、丢威信,你的教育也会变得苍白无力。

转变思路 | 2020-04-17,星期五

在我教的5个班级中,高二(3)班最不好教。这个班有几个不肯学习的学生,还有顽皮的学生。课堂常出现这样的场面:教师在前面讲课,有的学生在偷偷讲话,有的在打瞌睡或做小动作。在这样的班级上课,对教师来说既费力又难熬。如果按照正常的授课模式,教师对学生提纪律要求,按部就班讲课,学生听不进,有时还会故意挑起"事端",惹你生气。学生既然一时难以改变,我们就先改变自己。今天上课,我先抛出话题:你的高中目标是什么? 有何打算? 让学生上讲台"演说",并鼓励学生自告奋勇。等了一阵,李同学举手,他到讲台上说了几句,还不错! 其他同学鼓起了掌,我拿出一本杂志送给了他。之后赵同学又上前发言,我也赠送一本杂志。课就这样开始了。特殊班级要有特殊方法,只要教师肯动脑筋、转变思路,多想办法,一定能把课上得有趣,把学生的注意力吸引到听课上来。

培养学生综合思维 | 2020-04-22,星期三

高一地理《学习与评价》中有这样一道试题,学生答错得较多。原题如下:

2009年我国人口自然增长率为5.05‰，60岁以上的老年人口达1.77亿。根据人口发展状况，我国应（　　）

A. 提高人口自然增长率

B. 加大自然资源开发力度

C. 大力提高农业人口比重

D. 完善社会养老保障体系

有学生认为我国人口自然增长率偏低，当务之急应该提高人口自然增长率。但实际上，我国人口老龄化问题更突出，2009年全国60岁以上的老年人口达1.77亿，占总人口的12.5%，而且老龄化速度越来越快。人口老龄化意味着总人口中劳动年龄人口减少，消费人口增多，整个社会养老负担加重，用于老年人口的福利开支增大。目前我国实行"全面放开二孩"政策，其目的是缓解人口老龄化速度，为未来增加劳动年龄人口。所以，根据人口发展状况，我国应完善社会养老保障体系，本题选D。我们要培养学生综合思维能力，全面、系统、动态地分析地理问题，学会辩证地看待地理问题。

教学如何融入数字技术　│　2020-04-23，星期四

澳大利亚教育的数字化程度很高，学校拥有的计算机总数已超过在校学生数，然而学生的学业表现并没有因此改善。有人认为，课堂应用数字技术的合理性仍值得探讨。这一看法不无道理，教师应当采用合理方法平衡数字技术与教学的关系，具体来说有以下几方面：一是将基础教学内容以电子书、动画、视频、数字游戏等多种形式呈现，鼓励学生采用多种形式表达自己的想法；二是教学软件不能只让学生被动地坐在屏幕前接受知识，还应添加填空、基本代码编写等创造性平台，增强人机交互性；三是提供允许多用户同时在线的软件，改变学生独立使用计算机的状况，支持学生在数字化教学下协作学习；四是使用虚拟现实、增强现实、混合实现等技术，增强学生感官参与，引导学生在使用电脑的同时活动身体；五是限制学生使用数字技术的时间，让学生每天有一定时长远离电子设备。另外，还要指导学生遵守网络道德与使用规范，文明、健康地进行线上活动。

培养学生读图能力 ｜ 2020-05-06，星期三

今天学生做的一道题目引起了我的注意，原题如下：

读黄土高原某地等高线地形图，完成下题。

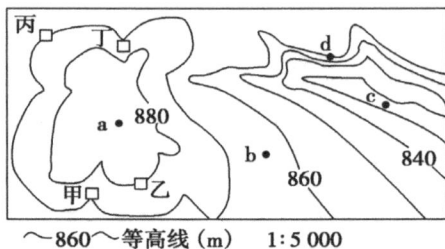

~860~ 等高线（m）　1：5 000

1. 图中甲、乙、丙、丁四地最适宜建窑洞的是（　　　）

A. 甲　　B. 乙　　C. 丙　　D. 丁

黄土高原上的窑洞建在什么地方比较合适？有的学生只知道窑洞建在山坡上，其他就不清楚了，这样选择位置时就存在盲目性，容易出错。其实，建窑洞就是盖房子，有规律可循。窑洞一般要建在采光条件较好的向阳处，地势较高，有利于排水，地质条件要稳定。本题中丙、丁两处地处北坡（阴坡），采光条件差，不利于建窑洞。甲、乙两地都在向阳坡，乍看相差不大，可仔细看图就会发现：甲处等高线凸向高值处，为山谷，山谷容易积水；而乙处等高线凸向低值处，此处为较缓的山脊，地势较高，有利于排水，适合建窑洞，所以本题选择B。在日常教学中，我们要引导学生认真读图，抓住关键信息，联系生活经验，学会综合分析，这样才能准确判断。

线上教学的不足 ｜ 2020-05-14，星期四

疫情时期开设网课是很有必要的，网课让学生有一种归属感，使他们意识到居家也要学习。但线上和线下的课堂教学还是有很大差别的。网课实际上是程式化的教学，并不能让教师针对学生的反应灵活调整。比如，每节课要讲哪一节、几个知识点，是很清楚的，而我们在线下授课的时候，如果对某个问题有特别感触，可能会多讲点或者少讲、不讲，授课节奏是自由的，但网课很难实现这一点。另外，线下教学综合了即时性的演讲、表情、眼神、动作及各种肢体语言，甚至课堂氛围都是传递教学信息的重要手段，而网课模块式的设置，就很难达到这个效果。线下教学是有一些强

制性的,学生必须坐在教室里,而网课上学生是不是坐在电脑前、是不是在听讲很难监测。所以,网课并不能完全取代线下教学,线上线下融合的教学方式将成为未来教育的趋势。

学生的热情 | 2020-06-01,星期一

下午我在高一(3)班上了一节微课,课前我找来两张课桌,搭在教室后面,用手机录课。我正准备请人帮忙,王同学跑到我面前,自告奋勇,我很高兴。我告诉他,手机要一直立在桌子上,镜头对准老师或答题的同学,不要频繁转动,他连连点头。正式开始上课了,本节课讲的是"城镇化"(第一课时),我以射阳县城市景观图导入,引导学生探讨城镇化的表现、城镇化发展过程和阶段、城镇化的影响等内容。学生能主动思考、积极参与讨论交流,授课效果比较好。授课历时20分钟,王同学一直在聚精会神地录课,我看了一下录像回放,效果不错,我得感谢他的帮忙。课后,我找了两本《中国国家地理》杂志送给王同学,他非常高兴,连声道谢。学生这么乐于帮助我,我对学生心存感激。

混合式教学的问题 | 2020-06-05,星期五

后疫情时代,如何设计并构建"线上与线下"融合的混合式教学模式,成为当下备受关注的热点之一。混合式教学虽然具有灵活方便、高效快捷、适用范围广等优点,但在实际应用中还存在诸多问题,主要有:①模式问题。与传统课堂教学"预习—提问—新授—总结—作业"固有模式不同,混合式教学模式多种多样,学科间及不同课型之间存在明显差异,因此标准化地推进混合式教学存在困难。②组合问题。混合式教学要对教学内容及教学时间、线上学习及线下课堂指导进行重新组合,这会使教师备课量增加,给推广应用带来难度。③兴趣问题。混合式教学的线上部分必须以学生的自主性作为前提,如何调动学生线上学习的积极性成为教学设计的重中之重。④协调问题。混合式教学在线上与线下转换,在网络与现实之间转换,在不同活动中如何衔接也是设计时要考虑的重要方面。⑤技术问题。信息化技术发展虽然很快,但提供的功能还不够强大和完善,同时师生对信息化技术的使用仍不熟练,这也制约着混合式教学的推广普及。

再谈"综合思维" | 2020-06-15，星期一

"综合思维"是个老话题，但在地理教学中有着重要地位。综合思维是地理四大核心素养之一，对中学地理教育有重要指向和引领作用。综合思维作为一种认识地理环境的重要思维方式，可以将其划分为三种思维方式，即地理要素综合、时空综合和地方综合。要素综合与地理环境的整体性相对应。时空综合是在特定的时空框架中，系统认识地理事象发生、发展和演化规律的方法，主要表现为时间的纵向线索和空间的横向线索，与纵深思维模型基本一致。地方综合是要素综合和时空综合在区域上的整体反映，体现出三种综合方式相互联系、不可割裂的关系，与全局思维模型基本一致，"格局与过程耦合"思想与综合思维也有密切联系。当然，综合思维离不开学科的综合，很多地理问题分析与研究，必然要运用到物理、化学、生物等多学科知识，而且这种融合趋势越来越明显。

及时调整 | 2020-06-17，星期三

上午第三节课在高一（1）班讲授"交通运输布局"，包括"交通运输线""交通运输站点""城市交通网"三部分。我在讲青藏铁路线的布局时，利用PPT展示青藏铁路建设的区位优势，可这张PPT是蓝底红字，电脑上看得见，投影出来学生却看不清楚。我只好对PPT底色进行调整，可是在我点击"设置背景格式"时，电脑却卡住了。任我怎么点，电脑就是没反应，重新启动也没用，无奈接下来的内容只好画图讲解。下课后，我回到办公室，立即打开自己的电脑，查看课件，调换底色，放大了字体和图片，问题解决好我才松了口气。下午第一节课，我去高一（2）班上同样的内容，学生就能清楚看见PPT上的所有内容了。课堂教学是个细心活，容不得马虎，发现问题要及时解决，这样教学工作才能做得更完美。

回归"考试说明" | 2020-06-19，星期五

距离高考只有10多天了，现在高三地理复习什么？有的教师仍然在讲高考模拟试题，保持和平时一样的节奏，但这样忽视了学生不同的需求，缺乏针对性。有教师完全回归教材，回顾基础，或者就让学生自己看书，这样

的复习效率较低。我认为,此时回归"考试说明"不失为良策,因为高考命题的直接依据就是"考试说明",其中列举的知识条目,绝大部分要体现在高考试题中。教师回看"考试说明",看看复习的知识点有没有"全覆盖",发现遗漏的知识需及时补充复习。对于"考试说明"中文字表述较多的重点的知识条目,教师更要关注,如地理学科中常见的天气系统、洋流、农业地域类型、工业地域等知识,是常考的重点。复习中抓住这些核心知识,我们就能筑牢"压舱石",胜券在握。在最后复习阶段,教师可以围绕"考试说明",精心设计一些有针对性的试题,题量不宜多但要典型,尽量让学生当堂完成,并及时评讲。当然,课堂也要留有时间让学生查漏补缺,完善知识体系,教师做好答疑和辅导,这样复习效果才能提升。

学生小组合作效度 ┃ 2020-06-22,星期一

现在课堂上小组合作形式比较多,但实施效果参差不齐。没有有效评估,就不能保证思维导学深入开展和目标实现。我们观察学生小组合作效度,可以从以下几个方面入手:一是小组内学生的全面参与状况,看有没有被边缘化的学生,有没有学生无事可做;二是组内交流,看关键问题的讨论交流情况和共识的达成过程,有没有形成较为鲜明的观点;三是问题生成,看生成问题的类别,组员对问题的认识,以及生成的问题是否与课堂核心内容相关;四是看学生讨论交流后,具体内容的准备情况以及表述的深刻程度;五是组内评价机制,看组长对交流过程的管理和学生之间的相互评价。总之,在课堂教学中,我们提倡将学习的主动权交给学生,尽可能给学生提供自主探究、合作学习的平台,尽可能让学生体验探索与发现的快乐。当然,开展小组合作学习,要结合教学内容和学生实际状况,不可滥用,小组合作学习中也离不开教师的及时有效点拨和合理引导。

"同课异构"重在"异" ┃ 2020-09-01,星期二

"同课异构"作为一种新的教研方式,受到了很多学校青睐,但一些学校在进行"同课异构"过程中,先要求教师对同一教学内容各自进行教学设计,然后组织相关教师集中研讨,比较几种教学设计的优劣,最后确定一种"最佳"方案付诸实施,其他设计则被否定或抛弃。这样,"同课异构"最终

演变成了"同课同构",导致了课堂教学的千篇一律。其实,"同课异构"是为了探讨同一教学内容的不同教学设计,展示并优化不同的教学方法和教学过程。"同课异构"关键在于"异",让个性修养、兴趣爱好相同或相近的教师组队,有经验的教师把自己的教学经验、方法、体会等传授给年轻教师,并就教学方法、教具准备、课堂组织等进行相互探讨。这种"同课异构"的交流、比较,是为了对各种教学设计进行改进和完善,寻求更好的教学效果,不是为了追求"唯一的最佳设计"。切忌把名师的教学模式或所谓的"最佳设计"强加给其他老师,从而抹杀他们的教学个性。只有这样才能促进教师教学方法的改进、教学技能的提高和实践智慧的生成,形成独特的教学风格。

案例探究的全面性 ┃ 2020-09-08,星期二

今天评讲练习时,有这样一个问题:

分析恒河三角洲成为世界上最大的三角洲的原因。

学生对这个问题都能进行一些分析,有学生从河流(恒河、布拉马普特拉河)的角度分析,有学生从气候的角度分析,也有学生从海域(孟加拉湾)的视角分析。虽然涉及点比较多,但不够系统全面,我们需要进一步培养学生案例探究中的综合思维。

这个问题如何才能分析准确全面?首先让学生了解三角洲的形成过程,即河流入海口泥沙不断淤积的过程,然后从三方面进行分析。一是河流特征:①输沙量大。输沙量与径流量、含沙量呈正相关,即径流量、含沙量越大,输沙量就越大,沉积作用就越明显。②河流搬运能力较弱。河流径流量减小,搬运能力随之减弱;流经地域地形平坦,河流流速变缓,河床侵蚀能力、河流搬运作用减弱,沉积作用增强。二是近岸海域外力作用,即侵蚀作用和搬运作用弱。在近岸海域,潮流作用减弱导致侵蚀作用和搬运作用减弱,泥沙易堆积在近岸海域,有利于三角洲形成。三是近岸海域水深变浅。地壳抬升、海平面下降、填海造陆等因素都会使近岸海域水深变浅,有利于三角洲形成。把握这三个方面,答题思路就清晰了。

把课上到学生心里 | 2020-09-16,星期三

　　我们常以为课程内容,经由教师讲授、课堂组织、活动架构等就可以顺利"到达"学生脑海里,其实这种想法常常是一厢情愿。这种外在的抵达可以促成师生的发展,但最直接的结果是培养了内心无根底的人,即课上能学到一点东西,也能应付日常的考试,但是学到的东西很快就会被遗忘。有的学生毕业后说"高中所学的东西还给老师了",其实就是因为教师没有把实践、情感等因素有机融入教学中,仅传授生硬、枯燥的知识能不遗忘吗?把课上到学生的心里,这是教师的向往与追求。来自教师内心深处的课,才有力量走到学生的内心深处。正如一位老教师所说,我们讲给学生的,一定是客观真实和内心信服的,敷衍了事不会有什么教育效果。一节优质的课,经由教师内心再到达学生内心,才能温润而富有价值。这股到达学生内心深处的力量,经过学生的赋予与创造,又会形成一股力量,反馈给教师。在这样循环往复的传递中,师生在课堂上才能经历一次次自我发展与更新。

教学的合理安排 | 2020-09-21,星期一

　　本学期学校实行双周放假制度,中间一周周末要进行"集中辅导"。我任教高二(3)班、高二(4)班和高三(3)班三个班级,周末安排了 6 节课,这课怎么上?是按部就班复习,还是让学生自主学习?我考虑了一下,本学期高二地理每周 3 节课,高三地理每周 4 节课,课时量充足,教学进度也赶得上,而且高二学业水平测试变为合格考之后,教学内容比以前减少了,难度也降低了。在此情况下,针对每次周末"集中辅导",我各准备了一份"对口练习",大约是一节课的训练量,包括25道选择题、1道综合题。周末的"集中辅导",其中一节课让学生完成"对口练习",另一节课用来评讲,评讲前先让学生相互批改,了解答题情况,然后对易错题集中评讲,课后不再布置其他作业。这样学生既有练习时间,又能及时纠错,效果较好。

学会灵活运用 | 2020-09-22,星期二

　　今天在讲解"常见自然灾害"过关测试题时,有道题目值得关注。原题

如下：

2017年7月1日8时，受连续降雨影响，长江中下游干流及洞庭湖、鄱阳湖水位持续上涨，形成长江流域2017年第1号洪水。据此回答下列问题。

1. 长江流域2017年第1号洪水出现后，江苏应对该洪水的合理措施有（　　）

A. 修筑堤坝　　B. 退耕还湖　　C. 加强监测　　D. 植树造林

很多学生选择A或B，他们认为修筑堤坝、退耕还湖都是应对洪水的措施，复习资料上也提到过，可是他们却忘记了灾害应对的具体情境。江苏位于长江下游，该洪水出现后数日内将抵达江苏，此时江苏亟需加强对该洪水的监测，如洪峰的形成、流量、流速等，及时采取组织沿江低洼区居民转移，发放救生圈、救生艇等救灾物资等应急措施。修筑堤坝、退耕还湖、植树造林需要很长的时间，不是洪灾即将来临时的合理应对措施。所以，解答该题时要分清防洪救灾的应急措施和日常防御措施的差别。我这么分析，学生就知道出错的原因了。

有意义学习与机械学习　|　2020-09-24，星期四

有人认为接受学习必然是机械的，探究学习必然是有意义的，这种看法并不准确。在接受学习中，学习的主要内容是以定论的形式传授给学生，只要求学生把教学内容加以内化，以便将来能再现或迁移运用。而探究学习的首要任务是发现，然后把发现的内容加以内化，以便今后予以运用，所以探究学习只是比接受学习多了一个环节——探索发现，其他基本相同。无论是接受学习还是探究学习，都有可能是机械的，也有可能是有意义的。如果教师讲授得当，接受学习并不一定会导致学生机械学习，同样，探究学习也不一定能保证学生的学习是有意义的。比如，带领学生去观察城市功能区的分布，有时不一定比在课堂听教师讲效果好。如果学生只是记住解决问题的"典型步骤"，而对自己正在做什么、为什么这样做很茫然，那么这样的学习也是机械的。任何学习，只要学生能够理解、内化，今后能加以运用，都是有意义的学习。

准确分析问题 ｜ 2020-09-28，星期一

今天的课后练习中有一道题，学生感到困惑。原题如下：

读图，分析东北黑土开垦后土壤有机质含量的变化特点及原因。

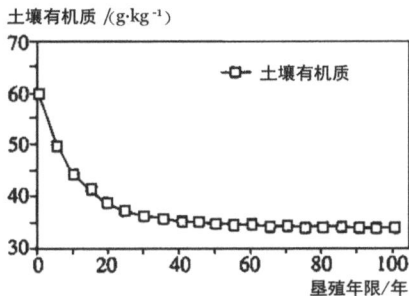

东北黑土开垦后有机质含量变化图

"变化特点"比较直观，读图可以看出：黑土开垦初期，土壤有机质快速下降；黑土开垦后期，土壤有机质下降速度减慢，趋于平稳。但土壤有机质变化的原因学生不知道怎么分析。这就需要教师引导：有机质变化可以从补给量、分解量、吸收量、流失量的角度加以分析。早期东北黑土垦殖后，原始植被被农作物大量代替，枯枝落叶减少而农作物吸收量增加，土壤中有机质的消耗大于积累，所以土壤有机质快速下降；土壤翻耕还会造成水土流失，部分有机质流失。后期由于土壤中有机质被消耗，土地肥力下降，土壤中有机物变少，消耗也随之减少；加上人工施用各种肥料，增加有机物，使积累与消耗基本保持平衡，所以后期土壤有机质含量趋于稳定。

同步优化学习方式 ｜ 2020-09-29，星期二

我在讲授"农业的区位选择"时，基于"射阳县现代农业发展"案例设计了四个学习环节（见下图）。每一环节的学习都以学生自主建构为主，教师在提供真实、完整的情境材料基础上，设计恰当的学习任务及任务完成方式，让学生协同完成学习任务。这样就改变了"教师讲案例，学生听案例"的低效学习方式。学生在案例分析的过程中，不断深化对地理概念、原理、规律的认识，同时也提高了分析问题、解决问题的能力。

教学过程反思

学生课前调查	→	优势区位分析	→	不足之处点评	→	发展前景展望

"射阳县现代农业发展"学习环节示意图

案例教学以学生为本,借助案例帮助学生搭建地理科学与现实生活之间的桥梁。因此,教学中不能将案例本身作为教学的全部任务,而是要让学生在面对众多的鲜活素材时学会自主探索、发现,并表达自己的观点和想法。案例教学从"个案"入手,在解决某类问题的过程中,培养学生发现、分析、解决地理问题的能力,培育其学科核心素养。

研究课堂 | 2020-10-08,星期四

职初教师要想拥有高效的教学状态,上好课,就要经历"备课—磨课—悟课—品课"的过程,循序渐进,并通过上课、观课的契机研究课堂。首先,职初教师要聚焦问题,把课堂教学实践中存在的突出问题作为研究对象,目的在于找到研究的起点。其次,要善于观察,真实、细致地记录实际的现象与场景,进而获得第一手研究素材。再次,在明确问题的基础上,学习前沿性研究文献,向优秀和有经验的教师请教,或通过听课、观课分析出有用经验,进一步对问题进行审视和分析,进而找出问题形成的原因,提出解决问题的方法,并把得出的改善教学的想法和策略运用到课堂上,以检验方法的有效性。最后,可以将资料、素材、观点等进行系统整理,并及时记录下来,以教学反思、随笔或论文等形式呈现出来。

"用以致学" | 2020-10-19,星期一

"用以致学",顾名思义,以"用"达到"学"的目的,是一种以运用、行动、实践为基础的教学认识论。"学"和"用"位次关系的调换,是一种以"用"为核心,将"用"置于认识论本源地位的尝试,体现了认识论研究的实践转向。"用"的形式是复杂的,途径是多样的,核心在于反思性探究、协作性问题解决等知识情境化实践。比如,我们在讲授太阳日出、日落方位时,如果能把学生带到户外,让他们亲身感知日出、日落方位,其教育效果比课堂上的抽象讲解好很多。再比如,学生对本地土壤不了解,如果利用课余时间带学生到校园周边走走看看,并采集一些样品,那么学生对本地土壤的印象肯定深刻。有科学研究表明,唯有经过思维、探究和运用而获得的知识才具

有使用价值,才能被学习者迁移、有效运用。"用以致学"以"用"为核心,同时将其作为学习的目的和手段,不仅"基于实践",也"服务于实践"。

提高学生读图分析能力 | 2020-10-22,星期四

培养学生综合分析问题的能力是地理教学的重要任务,教师要结合具体情境引导学生通过分析解决问题。以下题为例:

秸秆发电是秸秆回收利用的途径之一,现有发电方式可分为直燃发电、混燃发电、气化发电和沼气发电,而单位发电成本受原料收购、运输以及不同发电方式等因素共同影响。目前,我国秸秆发电经济效益不佳。下图示意湖北四市土地面积及秸秆资源密度分布,据此回答下列各题。

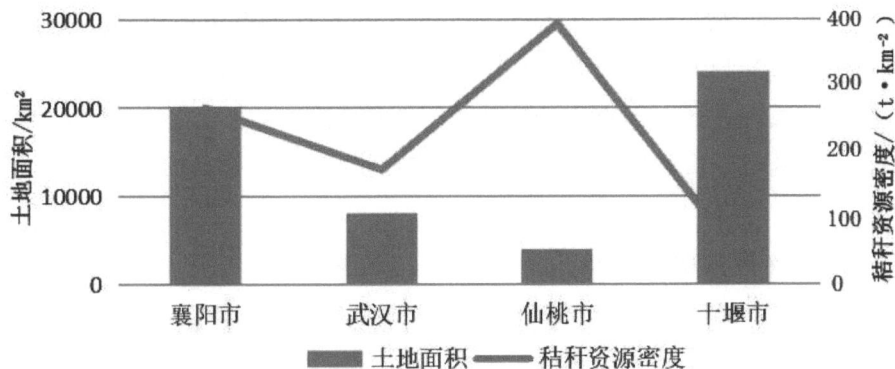

湖北四市土地面积及秸秆资源密度图

1. 秸秆电厂布局应倾向于( )

A. 原料产地 B. 消费市场

C. 技术密集区 D. 劳动力密集区

2. 相较其他三市,仙桃市建秸秆电厂的优势是( )

A. 生态环境优良 B. 配套设施完善

C. 秸秆资源量大 D. 秸秆收集成本低

本题考查学生读图分析能力。第1题较为简单,秸秆发电厂需要大量农作物秸秆,所以秸秆电厂应布局在原料产地。第2题,秸秆发电对生态环境的要求不高,且图中无法判断四个城市的生态环境,故A项错误;武汉市作为省会,配套设施应比仙桃更完善,故B项错误;秸秆资源量等于土地面积与资源密度之积,仙桃市资源量在四个城市中不占优势,故C项错误;由于仙桃市秸秆资源密度最大,秸秆收集成本较低,故选D项。

实验教学存在的不足 | 2020-10-26,星期一

目前,地理实验方案更多的是针对学习地理原理而设计的,如热力环流、锋面的形成、水循环等,主要目的是验证原理、证明现象。而针对现实地理问题设计的实验较少,如泥石流的形成、地震的形成、沙尘暴的形成等实验。多数实验是为了验证原理,而不是培养学生发现问题、解决问题的能力,缺少和现实生活的联系。另外,定量实验较少。中学地理实验项目,很多是科研领域内既有的、简化的实验项目,如模拟日食、月食、地球运动等。长期以来地理实验以定性描述为主,如在水土流失影响因素的实验中,对于地表的冲刷作用大多通过不同对照组之间的比较,得出"多"或"少"、"快"或"慢"的描述,只能帮助学生形成整体的印象或感知。缺少定量研究,实验难以达到"精准"程度,对深入研究科学问题帮助不大。现在一些地理教师开始对已有实验项目进行改进,尝试从定量化的角度对已有实验项目进行二次开发,只要大家努力去探索,肯定会有新的突破。

我这样维持课堂纪律 | 2020-10-29,星期四

上午我为陈老师照看高三(3)班第三节课,这个班课堂纪律不大好,有学生讲话、做小动作。当我拿着书走进教室,教室里嘈杂声一片,我要求大家安静,几分钟后教室逐渐安静下来,但仍有几个学生"蠢蠢欲动"。我在前面桌子旁坐下来,盯着几个"重点"学生,看他们如何"表演"。见我严肃的神情,那几个学生不再讲话了。我不时扫视全班,谁想讲话、想玩,我就关注谁。在我严密的看管之下,学生随便讲话、做小动作的行为减少。整整一节课我都这样盯着学生,没有多说一句话,课堂是安静、安稳的。虽然我自己无法看书备课了,但课堂纪律好,这节课我依然有收获。

注意学生的状态 | 2020-11-04,星期三

上午第三节课在高二(4)班评讲学测模拟试卷,这份试卷总体难度不大,但有些学生出错仍然较多,所以课堂上还要花时间评讲。大家听得比较认真,但某同学不在状态,上课才10多分钟他就开始伸懒腰、打瞌睡。过一阵,他突然把试卷塞进桌子里,趴在桌子上。我走过去提醒他,他勉强抬

起头,不久后又伏到桌子上。这学生是什么情况?课堂上我没有批评他,下课后我找他谈话。我问他上课为何睡觉,他说我讲的他都会了,不用听也能及格。我查看了一下他最近两次模拟考试的成绩,分别是74分、72分,在班级名次还可以。我对他说:"即使老师讲的你会了,可以不听,但不能睡觉,课堂时间宝贵。要谦虚一点,毕竟班级不少人超过80分,人家学习还那么认真!"陈同学点头同意,表示以后改正。学生认知是有差异的,虽然课堂上我们不能满足每个学生的需求,但我们要时刻关注学生的状态,了解不同学生的需求,及时采取措施予以调整,同时纪律要求要和学生讲清楚。

为何而教 | 2020-11-10,星期二

为何而教是一个很重要却经常被忽视的问题。为学生成长、为学生未来而教是所有教师的共识,但一旦临近考试、一旦进入高三,部分人就只为学生考试而教了。教师一旦沦为"教"的工具,学生也会变成学的"机器"、应试的"机器",课堂的生命活力就无从谈起。教什么依然是一个关键问题:有教师把内容当目标,教学变成了教知识,认为把知识讲到位,任务就完成了;也有教师在课堂上采取各种方法,让学生理解、掌握知识,如果哪个环节效果不佳,就让学生多做练习,"教"就简化成了"讲"和"练",学生哪有乐趣可言? 教学是师生双边互动,教师不仅要教知识和技能,还要千方百计调动学生的积极性和主动性,使他们想学、乐学,而且感到自己能够学好,如此,教学才有生命活力。

谈深度学习 | 2020-11-17,星期二

深度学习现在谈得比较多,对其内涵解析有多种,但有几点是大家的共识:深度学习立足生命立场,强调主体思维;促进概念转化,着力知识重构;倡导参与体验,关注学生发展。深度学习并非与浅层学习相对立,它只是学习的一种状态或模式。学习兴趣、困惑和追求是深度学习发生的前提条件。只有当学生知道在什么样的情境中应用知识,面对新的真实情境时如何调整、完善这些知识,才真正发生了深度学习。深度学习始于学生在学习中的沉浸式投入、批判性理解、合作式沟通和反思性建构,终于问题的

解决、知识的迁移应用及内生性创造。当然,深度学习也并非一蹴而就的,需要教师和学生在特定场域下,共同参与一个合适的载体并积极行动才能实现。当然,深度学习能否对不同学生都能产生应有效果还有待观察和探讨。

勿忘地理实践力培养 ｜ 2020-11-24,星期二

地理实践力是地理学科核心素养之一。据我了解,目前部分学生地理实践力素养是比较欠缺的。学生在野外活动,往往说不出本地的植被类型、水文状况,甚至辨认不了小麦和油菜。这不能全部归咎于学生,其实我们作为教师也是有责任的。每年我们安排学生参加几次地理实践活动?有没有认真组织?有多少学生参加?说起来我们是有点惭愧的。长期以来,我们只顾课堂教学,只顾知识传授,忽略了培养学生的地理实践力。有学生告诉我,他们小学时每年植树节学校会组织他们到校园旁植树,清明节去祭扫烈士墓,五一劳动节还有室外劳动,而到了初中户外活动少了,社会实践一年只有一两次。高中的情况我是清楚的,整个高中三年,地理实践活动只有两三次,有的学校甚至更少。地理学科核心素养如人地协调观、综合思维、区域认知等,都要在生活和社会实践中检验,所以教师要积极搭建理论与实践的桥梁,充分利用各种课程资源,为学生提供参观、调查、走访、观测的机会,避免学生学无所用、用无所学。

把爱付诸行动 ｜ 2020-12-03,星期四

下午在高三(3)班上完第三节课,戴同学过来问我:"今晚要过去辅导吗?"我说:"过去吧! 6:30开始。"她高兴地离开了。戴同学等4名学生在今年的学业水平测试中,地理没有过关,本学期需要补考,而现在高三学的是地理选修内容与学测考试关联不大。她们在课后自主复习时遇到很多难点,需要老师辅导。说实话,我这阵子特别忙,高二两个学测班、高三一个选修班,白天课多,晚上还要备课、改作业,但他们有补课的需求,我就不能推托。晚上6:30,我准时来到办公室,帮她们梳理了"主要自然灾害"等知识点,并对"模拟试卷17讲"中的题目进行了评讲。她们地理基础薄弱,有的题目需要讲两遍。一个小时很快过去,离开办公室时,她们对我连声

道谢,我很欣慰。我们常说,爱是教育的起点和条件,但有爱也不等于有了教育,因为爱需要行动。在学生迷惑、困难之时,我们花点时间帮他们一把,这是教师应该做的事。

谈学科间的融合 | 2020-12-11,星期五

地理课讲地理,这是我们的习惯。地理课上听到的不是"气候""方向""地形",就是"区位""环境""产业",容易给学生留下单调、乏味的感觉,缺少趣味性和吸引力。地理知识来源于生活。生活是开放的,地理教学同样应该如此。学科间的相互渗透与有效整合是教学发展的必然趋势。跨越地理教地理,丰厚而朴实,课堂呈现的不是一门课程之"木",而是学科知识之"林"。虽然教师的教学工作有一定的独立性,但是我们提倡教师之间相互交流合作,让说者畅所欲言,大胆说出个人观点;让听者认真思考,寻找共鸣,捕捉瞬间感悟。所以作为教师,我们要跳出课堂、跨越学科,践行"大地理教学观",挖掘、利用有效课程资源。同时,教师可以通过个体思考与集体商讨相结合的教研方式,引导学生真正进入知识之"林",又能走出"丛林",识得庐山真面目。

谈深度教学 | 2020-12-22,星期二

现在报纸杂志上关于深度教学的文章很多。在我看来,深度教学是深度"教"和深度"学"的结合,课堂上如果师生能高效互动,深入探讨问题,思辨能力提高了,价值引领实现了,这就可称为深度教学。但在实际教学中,实现深度教学并不容易,相比而言,深度"教"比深度"学"更容易实现,深度"教"取决于教师的教学准备和课堂发挥;深度"学"侧重于学生"学"的状态,教者往往难以把握。课堂上有的学生能顺利实现深度学;有的学生由于基础薄弱,难以全程参与问题的探究;有的学生专注力不够,对教学活动积极性不高……这些情况教师要心中有数。要想让学生深度"学",教师首先要深度"教",教与学是紧密联系、密不可分的,所以我们要认真研究教材、研究学生、设计教法,激发学生学习兴趣和积极性,扩大深度教学的覆盖面。

抗"疫"中的思政教育 ｜ 2020-12-29,星期二

对中学生来说,抗击疫情是一次特殊的人生体验和非凡的精神洗礼,更是一堂深刻的爱国主义教育课。在这场百年一遇的疫情防控阻击战中,中华民族爱国主义精神得到了全面检验,中华儿女血脉深处的爱国主义精神得到升华和强化,青少年被疫情防控中爱国主义力量所震撼。有太多事例让人动容,有太多人文关怀令人暖心,有太多的普通民众值得铭记,这种感动直指内心,触动着每一位中国人。我们要上好抗"疫"这堂爱国主义行动课,引导学生肩负起历史赋予的重任,把全国人民众志成城、攻坚克难的抗"疫"精神转化为爱国报国的实际行动,把个人的小我融入祖国的大我、人民的大我中,挺立时代潮头,勇做时代先锋。

夜晚铃声 ｜ 2021-01-14,星期四

晚上9:30,手机突然响起,张老师来电:"曹老师,高二(4)班有学生想问地理题目,你过来解答吧!"张老师今晚在高二(4)班坐班,学生告诉他地理有不懂的问题,张老师随即和我联系。我在宿舍看书,有点感冒,正准备早点休息,但接到他的来电,我立即放下手头事情,赶到教室。学生正在复习,我一走进去,就有学生举手提问,我立即上前解答。学生的问题主要集中在大气运动、地球圈层、海水运动等方面,我用画图讲解等方式对学生的疑问逐一进行解答,对共同的疑点,我向大家作简要的点拨。不知不觉半个小时过去,学生的问题解答完,我才离开教室。之后我又到高二(3)班解答学生的一些疑难问题。对于我的到来,学生很热情,看得出他们在认真复习。江苏省学业水平合格性考试于本月16日进行,明天学生就要去县城迎考。我晚饭后已经去过班级,对学生提了一些应考要求,但只要学生需要老师帮忙,我随时可以到场。

解释好关键概念 ｜ 2021-01-21,星期四

今天课堂我让学生做《学习与评价》上的题目,其中有道题目学生出错率较高。原题如下:

布哈河发源于祁连山,以冰雪融水和降水补给为主,是青海湖最大的

入湖河流。读布哈河流域所在地区1976—2016年气温距平累积曲线图(距平:指某一系列数值中的某一个数值与平均值的差,分为正距平和负距平),回答下列问题。

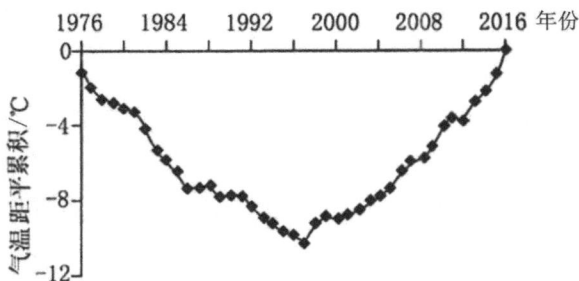

1976 1984 1992 2000 2008 2016 年份

布哈河流域所在地区1976—2016年气温距平累积曲线图

1.1992—1999年气温距平值(　　　)

A. 始终为正距平　　　B. 由负距平到正距平

C. 始终为负距平　　　D. 由正距平到负距平

很多学生选C,他们认为1992—1999年气温累积距平先下降后上升,但都在负值范围。乍看有道理,可学生忽视了图示与题目要求的差异。图中曲线表示的是"气温累积距平",而题目要求回答"气温距平值",这是两个不同概念,所以就容易出现差错。"气温距平"的概念题干中已有介绍,但"气温累积距平"的概念题干中没有说明,所以解答本题,关键要让学生弄懂"气温累积距平"这一概念。我用一组数字作了分析:

假设某地多年平均气温为15℃,第1年为14℃,累积距平值为-1℃;第二年为13℃,累积距平值为-2-1=-3℃;第三年为11℃,累积距平值为-2-1-4=-7℃。可以看出,只要某年为负距平,累积距平值都是向负方向增加。如果第四年为16℃,出现正距平,气温累积距平值为-7+1=-6℃;第五年为17℃,则气温累积距平值为-6+2=-4℃。可以看出,某一年气温为正距平时,气温累积距平就会往正方向增加,该年气温呈上升态势。所以本题气温累积距平先下降后上升,说明气温距平由负距平到正距平,答案为B。本题实际上是用数学思维推测地理要素变化,考查学科综合思维的应用,在平时训练中应多加注意。

课好在哪 ｜ 2021-02-25,星期四

到射阳中学兼课几天了,我听了两节课。今天上午我去听了仇老师的

第一节课。一来到这里，就听说他课上得好，今天听下来，果然不错。他的课上得有特色，一是能抓住核心知识训练学生思维。课堂上先是回顾上节课的内容，仇老师向学生提问"上节课讲了几个问题？""世界人口的分布规律""影响人口分布的地理因素"等，引导学生回忆，理解关键知识，建构知识体系。在讲授新课时，他让学生分析重难点知识，并及时进行点拨提示，再联系生活实践和乡土地理进行巩固。二是课堂学生参与度高。仇老师上课不追求"火热"，也没有多少个别提问，大多是抛出问题，让学生齐声回答。他和学生是聊天式的"对话"，语速不快，学生都能听清，语言也很幽默。课堂不追求结构的完整性，而是围绕问题调动学生参与。他的课堂上，坐在第一排与最后一排的学生状态是一样的，大家都在轻松的氛围中听、说、写，没有压抑感。这堂课容量虽然不大，但讲过的问题，学生都能掌握，效果就提升了，这样的课值得一听。

基于项目的问题教学 | 2021-03-01，星期一

项目学习是以项目的方式向学生提出富有挑战性的问题或任务，学生通过自主决策或合作探究，设计解决方案，最终以作品的形式展示学习成果。一般来说，基于项目的问题教学首先由一个大问题开始，在解决大问题的过程中不断发现和提出一些小问题，通过小问题的解决，对大问题的认识不断深化，理解更加深刻。因此，项目学习从本质来讲就是一个个问题解决的过程。比如，以射阳县水稻种植业为例。学生通过探究射阳县水稻种植业的特点、影响因素等学习农业区位选择知识，其教学流程如下：

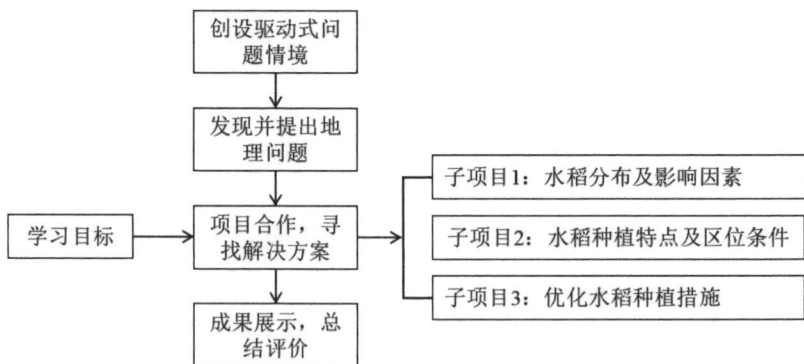

首先，创设驱动式问题情境：射阳大米是我县特产，米粒饱满，香醇绵甜，营养丰富，畅销省内外，是中国地理标志产品，但目前面临种植成本上

升、农民种植积极性不高等问题。其次,引导学生从现实情境中挖掘可探究的问题。对于射阳大米,学生会产生一系列疑问:射阳水稻分布、种植特点、种植条件等。之后将这一问题再分解成若干子项目:水稻分布及影响因素、水稻种植特点及区位条件、优化水稻种植措施等。教师要引导学生课前通过互联网、实践调查、合作研讨等多种途径寻找问题的答案,项目成果展示可以多种多样,如景观照片、统计图、专题小论文等。项目评价可以从过程和结果两方面进行,要特别注意研究方法是否科学、研究过程是否完整、小组合作是否全员参与。

上课要有精气神 | 2021-03-03,星期三

上午第一节课在射阳中学多媒体教室,为高一(4)班、高一(5)班、高一(6)班集中授课。这节课讲授"人口迁移",内容不太复杂,主要是引导学生读图、结合案例分析人口迁移特点及影响因素。学生听讲认真,虽然我戴着扩音器,但因为人多(近170人),所以还是要提高点音量。上大课语速要适中,不能过快,要让每个学生都听得清。不能只站在前面讲,还要前后多走走,关注每个学生的表现。另外,在分析问题过程中或师生互动交流时,教师要有精气神,眼神要充满自信和期待,运用好手势语,鼓励全体学生参与互动,这对吸引学生注意力、活跃课堂气氛是大有帮助的。第二节课也是大课,高一(18)班、高一(19)班、高一(20)班集中上,讲的也是同样的内容,我振奋精神,全力以赴上好课。大课连上虽然累点,但我感觉还好。下课时,我和学生交流:"是否听得懂?"学生说"听得懂"。我说:"有问题要提出来!""好!"学生高兴地离开了。

抓住解决问题的链条 | 2021-03-04,星期四

我在高一(1)班讲"锋面系统"时,首先展示了几幅寒风呼啸、大雪纷飞的景观图,我问学生:"这种天气你们经历过没有?""经历过!"学生回答。我又接着问:"那你们知道这种天气是怎样形成的吗?"学生议论起来,并开始在教材上寻找答案,大部分学生认为是冷锋,我们就此开始了探讨。结合图例,我提出几个问题让学生探讨:如何判断冷锋?冷锋锋面向什么方向移动?雨区在什么位置?冷锋过境前后的天气特征是什么?学生围绕

问题展开讨论,小组代表发言。有学生对冷锋过境前后的天气特征有不同意见,我又让学生再次讨论辨析,结合冷锋动态演示图,最后终于形成一致意见。之后学习暖锋、准静止锋就比较容易了,用时也不多。课堂对重点知识要少一些直接"指导",多一些路径"点拨";不怕学生犯错,只怕学生没有领悟,要为学生交流不同观点提供机会。学生经历了完整的解决问题的过程,抓住了解决问题的链条,在比较和综合分析中提升了思维能力,这样的学习就是高阶思维学习。

学会对比分析 | 2021-03-11,星期四

我在讲解鲁教版高中地理必修二第一单元第三节"人口合理容量"的习题册时,有道题目引起了学生的疑问。原题如下:

人口算术密度是一个国家的总人口与总面积之比,人口生理密度是一个国家的总人口与可耕地面积之比。根据表中数据,完成下题。

国家	人口算术密度	人口生理密度
加拿大	3	35
中国	129	934
印度	313	559
日本	336	3054

1. 对比中印两国的统计数字可以看出(　　　)

A. 中国的人口压力较印度大 　　B. 印度的人口压力较中国大

C. 两国的人口压力相当 　　　　D. 两国的人口压力都较小

很多学生选B,他们认为印度人口算术密度比中国大,印度的人口压力较中国大;也有学生选C,他们认为印度人口算术密度比中国大,但印度人口生理密度比中国小,两国的人口压力相当。我查阅了资料,课堂上对这个问题作了分析:中国有约14亿人口,陆地面积约960万平方千米,而印度13.54亿人,陆地面积297万平方千米,很明显人口算术密度印度高于中国。但人口压力最主要取决于人口生理密度,中国陆地面积虽然大,但高原、山地多,平原少,可耕地面积少,所以人口生理密度大。而印度陆地面积虽不足中国的1/3,但是印度耕地占比达57%,耕地面积远超中国,因此印度人口生理密度比中国小得多,人口压力比中国小。所以本题选A。这么分析

学生就能懂了,用精确数字来说明科学概念,能有效化解学生心中的迷惑。

及时调整教学策略 | 2021-03-12,星期五

早上第一节大课高一(4)班、高一(5)班、高一(6)班三个班一起上,我讲的是"人口合理容量"。首先,PPT出示两组选择题,前两个比较简单,后两个稍复杂点,学生需要看表格和材料才能得出"影响环境人口容量的主导因素"和"青藏地区人口容量特点"。之后我开始讲解"人口合理容量"的概念、影响因素、特征及实现策略,又分析了"湖北省资源环境承载力"的案例,最后评讲习题,可是只讲了5分钟下课铃就响了,还有几道题目没讲完。下课后我觉得这节课安排有些不合理,立即对教学设计进行调整:删除课前PPT中的两组选择题,省略做题环节,将教学环节向前移。下午第一节大课是高一(18)班、高一(19)班、高一(20)班三个班一起上,也是上"人口合理容量"的内容。我在引导学生简单回顾上节课知识后,立即进入新课内容的讲授,节奏把握还好,最后留10分钟评讲习题,时间就宽裕了,这样安排的效果就比上午一节课好。课堂不在于多讲题目,而在于让学生深入理解,课前的训练环节可适时略去。习题是学生昨天写的,留出时间对出错较多的题目及时评讲、校正,便于加深学生理解。一旦发现课堂上存在瑕疵或不足之处,要及时进行调整和修改,这是非常必要的。

课堂管理的优化 | 2021-03-18,星期四

如果学生在课堂上不听讲怎么办?如果学生在课堂上故意惹你生气怎么办?你如何处理不遵守纪律的学生?这些问题教师可能都遇到过,每个教师的处理方法不一样。课堂管理是影响教师整个职业生涯的重要因素。课堂管理既能成就教学,也能破坏教学,它影响教师日常工作的方方面面,甚至影响身心健康。有没有一套全新的教育方法和策略,让课堂充满活力又井井有条?其实这套方法很难寻找。课堂管理没有通用的"高招",需要教师坚持不懈研究学生、研究课堂,聚焦问题,提高教学和管理水平,改进教学方法和育人策略。改变从自己开始,从现在开始,即使今天是糟糕的一天,明天也仍然充满希望,我们要有信心!

以概念为中心的教学 ｜ 2021-04-06,星期二

如果我们以"地震"为主题开展教学（不受学科限制），课如何上？是不是只讲地震的形成、类型、分布、危害？这恐怕还不够。只从地理视角分析地震，实际上并不全面，对横波、纵波、地震孕育过程、地震监测预报等知识的学习，还需要借助物理等学科知识。学生如果真正把地震相关知识学透彻，其知识视野就能得到拓展，核心素养必然得到提升。在学科教学中，像这样的核心概念还有很多，如气候、洋流、光合作用、地域差异等。以概念为中心的教学模式不同于以教材为中心的教学模式。以教材为中心的教学是平面的，教师教的局限于章节具体内容，学生学的是有限的学科知识；而以概念为中心的教学是立体的，教师教的是各学科交叉融合的知识，学生学的是综合性知识，教学的范围与深度全由教师来掌控，因而教学充满挑战。以教材为中心的教学是相对封闭的，适合于"专才"的培养，而以概念为中心的教学是开放的，有利于"通才"的培养。学生在一个个核心概念的引领下，深入理解自然环境与人类社会的各种现象，使学科学习更加广泛灵活。

重视学生的意见 ｜ 2021-04-19,星期一

上午第三节课在高一(19)班上，下课时，尹同学过来问我："老师，邻近铁路，交通就一定便利吗？"我说："靠近铁路交通当然便利了。"尹同学说："如果不靠近火车站，交通还会便利吗？"尹同学的质疑引起了我的关注。这是今天课堂上评讲的一道题目，原题如下：

下图为某地区土地利用类型分布示意图，读图回答下列问题。

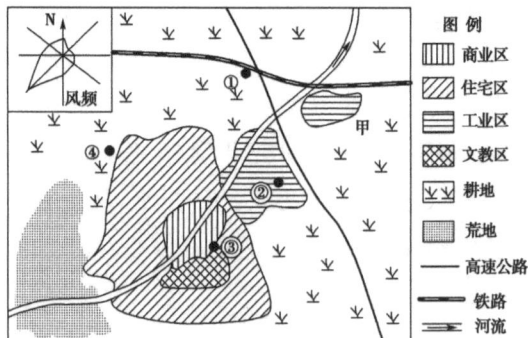

（1）现拟在①、②、③、④四地中选一处布局一个大型批发市场，最佳选址是＿＿＿＿＿＿＿，理由是＿＿＿＿＿＿＿。

提供的答案是①，理由是：邻近铁路和高速公路，交通便利；地处城市外围，地价低。乍看起来没问题，但图中①处只表示一个点，并没有说明是车站。铁路的站点比公路少，列车不能随意停靠，①处仅靠近铁路线，在此处布局大型批发市场，其物资也很难通过铁路装卸。实际生活中，铁路并不一定能为其经过的地区，特别是农村地区的居民出行带来便利。在一些铁路线密集的地区，铁路线甚至还会影响当地居民出行，需要修建高架桥或隧道。如图中①处有铁路经过，居民南北出行会受到一定影响。从这个角度看，尹同学的看法是有道理的，我对他的看法予以充分肯定！本题图示不够完善，在①处附近应该标注火车站的符号，这样才能"交通便利"，解答才准确。

及时"补救" | 2021-04-29，星期四

晚上我去高三（3）班把某同学叫了出来。到了办公室，我让他坐下，问他最近的学习情况，他说不够认真。我提到他课堂上违反纪律的事，并说老师知道他是个地理基础好、能力强的学生，不能因此一蹶不振，还是要认真学习。下周要期中考试了，希望他调整好状态，好好复习。该同学点点头，说自己这阵子学习不认真，以后会好好学。我从抽屉拿出两本《半月谈》杂志送给他，该同学很高兴，临走时向我借了本地理必修一教材（他把教材弄没了）。今晚谈话时间不长，但调动了他学习积极性（之后几天他课堂表现好多了，在一周后的期中考试中，地理考了72分）。这是我特意安排的"补救"措施，两周前他违反课堂纪律，被我带到年级部狠狠训了一通，之后他情绪一直低落，上课不听讲，作业也不写，这个情况我一直关注着。我今晚和他谈话，了解他的情况，对他的学习提出了新的要求，无疑给他打了"强心针"，提振了他的信心。可见，教育之后的"补救"措施不可少！

设计真实学习情境 | 2021-05-10，星期一

目前关于学习情境设计的案例可谓多如牛毛，但在教学过程中，采用他人设计出来的学习情境，对激发学生学习兴趣、达成学习目标作用不一

定明显。比如为了"学以致用",教师刻意联系当下社会的某些热点,让学生去思考、分析,这种学习情境看起来增加了"生活味",实际上早有现成答案,起不到挑战学生能力、锻炼学生思维的作用。学习情境的真实性应该立足可能的"现实存在",即眼前所面临的实际问题。比如我校高一(1)班学生在教师指导下,经过半个月的实验、对比,解决了擦黑板时粉笔灰到处飘散、污染室内空气的问题。"困境挑战"也应成为设计学习情境的追求。带有"困境挑战"的学习情境,能够刺激学生好奇心和求胜心,在知识最近发展区寻找解决方案。比如,疫情暴发后,我向学生提出一个问题:病毒有超强的传染性,如何采取既科学又简便的措施阻断疫情在人群中传播?这个问题极具挑战性,但与生活热点相关联,学生愿意探讨。在交流中大家提出了许多想法和建议,如穿上防护服、戴头盔出门等。面对实际问题,学生动了脑筋,尝试各种解决方法,真实的学习就会发生。

捕捉"智慧火花" | 2021-05-21,星期五

在讲解鲁教版高中地理必修二第四单元第一节"交通运输与区域发展"时,提到管道运输方式,我以自来水管为例进行说明:"铺设水管,源头加水,连接到用户,管内的水压大于大气压,家庭就可以通水了!"以此来说明管道运输的原理。"管道运输主要运输什么?"我问。"石油、天然气!"学生回答得很干脆。"老师,自来水不就属于管道运输吗?"张同学突然发问。我一想,对呀!并请他谈谈看法。他说,水体不外流,损耗小,连续性强,运量大,其输水过程符合管道运输特征。学生说得有道理,但一直以来我都没有注意。教学过程中教师的一次提问、质疑,学生的一句回答、一种看法,有时会超出预设,生成创新的想法,这就是"智慧火花"。教师留心捕捉这些"智慧火花",就可能会有意外的收获,能为教学研究提供鲜活的素材。

呈现思维外显过程 | 2021-05-31,星期一

地理学科核心素养的落实必须重视学生地理学习过程中的思维发展。我们可借助思维导图、概念图式等多种图示工具呈现学生的思维过程,评价学生的思维表现。例如通过思维导图、概念图式学习单等将学习内容转换成可操作、易于获取和修改的材料,建立知识结构。地理事物间的层次、

隶属、因果等关系的学习活动,实际上就是观察、分析、比较等思维活动的呈现,体现思维可视化的过程。对教师来说,借助思维工具可以有效判断学生的思维发展状态,关注学生思维结构的个体差异,进而有针对性地开展教学活动。当然,我们不能高估思维工具的价值,因为即使对知识体系的内在联系和宏观格局的把握非常准确,也不能说明学生对核心知识理解和掌握就完全到位。这就好像我们对某个家族成员间相互关系、年龄结构等非常熟悉,但是不一定认识家族内每一个具体的人一样。所以在教学中,我们要引导学生把对知识的宏观把握与深度学习结合起来,提升学生的高阶思维,构建学科素养培养的多元教学模式。

教学的"反"与"思"　|　2021-06-16,星期三

教学反思之"反",意即"回顾""回头看"。一节课上完,回顾一下这节课的教学过程,有哪些得失成败,有哪些印象深刻的细节。每一个细节都去回顾是不现实的,抓住其中令自己印象最深刻的环节,进行"剖析"最有可行性。而且同样内容在不同班级教学,感受也不一样,课后要及时记录闪现的灵感,有话则长,无话则短,先记录要点即可。"反"还体现在"反向看",从学生的视角看老师,从听课者的视角看课堂,或以完全不同的方法组织教学活动。教学反思之"思",意即"思考""探析"。有人认为要重点反思课堂之"失",其实,"思"的范围包括教师、学生、教学过程、教材课程、师生关系等。凡是引起教师心灵"震动"的场景、人与事都可作为反思的"要点",基于"要点"的反思要全面、深入,要有一定的典型性和研究价值。教学反思可长可短,但要有主观、创新的结论或改进意见,少一些理论堆砌,少一些人云亦云,要在教育教学成功与创新之处、失败与教训之处、原因分析与规律总结上多下功夫,多动笔墨。这样的教学反思就是个人经验的总结和成果的积累,就具有了鲜活性和生命力。

教师的热情　|　2021-06-28,星期一

我上课有个特点,课堂上只要有学生提出疑问,不管问题是难是易、有没有价值,我都会及时予以回答。上周我在讲"锋面系统"时,李同学问:"老师,冬天有没有暖锋?"我说:"有,但较少。低纬度地区一般一年四季都

有暖锋,但高纬度地区有暖锋的时间非常有限。"对于我的解释,他很高兴。还有同学问:"我们这里一年有多少次暖锋?暖锋来天气就暖了吗?"我对此作了耐心的解答。教师热情而真诚的回应是对学生的鼓励,学生兴趣自然高涨。经济合作与发展组织在今年6月15日发布的最新报告《技能展望2021:终身学习》中指出,15岁学生的终身学习态度与教师特定的教学风格呈正相关,尤其是教师的热情更能影响到学生终身学习态度的养成。研究还显示,教师对课堂上展示的材料饱含热情时,学生也会表现出较高水平的终身学习态度。教师在课堂上对学生要充满信心和期待,保护好学生的自尊心,激发他们求真向善的愿望,我们的教育才能真正发挥作用。

思维过程剖析 | 2021-09-01,星期三

今年普通高等学校招生全国统一考试(全国甲卷)文科综合试卷中的第37题(2)值得一看。原题如下:

下图所示的我国祁连山西段某山间盆地边缘,山坡、冲积扇和冲积平原的植被均为草原,其中冲积平原草原茂盛。山坡表面多覆盖有沙和粉沙物质。附近气象站(海拔3367米)监测的年平均气温为-2.6℃,年降水量约291毫米,集中在夏季,冬春季多风。

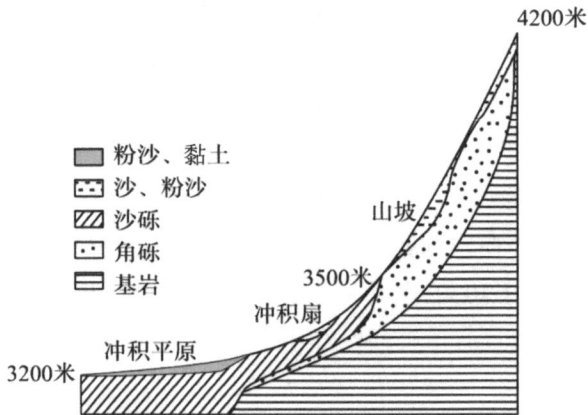

祁连山西段某山间盆地边缘示意图

(2)分析分布在山坡表面的沙和粉沙的空间迁移过程。

此题出错率较高。有学生认为,图中山坡覆盖着一层沙和粉沙,而其他部位却极少,这些物质应该来自山体上部。在重力作用下,碎屑物由高处向低处滑动,在山坡处堆积。这种看法对吗?仔细推敲,沙和粉沙径粒

小,如果来自山体上部,也不会在山坡处大量堆积,而会迅速向坡度较小的冲积扇移动,所以要重新思考其来源。从材料中可以看出,此处盆地冬春季节多大风,降水少,盆地中心的碎屑物会在风力作用下向盆地边缘处移动,而最低处的冲积平原"草原茂盛",不会有大量碎屑物,所以沙和粉沙主要来自冲积扇。冬春季多风,风力强劲,冲积扇地表干燥,地表沙粒容易移动,风沙顺着山坡爬升,到达一定高度后,风力搬运能力减弱,沙和粉沙在山坡处沉积,这就是山坡表面沙和粉沙的空间迁移过程。本题主要考查学生的读图分析能力和综合思维能力,需要考生全面准确把握材料信息。

打牢基础方能游刃有余 ┃ 2021-09-08,星期三

这几年高考地理试题注重创设真实情境,考查学生解决现实问题的能力。如今年广东省地理高考试题所选素材约80%都出自《人文地理》《地理学报》等刊物近两年刊发的文章。试题基于地理学最新研究成果与进展,选取日常生活、产业发展、国家战略、社会发展中的实际问题,进行整合加工。试题有很强的时代性、前沿性和实践性,能有效考查学生解决地理问题的能力。真实情境是地理考查与检测的有效载体,可以涉及社会生活各个方面,但教师不必过多揣摩真实情境的来源,关键要在日常复习中夯实基础知识,强化地理逻辑思维训练。一是抓住地理学科的主干内容,通过要点分析、难点梳理、课堂检测等多种方式,帮助学生掌握地理核心知识;二是重视地理知识体系的建构与完善,帮助学生理解核心概念,厘清概念间的内在联系,构建好地理核心知识结构网,即"定点—拉线—结网";三是拓宽地理知识面,注重知识迁移运用。在广泛课外阅读中拓宽视野,在实践中积累经验,努力把地理知识迁移运用到生活新情境、新问题中,让知识"活"起来,提升思维品质。

支持学生独立学习 ┃ 2021-09-29,星期三

教学要适合学生的学习,教学过程就是培养学生学习能力、提升核心素养的过程。但在实际教学中,教学方式常常落后于学生学习能力的提升。现在的课堂,教师带着学生"走"的现象很常见。我们应鼓励学生独立学习,如让学生课前预习,然后根据学生预习时发现的问题进行教学,这样

才能与学生独立学习相适应。首先要让学生独立阅读教材和思考，然后根据学生提出的疑难问题进行教学，这应是一条需要遵循的教学规则。在教学实践中，我们发现个别教师课上得不错，可整体教学效果不太理想。教学的整体质量取决于育人方式体系。我们要把学生阅读、思考、表达、应用作为学生独立学习的具体形式，把思考力、表达力和应用能力作为学生独立学习能力的主要构成，让学生从被动的"听、记、背、练、考"状态中解脱出来。我们会发现，学生独立学习能力是可信赖、可培养的，是解决诸多教学难题的切入点，也是我们教学最根本的依靠。

课堂的"追问" | 2021-10-18，星期一

在讲鲁教版高中地理选择性必修一第二单元第三节"地形与人类活动"时，必然要提到地表形态对人口分布的影响。我用PPT展示了山区景观图（见下图），并提问："在山区，人们一般居住在什么地方？"学生回答："居住在河谷或山间盆地。"我问："居住在河谷或山间盆地有何优势？"王同学回答："海拔较低，热量充足，地形较平坦，取水方便。"

某山区景观图

我又问："居住在河谷或山间盆地有什么弊端？"这个问题教材中没有提及。王同学思考一番，说："可能会受到山洪的影响。"结合图片，我引导学生进行再分析，其他同学补充："还会受到滑坡、泥石流的威胁，地震的危害。"学生说得有道理，我进行点评："对人类居住地的选择要辩证地分析，一般既有优势，也有不足。相比较而言，河谷、山间盆地区位优势明显好于山坡和其他高海拔地区，更适宜人类居住。"教学活动中，师生通过相互交流、沟通、启发、补充，能够实现教学相长、共同发展和提高。

略谈高效学习(1) | 2021-10-21,星期四

高效学习,即在最短的时间获得最多、最优的信息,掌握更多的知识和技能,学科核心素养能得到显著提升。高效学习的特征不是"抓紧每一分钟去学习,而是抓紧学习时的每一分钟"。高效学习是学习的最佳境界。能够进行高效学习的学生,学习成绩是出类拔萃的,他们博闻强记、思维敏捷,理解力强,学习效率是一般学生难以企及的。能够进行高效学习的学生有多少?我曾做过调查,在我们农村学校,能够进行高效学习的学生不超过学生总数的2%,我想,即使在城市学校,这个比例也不会很高。那么,成绩最好的学生一定是高效学习的典范吗?事实上并非如此。去年我教过的李同学,他的成绩在年级一直名列前茅,但他不是高效学习型的学生,学习效率不是特别高,课堂反应不算"灵敏",也常有不懂的问题,但他特别爱思考、好钻研,学习时间比一般学生长很多,靠着这种"韧劲",他的学习成绩才保持了较大的领先。

略谈高效学习(2) | 2021-10-22,星期五

作为教师,我们是否需要向全体学生倡导高效学习?对此需要做具体分析。高效学习本质上是一种学习模式或学习方法。一方面,这种模式或方法对一部分学生适用,但对另一部分学生不一定适用。因为学生学习基础、学习习惯、学习能力千差万别,有些学生能够进行高效学习,而有些学生习惯慢节奏,对知识领会与理解时间长,但他们同样能完成学习任务,学习也优秀,如果强制他们进行"高效学习",反而可能会使他们难以适应,最终失去学习优势。另一方面,高效学习也不一定能带来最终的成功。国内外很多优秀科学家,在青少年时期并没有展现出超常的学习能力,有的甚至很普通,但"慢"和"持久"反而造就了他们今后事业的成功。从这个意义上讲,我们没必要让每个学生都进行高效学习,遵循孩子天性,遵循教育规律,因人施教,发展适合的教育,才能培养出更多的优秀人才。

从学生处了解"教情" | 2021-11-05,星期五

对很多教师来说,怎么进行教学才更有效,可是个大问题。为了上好

课,他们往往或请教同事,或看名师优课,或翻阅教育书籍,这些都是完善教学的方法。但在我看来,最简单易行的方法是问学生,学生对教师上课的评价是真实并极有参考价值的。如果学生认为教师课上得好,那这课就不会差;如果学生对教师的课不满意,那这课肯定有问题。我曾经问过学生我课上得怎么样,他们说了很多,如"你讲课很认真","你让我们发言,我们说错了,你也不批评我们","你上课声音有点小,讲得有点快"……我教学上最大的指导者其实是学生,从学生那里我了解了他们的需求,也懂得一个教师应当和学生建立什么样的关系。当然,从学生那里了解"教情",需要一定勇气,需要和学生平等交流。我没有在教室搞问卷调查,而是常常在课间和学生聊几句,或找几个学生到办公室谈谈,每次就几分钟,让他们说出自己真实的想法和建议,对我有触动的我会及时记录下来,再反思整改。

备好课的要诀 | 2021-11-08,星期一

教师备课应先熟悉教材和课标,尽可能多地了解教学内容最前沿的研究动态。前一条容易做到,而后一条教师容易忽视。首先,教师应随时关注所教学科的最新研究动态。比如"全球气候变化"可以说是高中地理教材的重点知识,虽然我教过很多遍,但是我仍然在密切关注气候变化的最新发展动态,并积累了很多相关资料。知识储备充足了,学科视野开阔了,教学才能游刃有余。其次,要从学生的视角去设计教学。以教师的视角来设计教学就会出现很多"想当然"的教学设计。我们要多了解学生,和他们多一些沟通和交流,把握他们的兴趣点、关注点和薄弱点,在此基础上的教学设计才有针对性和实效性。最后,要更多关注学生"学"的过程。"教"应该服从于"学",教师备课时应更多考虑学生如何"学"。比如:学生有什么疑问?这些问题如何破解?如何引导学生自主学习?如何针对学生不同情况进行差异化的指导?当然,教与学不是孤立的,而是相互融合、紧密联系的。备课时应通盘考虑,兼顾多方面因素,这样才能备出好课来。

防震逃生应急演练 | 2021-11-17,星期三

今天上午,我校组织全校师生进行防震逃生应急疏散演练,师生积极

参与,指挥人员及时到位,活动组织井然有序。而就在下午北京时间13时54分,盐城市大丰区海域(33.50°N,121.19°E)发生5.0级地震,震源深度17千米。此次地震全省大部分地区有震感,其中盐城、南通等地震感明显,上海、浙江等地也有震感。目前,震区附近群众情绪总体稳定,社会秩序正常。江苏长期以来较少发生地震,人们防震意识较为淡薄。我们要反思,防震减灾教育不可少!我校每学期都进行防震逃生应急疏散演练,师生参与度高,效果明显。虽然本地发生大地震概率不高,但从长远看,要把防震意识根植于学生心里,切实提高他们应急避险能力,这对学生、对家庭、对社会都是十分重要的。我希望今后能有更多的学校、社区和企事业单位能参与到防灾宣传和应急演练工作中,推动全体民众提升防灾素养,把灾害损失降到最低。

公开课的优化 | 2021-11-25,星期四

今天县级高二地理合格考培训活动在射阳县第二中学进行,下午安排了两节公开课和一场专题讲座。第一节课由县第二中学邓老师讲授"大气的受热过程",第二节课我讲授"城镇化"复习课。回顾自己的这节课,有成功之处,也有不足之处。不足之处:一是课堂内容可以再压缩。本节课主要复习三个问题,即城镇化及其过程、城镇化对地理环境的影响和不同地区的城镇化,内容不难,简单知识可以一带而过,重点放在城镇化发展三个阶段、不同地区的城镇化上。课堂讲解比较详细,可以压缩一些,多留点时间给学生思考和整理。二是可以删除一些非主干知识。"过度城镇化""滞后城镇化"我是最后讲的,展示了两张PPT。其实只要让学生清楚发展中国家城镇化与经济社会发展水平不相适应即可,"过度城镇化"和"滞后城镇化"可以让学生课后自己去学习。城镇化对地理环境的影响,涉及的方面多,教材没有专门提,教师可以选几点分析,比如城镇化对城市降水、地表径流、环境等方面的影响,不必面面俱到。另外,同步训练题可以再少些,尽量让学生课堂完成,教师及时评讲。

微课教学的感悟 | 2021-11-29,星期一

昨天上午,全县申报盐城市名教师、学科带头人、教学能手人员课堂教

学能力考核在射阳县港城实验小学举行。200多名教师分组抽签进行10分钟微课教学,我在第二组,微课上完感觉还好。我有这样几点感悟:一是要吃透教材,融会贯通。本次课题"洋流及其影响"是高中地理选择性必修一的内容。我迅速看了教材,本节有三个问题:洋流的成因及类型、洋流的分布规律和洋流的影响,容量较大,我紧抓主干知识,设计好目标,筛选两个活动问题,构建好微课框架。二是导课要新,板书要精美。导课要有创意,我以问题引入:从盐城大丰港至洛杉矶的油轮,往返航线是否相同?让学生讨论,引入洋流话题。板书要精美,我用思维导图来呈现知识关联,同时画全球气压带、风带模式图,边讲边完善,突出培养学生的读图能力。三是埋设主线,精讲到位。一堂好课应该形散神不散,有主线贯穿,前后呼应,我以"探讨洋流奥秘"为主线步步深入,从洋流成因、类型、分布规律、影响等方面展开,引导学生进行问题探究。四是作业布置不可少。我这样布置作业:请你设计一条从上海港出发的全球旅行航线,并说出理由。作业要有趣味性和探究性,能吸引学生参与。

和而不同真课堂 | 2021-12-09,星期四

今天讲"气旋与反气旋"时,我问:"今天天气特别晴朗,这是什么天气系统控制下形成的?"王同学最先发言:"气团!"我问他是什么气团,他说是冷气团。"冷气团是天气系统吗?"我问。其他同学说是冷锋,也有同学说不是冷锋,因为这阵子没下雨……学生意见不同。我接着说:"到底是什么天气系统控制下形成的呢? 这节课上完,你就能知道答案了。"带着问题,我开始了新课的教学。学生站位不同,他们思考得出的结论就有差异,当争鸣超出了我们的预设,千万不要以为我们引导错了,相反这恰恰是课堂的精华所在。课堂就是要生成不一样的声音,允许学生有不同的看法,用心倾听他们的声音。课堂上可以让学生先看看书,然后展开讨论;也可以让学生课前预习,课堂讨论。不要以为这是浪费时间,耽误教学进度,出现争论是课堂最值得欣赏之处。课堂是争鸣的地方,有争鸣才会有碰撞,思想火花才会出现。和而不同才是真课堂,才是育人的课堂。

提升语言表达素养 ｜ 2021-12-15，星期三

课堂上教师拿什么吸引学生？最主要的还是语言表达。语言表达是教师最重要的素养之一，如果你一张口，就能在学生面前展开一幅幅"画卷"，生动有趣，新颖别致，学生想不认真听都难！如何让你的"话"里有"画"？关键就是要让表达有充盈饱满的内涵。例如，学生作业写得太潦草，有教师这样评价："今天我看到有位同学的作业，他的字龙飞凤舞、一气呵成，令人叹为观止！可惜我一个字也不认识。我要不要练练狂草呢？否则无法批改啊！"学生们笑了，当事人却低着头，暗下决心去改正。学生自习课交头接耳，有教师见此情形，说："大家这么兴奋，我很羡慕，但不要兴奋过度，物极必反啊！"教室立刻安静下来了。善于表达的教师，声音不一定大，语速不一定快，但是只要他一开口，教室里就能安静下来，因为他抓住了学生心理，话中有话、击中要害，这样教育感化效果自然提升了。

学生成长反思

坚持一贯的目标才是重要的。所以即使迟钝不聪,只要锲而不舍,也可能发挥相当的作用。

——塞涅卡

内向是一种力量 ｜ 2018-01-16,星期二

有父母发现孩子性格内向,会有点担忧,有的父母甚至设法去改变孩子这种性格。其实,内向并非不好的事,也不是令人担忧的事。内向是一个人的天性,它和血型一样,根本不需要改变。许多性格内向的成功人士,他们安静、稳重,给世界带来许多改变。内向型的人的唤醒水平比外向型的人低,更容易被刺激,但他们会观察周围的一切事物,并注意到很多细节。内向型的人自我对话非常多,他们会产生很多新奇想法,但他们不会轻易说出来。内向的孩子更喜欢活在自己的世界中,与外人交流不会太多,所以家长要多倾听他讲话、理解他、回应他,在他迷茫的时候帮助他。如果孩子朋友少,也不必担心,因为内向的人需要深入、稳定的人际关系。内向和外向只是不同的人格特点,不同人格特质都能发挥最大潜能。如果父母能够按照内向孩子的特点培养他们,内向的孩子更可能成为一个体贴、专注、有成就的人。

培养和谐发展的人 ｜ 2018-01-23,星期二

爱因斯坦说:"学校的目标始终应当是:青年人在离开学校时,是作为一个和谐的人,而不是作为一个专家。"当下我们非常重视课程改革、学科教学和学生品德培育,但有学生在接受了十多年的基础教育后,对怎么生活、怎么面对困难、如何与人交往等问题还很茫然,对自己的专业特长和发展方向仍不清楚。这个现象值得我们教育者反思,我们的认识仍然不够清晰,落实仍有欠缺,教育变成了教学,教学变成了教书,教书变成了传授知识。要改变这一状况,最要紧的是转变教育观念,在课堂教学和学科教学中有机融入情感、理想信念、世界观、人生观、价值观教育,通过专题讲座、典型示范、社会实践等途径引领学生确立奋斗目标,做好生涯规划和方向引领。这种培育过程不是一时心血来潮、忽冷忽热,而需要长期、持续地进行,这样才能见到实效。

体育课的效能 ｜ 2018-03-05,星期一

高二(5)班上周体育课进行了一项引体向上的体能测试,40名学生中

10名学生做了2个以上，6名学生做了1个，其余的学生1个都没做到，甚至握住单杠几秒钟都坚持不了。这个情况不是个别，在其他班级也存在。学生身体素质真的这么差吗？体育课是中学的必修课，每周至少两节课，还有体育考试。可留心观察就会发现，体育课上学生玩得多、运动得少，身体没有得到有效锻炼。一方面，体育课虽然上了，但是学校重视程度不够，对体育缺乏有效考核，体育课往往是"虎头蛇尾"。一开始活动一阵，练两个项目，之后教师就让学生玩，学生在操场里外各玩各的。另一方面，现在体育课过分强调"技能"，忽视了学生最基本的体能训练，长此以往，学生身体素质自然难以提高。体育是智育的基础，体育在提高学生身体素质的同时，还能锻炼学生意志，培养学生应对困难和挑战的心理素质。所以，体育课不仅要开足，还要上好，让体育课回归"体质健康"的应有定位，把提高学生力量素质、耐力素质等放在首位，让学生得到真正的体质训练，养成良好的运动习惯。

学习的本质 | 2018-03-13，星期二

美国著名教育心理学家加涅认为，学习是人类倾向或能力的一种变化，这种变化要持续一段时间，而且不能把这种变化简单地归于成长的过程。这个说法较好地解释了人类的学习。首先，学习必须导致主体的某种变化，这样才能作出"学习已经发生"的推论。例如，儿童从不会骑自行车到学会骑自行车，这是一种动作技能的变化，属于学习。但学会以后再继续骑自行车，则是运用已习得的技能，动作技能上没有变化，就不是学习。加涅认为，行为本身的改变不能等同于学习，学习是胜任某种工作的能力的增长，同时学习也可能是所谓"态度"、"兴趣"或"价值"等倾向的改变。他认为学习实质上是内在能力或倾向的变化，这种变化必须根据外部的行为来推测，必须经过多次观察和测量才能对内部变化作出适当的推测。其次，学习主体变化的保持相对持久。有些主体变化，如适应、疲劳，不能称为学习，因为这种变化是暂时的。最后，学习主体的变化不同于那些发育成熟所导致的变化。例如，随着年龄增长，儿童身体发育成熟，其行为动作发生了很大变化，这种变化既不是经验引起的，也不是习得的，所以不是学习。

注意谈话方法 ｜ 2018-03-19,星期一

下午第二节课在高二(6)班上,讲"中国的可持续发展"。大家都在认真听课、记笔记,而坐在第二排的某同学却弯着腰、低着头,不停地和前排的同学讲话。我看了他几眼,他依然我行我素,我让他站起来。下课了,我把他带到办公室,说实话我很生气,但我克制住怒气,在询问了他这两天的学习情况后,我让他读今天上课学的内容"人口战略""资源战略",之后又让他读"环境战略""稳定战略",帮他分析知识点,最后对他上课时的表现进行"回顾",要求他反思自己的课堂行为,对他的学习提出明确要求。办公室其他老师也注视着他,他低着头,样子有点窘迫。最后他点头同意,向我道歉,离开了办公室。作为任课教师,如果只和他讲道理、进行纪律教育,效果并不太好,而结合所学知识,让他读书、背书,并对其进行辅导,这样学生会感到老师在真心帮他,他也会更乐于听从老师的意见。

引导学生"适合教育" ｜ 2018-04-12,星期四

培养什么人、怎样培养人、为谁培养人,是教育的根本问题。习近平总书记强调,我们的教育必须把培养社会主义建设者和接班人作为根本任务,培养一代又一代拥护中国共产党领导和我国社会主义制度、立志为中国特色社会主义事业奋斗终身的有用人才。近年来,国际和国内形势更加凸显"为谁培养人"这一问题的重要性。对"为谁培养人"这一问题的回答指向教育的目的与方向。如果教育目的与方向出现偏差,那么无论所培养的人能力多强、素养多高,对国家发展与社会进步也是无益的,甚至还会产生消极作用。教育必须要有正确的目的与方向。当我们谈及"适合学生的教育"时,要清醒意识到,这一认识还只停留在"合乎规律"的科学性讨论层面,也有可能背离教育的目的与方向。因此,教育工作者不仅要注重创设"适合学生的教育",而且要根据教育目的与方向,引导学生"适合教育"。教育不仅需要合乎规律的科学实施,更需要合乎目的的价值选择。

培养思考习惯 ｜ 2018-05-07,星期一

思考的重要性自不待言。这使我想起了德国化学家尤斯图斯·冯·李

学生成长反思

比希的故事。一天晚上，他到实验室看到学生还在做实验，问："你白天做什么呢?"学生回答："也在做实验。"他又问："那你什么时候思考呢?"学生无言以对。李比希对学生说，化学既是实验学科又是理论学科，只会做实验而不去思考，发现不了真理。李比希生活在19世纪下半叶，当时还没有创立诺贝尔奖，自然他也未能获得诺贝尔化学奖。但是，最早的诺贝尔化学奖得主中，有42人是他的学生。这些获奖者无不得益于他的教育思想，坚持学思结合，最终取得成功。思考是人类特有的能力，任何思考都建立在对客观事物观察的基础上，经过分析、比较、推理、归纳，产生新想法，获得新创意。今天的教育也要引导学生学思结合，重视训练他们的思维方法，提高他们的创造能力，这是造就杰出人才的必由之路。

适合自己才是最好的 | 2018-05-09，星期三

回想20多年前，我的高中三年过得很辛苦，不是生活条件差，而是学得很"压抑"。我是那种理解知识"慢"的学生，别人当堂能听懂的，我可能要花些时间才能理解;别人半小时写好的作业，我可能要花四十分钟才能完成。当时学习任务重，各科老师抓得都很紧，我们自由时间少，整天上课，晚自习时间也不长，这样我每天都有不少东西学不完，做作业也很匆忙，学习能力并没有提高多少。我当时最渴望的就是走读，但我家在农村，怎可能走读呢? 这样三年下来，我的学习就处于一种不实在、不痛快的状态，最后高考结果就可想而知了。如果我当时换一所自由时间充足、学生需求能得到一些满足的学校，那高中三年对我影响将是不同的。教育不是要培养一群适应学校的孩子，而是要办一所适应孩子的学校。每个孩子生长发育有快有慢，认知水平也千差万别，但快慢没有优劣之别，只是节奏不同。教育就是要面向这些或快或慢的孩子，提供适合每个孩子成长的教育环境，让每个孩子找到他认可的学校，这也许是教育的意义所在。

再谈"前概念" | 2018-05-18，星期五

学生在进入学校之前，就通过其身处的环境以及各种信息来源相互作用，形成了自己对某些现象朴素的理解。学生带着他们已有的概念和认识走进课堂，这些概念和认识虽然源于日常生活体验，但受限于个人的知识

经验,通常不能把握事物的本质属性,甚至与科学的概念相悖,这就是"前科学概念"(简称"前概念")。学生具有"前概念"的现象相当普遍,甚至大学生在面对设问巧妙的情境时,也会暴露出与儿童相似的朴素认识。比如,为什么盐城冬季吹西北风而不是西风?很多学生认为西北地区"冷",风是从西北方向吹来的,所以吹西北风,学生很难想到西北风是大气水平运动受地转偏向力作用形成。可见,消除"前概念"影响并非易事!在我们教学中,教师常对学生已有的"前概念"缺乏系统、全面的了解,似乎觉得课堂知识是可以"默会"的知识,理解起来"并不难"。教师对学生的一些错误认识感到不可思议:"没想到他们会这样想!"其实,学生出错不仅很正常,而且很"科学",倒是教育者没有真正认识教育规律和学生已有的"前概念"。

不要抹去孩子"成长历程" | 2018-05-21,星期一

在我们一些中小学校,教室、走廊过道或橱窗往往张贴着学生的绘画作品、书法作品或课堂笔记等,看上去十分精致、漂亮,吸引着同学们的眼光。但这些作品是不是他们自己完成的?学校要举行手抄报比赛,有些家长会帮着把版面设计好,孩子只需要往手抄报上抄一些内容;学校要举行手工作品比赛,为了在比赛中获奖,有些家长越俎代庖,或者干脆自己做。但这又有多少价值呢?所以在作品筛选时,教师一定要强调"学生自己做"。有的学生一提到各种美术、手工作品比赛,就知道与自己无缘,很多比赛项目变成了"少数精英"的角逐,这也不是好事。教师要鼓励每个学生参与,把筛选的具体标准留给学生,只要他们自己认为满意的作品,即可拿出来让大家欣赏。要在教室、橱窗腾出空间,为学生展示作品提供方便。虽然有的学生美术、手工作品质量可能不高,但只要是学生自己用心做的,就应该为他们喝彩。

教育中的宽容 | 2018-06-07,星期四

学生在成长中难免犯错误。如何看待学生犯错误?有些教师在教育教学中,总认为自己是正确的,学生的言行是错误的,这是不对的。我们要尊重学生个性差异,学会宽容、欣赏,把学生犯错的责任都归结到学生身上

不合理,我们也要反思自己的教育行为。"以人为本"不是口号,而是行动。今天我们怎样对待学生,明天学生就会怎样对待他人。如果我们学会了欣赏与自己不同的人和事,那我们就学会了宽容。宽容还表现在"有教无类",一视同仁地对待不同学生,既欣赏乖巧聪明、勤奋好学的学生,又呵护生性迟钝、成绩较差的学生。当然,宽容不是对学生犯错视而不见、撒手不管,而是以平常心对待学生犯错,对学生既热情帮扶又严格要求。宽容意味着教育素养的提升,造福自己,也造福学生。

先"扬长"后"补短" | 2018-06-20,星期三

王同学是我曾经教过的学生,他高一时成绩特别差,文化课经常有六七门不及格,而且还经常违反纪律,老师对他的印象都不好。这样的学生怎么教?我和他谈了话,得知他最喜爱的就是计算机。后来一打听,他还真精通计算机,教室电脑出故障他能帮助解决,其他同学计算机学科有不懂的知识时,都会请教他。我让他做计算机课代表,在高二时推荐他参加射阳县计算机学科竞赛,结果获了奖,他的名字还上了学校"成功足迹"展示墙。成功的喜悦带来的是自信和努力,之后他的成绩逐渐提高,高考考上了一所高职院校。当学生特长得以发挥并得到充分肯定的时候,心里就会升腾起一种特别的自信,这自信就是撬起学生更多成功的支点。加德纳多元智能理论认为,每个人都有属于自己的智能优势。对于王同学来说,计算机领域就是他的最佳发展区。在学校教育中,首要的不是取长补短,而是扬长避短。在我们农村中学,虽然有些学生学习基础不太好,学习积极性也不高,但他们都有自己擅长的科目或项目,都有自己的最佳发展区。教师要帮助和引导学生发现、培植最佳发展区,让学生充分展示才华,并有效促进学生充分发挥自身的天赋和潜能,逐步成为最好的自己。教育就从"扬长"开始。先"扬长"后"补短",这是成功教育的一个切入点。

让学生快乐学习 | 2018-09-21,星期五

现在的学生学习负担重,普遍感到学习辛苦、压力大,这对学生健康成长和全面发展是不利的。英国著名教育家赫伯特·斯宾塞说:"要尽量使学生在快乐中掌握知识,使求知成为快乐而非苦恼的事。教师应该引导学生

自己进行探讨,自己去推论,让学生即使无人监督,也能自学不辍。"学习、接受教育本质是一种福利、一种享受。我们教师应努力创设活泼、和谐的环境,让学生学得充实而愉快。虽然各种作业任务艰巨,但我们不能强迫学生去死记硬背、搞题海战术、延长学习时间,要严格控制学科作业量,减少考试次数,让各个学段的学生都能有充足的休息时间。要培育学生在忙碌中的"快乐精神",使他们在学习中不感到痛苦和压抑。教师还要关心每个学生的"疾苦",充分了解他们的身心发展,多与学生沟通,帮助他们解决实际困难。只要我们同心协力,努力提高教学效益,在"减负"上迈出实质性步伐,"让学生快乐学习"的目标就能早日实现。

做个优秀的普通人 | 2018-10-11,星期四

做家长的都希望自己的孩子"出类拔萃",都希望自己的孩子今后在人生和事业上一帆风顺、前程似锦。可是现实生活中,真正出类拔萃的人毕竟少数,我们绝大多数人都是普通人。虽然说"有志者事竟成",但成功受实力、机遇、性格、环境等多种因素影响,不是仅凭一腔热血就能成功的。如果我们只以培养孩子出人头地为目的,实际上是给自己找了一个非常狭窄的通道。做个优秀的普通人,热爱世界、热爱生活,做自己喜欢又有价值的事情。孩子是千差万别又各有特点的,做家长的要认识和接纳自家的孩子,了解孩子的独特性,引导和帮助孩子找到自己喜欢的事。正确的教育不是非要把一棵小草培育成参天大树,而是要把一棵小草培育成一棵茁壮成长的、生机勃勃的小草。

问题解决的路径 | 2018-11-01,星期四

生活中随时都可能遇到问题,但并非每个人都能很好地解决问题。就未来的实用性角度而言,教授学生知识和培养他们的能力,正是为了帮助他们为未来的工作生活做好准备。与其全部授之以基础知识,不如将问题解决作为学习的一种方式,两者取长补短。就学习本身而言,问题解决是一种有意义、有价值的学习方式。为了解决问题,学习者必须理解问题是如何产生的,考虑可能存在的解决方案,其中必然经历建构的过程。建构主义学习环境让学生置身于真实的问题情境,以问题设计为核心,解剖问

题要素,寻找与问题相关的案例作为经验参照,搜集解决问题所需的信息资源,思考问题解决的过程,探讨促进协商与交流的策略,以问题的真实性和复杂性激发他们的学习动机。这是一种很好的促进问题解决的学习设计。

让孩子"自由玩耍" | 2018-11-05,星期一

以前孩子踢球、唱歌、游戏全凭个人兴趣,兴趣是否长久、能不能玩出名堂,都不重要,玩就行了。但现在孩子自由玩耍的时间减少,"玩"都有专门的课程,"学"和"玩"之间的界限就不清晰了。以前学生只要学好语数外理化等"主课"就行了,而现在探究性学习再加上校本课程,很多作业任务孩子无法独立完成,不少家长和孩子一样辛苦,上网查资料,打印整理,帮孩子完成研究性学习。这种"学和玩""家和校"界限的模糊,导致学生、家长负担加重。学生在校内、校外都要学习,学习必修科目要付出努力,"玩"也变成了课程,负担自然加重了。如此学生学习时间自然拉长了,也让本该"玩"的"自由时间"变少了。在教育中我们作为教师,最重要的是各自坚守自己的岗位职责而不越位,尊重孩子的天性,不仅仅要尊重孩子学习的权利,更要尊重他们自由玩耍的权利。

留住好奇心 | 2018-11-19,星期一

我清楚记得上小学时,在学了"时间"的内容后,我就产生一个疑问:为什么下午1时要说成13时?钟面上时针不就指在"1"刻度上吗?在教材中我没找到对这个问题的解释,老师也没讲过。这个问题一直困扰着我,直到我去查课外资料才弄清楚这个问题。

好奇心是人们寻求知识的动力。著名的科学家都可以说是具有好奇心的人。牛顿对苹果自树上落到地面产生好奇,于是发现了万有引力;瓦特对烧水壶上的蒸汽产生了好奇,于是改良了蒸汽机;伽利略对摇晃的吊灯产生了好奇,于是发现了单摆。好奇心是求知欲和创造力的发动机,在好奇心的驱使下,人们常常产生极强的探究欲望。学生的好奇心是学习成长的内在驱动力,这种好奇心是珍贵而难得的,好奇心的生长需要精心呵护。如果好奇心得到很好的鼓励、引导和保护,在成长周期就能慢慢内化

成一种人格特征,并受益终身。因此,教师要创建良好的学习环境,实施有效的策略,培养并保护学生的好奇心。

最有价值的智力发展 | 2018-12-24,星期一

智力发展的目的不是多记东西、做对题目、考出高分,而是促进人的和谐发展、全面发展。其实,和谐发展的人,智力水平不会落后。我们必须牢记:最有价值的智力发展是自我发展,自我发展大多发生在16～30岁。有学者说,人们在18岁时的表现并不重要,重要的是18岁以后的个人发展。这话是有道理的,在训练学生进行思维活动时,必须防范"惰性思维"——主观依赖性严重的思维方式。教学内容要适中,要尽可能地相互关联,帮助并引导学生领悟知识并将其应用于当下实际的生活情境中。运用这些基础知识,可以帮助其自身理解和领悟生命中经历的大事小事。我们培养的不是藏而不用的才能,教育是有用的,无论对谁都是如此,否则既有文化修养又在某个方面具备专业特长的人才从何而来?

"不要考100分" | 2019-01-23,星期三

数学家陈省身先生曾经给中国科学技术大学少年班题词:不要考100分。在他看来,学生根本不必为了追求高分而在学业的细枝末节上花太多的力气,这样的投入是不值得的。但在有些学校,教师对学生要求越来越高,学生考高分成了常态化的教育现象,也成了部分老师教学的追求。为此,题海战术、"满堂灌"、加时补课就屡见不鲜了。我曾经问一位语文老师:"这份期末试卷你能考多少分?"他说:"最多90分吧!"老师只能考90分,那为何要学生考100分呢?学生一般考试能得七八十分,要想得100分,就要付出好几倍的努力,训练得非常熟练才能不出差错。人民教育家陶行知先生在谈到"解放儿童的时间"时说:"解放他的时间,不要把他的功课表填满,不逼迫他赶考……要给他一些空闲时间消化所学,并且学一点他自己渴望学的学问,干一点他自己高兴干的事情。"这样的告诫我们能听得进,但在实际行动中有多少人能真正实施到位呢?

学生的关键能力 ｜ 2019-02-18，星期一

2018年4月，经济合作与发展组织（OECD）发布了《面向2030的学习框架》（以下简称《框架》）。该《框架》提出，教育应该重点培养学生三个方面的能力——预判能力、行动能力和反思能力。预判能力是通过调动各种认知技能，包括分析和批判性思维，来预测将来可能需要的能力和条件，或者当前行为在未来会产生的后果。行动能力即采取负责任的行动。反思能力即在决策、选择和行动过程中保持批判立场，冷静判断已知的或假设的情境，或从不同角度和立场来审视自己的情境。这三个胜任力构成了一个封闭性的循环网络，对学生发展非常重要，能推动学生素养持续提高。我们现在较为关注的是学生的行动能力，包括学习、生活、实践等诸多方面，但对学生的预判能力培育不足。学生对今后个人发展、社会发展及世界变化缺乏必要的预判能力，也没有意识到当前行为可能对今后产生的影响。而反思能力对教师说得多，学生的反思能力培养明显不足，学生对学习生活中的得失成败或个人言行难以进行有效的审视和总结，影响了其认知和思维能力提升。这些都是值得我们关注的问题。

谈学习风格 ｜ 2019-04-02，星期二

近些年来关于学习风格的研究备受关注，被称为"现代教学的真正基础"。什么是学习风格呢？一般认为，学习风格是指学生学习新知识、新技能时习惯使用的学习策略与学习过程的独特结合。学习风格的划分类型很多，如美国心理学家赫尔曼·威特金将其划分为场独立性与场依存性，他把受环境因素影响大者称为场依存性，把不受或很少受环境因素影响者称为场独立性，前者是"外部定向者"，后者是"内部定向者"。一般来说，场依存性者对人文学科和社会学科更感兴趣，而场独立性者更擅长自然科学方面研究。再比如，英国心理学家戈登·帕斯克提出的整体性与系列性：系列性学生只狭隘地强调完成学习任务，喜欢谨慎的、循序渐进的程序，在进行辩论时，更多依赖事实和证据，缺乏远见；整体性学生则倾向于把问题视为一个整体，较多地运用举例和类比，擅于寻找事物之间的联系。学习风格研究成果可以为教师更深刻地认识学习、增强教学针对性提供理论依据，

同时也能帮助学生更好地认识自己，了解自己的学习状况并改进学习。

谈"成长需要" | 2019-04-17，星期三

以学生为中心，就要了解学生的喜好和需求，但学生自发的需要不一定能引导学生发展。有高一学生对老师说，他不喜欢打扫卫生，喜欢上体育课，最好少上数学课，这样的需求当然不能满足。因为成长中的个体具有相当强的原始享乐本能和自我中心本能，社会环境多元，不良价值取向会通过各种渠道影响青少年。可以设想，如果给班级学生每人一个手机，让他们自由地玩，在教师不闻不问的情况下，会有学生通宵达旦玩手机。所以成长中的学生，独立选择发展取向的能力不强，发展不会在无引导下自动产生。个体是在依赖和交往关系中发展的，在与师长、同学的交往关系中产生。个体朝向良好方向发展主要是在互动过程中建构起来的，个体主体性较弱的时候，建构是在他人的引导下发生的。如果任其自由发展，学生会迷失方向，错失发展的时机，所以，"学生需要"与"成长需要"并不是一回事。"成长需要"是动态转化的过程，教师根据学生的成长状态，分析其发展可能，通过教育活动引导学生形成进一步发展的需要，这是教师的重要职责。

"挫折教育"不可少 | 2019-09-12，星期四

俗话说"失败是成功之母"，可这位"成功之母"却常常被家长以爱的名义驱逐。只要孩子遇到难题，很多家长就会想方设法提供帮助。殊不知，正是家长这种无微不至的爱，让孩子变得更加脆弱。有的家长看到孩子做家务就急忙阻止，怕耽误他们学习；有的家长总是将"你不能做，我来"作为口头禅，替孩子包办一切。想要培养孩子的抗挫折能力，就要懂得放手，否则，他们一遇到困难，就喜欢找父母，因为这样最省心。对此，父母要有说"不"的决心，让孩子自己尝试解决，避免他们产生依赖心理。不要随意答应孩子的请求，让他们认识到"遭遇拒绝"是很正常的，这一点对孩子的成长非常重要。没有经历过挫折的孩子在面对困难时往往不知如何应对，甚至变得心灰意冷、一蹶不振。家长要告诉孩子，成长路上从来都是"风景与风险并存"，要让孩子学着承担责任。凡事鼓励孩子自己做，而不是过度保

护、过分宠溺。只有这样，他们才能在遇到困难时勇敢面对，才能真正成长。

教育崇尚创造 | 2019-09-25，星期三

创造体现在自我学习建构中，即在学习中更新与改变。对每个学习者来说，必须尊重并承认自己的现实存在，通过学习了解自己，通过与别人交流了解自己，从而形成积极的学习内驱力，催生自主向上的生命成长，这与自然生命的阶段成长是完全契合的。教育回归自然，教育崇尚创造，教育拒绝重复无意义的简单、无序的劳作。学习是创造的活动，其本质意义体现在不重复地追求发展过程中。学习经历自由观察、实验、猜测、计算、推理等过程，自然成为有趣的创造活动。教师要鼓励、引导学生深入体会知识发生过程，围绕核心问题而引发的认知冲突，独立思考创造，与同伴合作创造，与集体交流创造，培养批判性思维习惯，这样学生潜能的挖掘会更充分。

给学生以梦想机会 | 2019-09-26，星期四

我们常让学生谈一些奋斗目标、人生理想之类的话题，但在实际工作中，却常常忽视学生的梦想和追求，只顾当下的"教"与"学"，很少想过"现实"与"未来"的关系，让"理想"与"现实"成了永不相交的两条平行线，这值得我们关注。德国诗人歌德说："生活在理想世界，也就是要把不可能的东西当作仿佛是可能的东西来对待。"正是这种"理想性"激活了可能性，使生活超越了现实性的规定。未成年人喜欢憧憬、喜欢梦想，憧憬和梦想是一种激发剂。我上初中时，就梦想做一个地理学家，但事与愿违，大学毕业后，我成为一名初中语文教师。但初心未改、梦想依旧，经过几番曲折和努力，后来我终于成为一名地理教师，虽然和梦想还有差距，但毕竟走上了地理教学研究之路，这不是梦想的力量吗？所以，我们要让学生有梦想的机会，从尊重学生开始，给他们时间和选择的自由，激发他们生命的力量，鼓励他们不断超越现实，奋力去实现人生梦想。

及时复习的重要性 | 2019-10-15,星期二

现在的高中生很辛苦,每天要上七八节课,写大量作业,还有各种检测、考试等,其中作业任务最重,每晚至少花费2小时,有时会更长,"题海战术"的负面效应是不言而喻的。我认为,课后复习的中心不应是写作业,而应该是理解、消化当天课堂所学知识,弥补学习上的"盲区",提升关键能力。试想,如果教师今天讲了"水循环及其地理意义",有的学生课堂上可能没有完全听懂,那么课后时间,这些同学当务之急不是去写作业,而应该抓紧时间复习当天教师所讲的内容,认真看教材、看笔记,理清思路,化解疑惑,真正理解当天所学知识,然后才是写作业,巩固训练。一时掌握不了的知识,第二天还要花时间继续"咀嚼消化",或者去请教别人。及时复习讲究理解和内化,注重前后联系,构建知识框架体系,切不可走马观花、操之过急。学生只有把及时复习做实、做好了,才能防止遗忘、加深理解,提高能力。

与孩子谈游戏 | 2019-11-08,星期五

现在的孩子似乎都喜欢玩网络游戏,而很多家长一提到游戏就如临大敌,生怕孩子沉溺其中。光靠家长说教,恐怕很难让孩子远离游戏。实际上,网络游戏是这一代孩子的一种社交方式,有它存在的必然性和合理性。如果父母能找准孩子的敏感点,主动和孩子谈一些游戏的话题,如游戏的操作方式、互动过程、输赢计算及心理感受等,孩子的话匣子会一下子打开,他们会津津乐道地谈论游戏的"好玩"之处。如果沟通得当,孩子在网络游戏等娱乐方面会更愿意听取家长的意见。研究发现,民主型家庭中的孩子对网络游戏的依赖程度较低,而专制型或放任型家庭中的孩子,更容易沉迷于游戏。这说明父母与孩子的亲密度越高,孩子越不会沉溺游戏;父母对孩子越冷漠,或对孩子的控制越严,孩子反而越容易沉迷于游戏。如果孩子陷入网络游戏无法自拔,家长最好反思一下,看看自己平时是不是忽略了孩子的感受,或对孩子管教太严。

用好教育型游戏 | 2019-11-29，星期五

有教师一听到学生聊网络游戏的话题，就会眉头一皱，横加指责，看到学生在学校偷偷玩游戏，更是暴跳如雷。其实，网络游戏已成为青少年交往的谈资，有的学生在与同学、朋友谈论游戏中获得认同感和满足感。青少年时期如果未能建立亲密友谊，就会产生孤独感，自我价值感也会随之降低，所以教师、家长不必谈游戏"色变"，因为这是孩子们建立友谊的话题之一。不少教师希望寓教于乐，引导学生去玩一些精心设计的、有教育意义的游戏，但学生往往对此并不热衷。实际上，游戏的主要目的就是娱乐和放松，如果带着其他目的，游戏的体验感和吸引力就会下降。学生排斥的并不是教育型游戏本身，而是厌倦"在娱乐中放松身心"也要被冠以学习的名义。所以，教师在利用教育型游戏时，最好以润物无声的形式渗透开展，这样效果会更好。

回归真实自然 | 2019-12-12，星期四

表妹家的小丽，一个在城市长大的女孩，今年第一次回农村奶奶家过春节，玩得很开心，就是不肯上厕所，她说茅坑太脏。其实，奶奶家的厕所已经改造过，并不太脏，但小丽用惯了城里洁白的卫生间，用这样的厕所就不习惯。孩子不肯蹲茅坑的背后，隐藏的是生存和适应能力的欠缺。世界是复杂多样的，这个世界肯定还有比茅坑更简陋的地方，如荒无人烟的野外、漆黑的山间小道、洪水肆虐的原野，孩子能生存和适应吗？能进行有效自救和逃生吗？如果孩子从小被手机、零食、动漫包围，只知道上课、写作业，对花草树木、日月星辰、农田村庄毫无兴趣，那么他们就失去了大自然赋予人类的灵性，就很难去认识自然、适应自然、改造自然，和自然和谐共生就成了一句空话。让教育回归真实自然，让孩子多接触大自然，有利于让他们认识多元的世界，增强"抵抗力"，对孩子的健康成长大有裨益。

赏识教育 | 2020-01-02，星期四

犹太父母总是对孩子说"你是个天才"，从来不会说"你还小，闭嘴！听大人的话"。犹太文化非常珍视孩子，孩子得到的鼓励和表扬甚至超过他

们应该得到的,这种氛围让孩子感觉很好。这样的"赏识教育"会不会培养出目空一切的骄傲狂呢?答案是否定的。今天很多家长紧紧盯着孩子的成绩,一旦孩子成绩不好,一时半会又提高不了,大人就愁容满面,整天唉声叹气,似乎天要塌下来。其实,成绩不是孩子的全部,分数也不代表孩子的未来。父母应该相信孩子,对孩子未来充满信心。爱因斯坦说每个孩子都是天才,这是说每个孩子都有独特的一面,具有优秀的可能性,而每一个孩子是否表现优秀,则取决于教育。这些年我见到的一些有"问题"、特别难教的学生,往往他们的家庭教育就存在问题,在这样的环境下,再好的天才也难以成长了。

学习力的核心要义　|　2020-03-06,星期五

学习力是由学习方式、学习效率、学习态度、创新能力、学习毅力等组成,其本质是获得创新的成果。学习力是学生的生长力,是把知识资源转化为知识资本的能力,是学习型社会中个体应具备的最核心、最本质的能力。联合国教科文组织国际教育发展委员会在《学会生存——教育世界的今天和明天》中指出:"教育目的在于使人成为他自己。"学习力一般分为三层次六要素:第一层次是学习力的基本要素,包括知识与经验、策略与反思、意志与进取;第二层次是学习力提升的两个基本路径,包括实践与活动、协作与交流;第三层次是学习力的最高层级,即批判与创新。学习力的六个要素相互联系、相互制约,构成一个以学习者为中心的有机整体。

学习的真相　|　2020-04-27,星期一

我们需要告诉学生学习的真相:人并不是天生喜欢学习,学习对人的天性来说是挑战。学习是一个缓慢的过程,学习又必须付出时间和努力。学习中的失败是正常的、必然的,学习的过程就是直面问题、解决问题的过程。有成效的学习一定是有深度的,越轻松的学习效果可能越差。对于学习成绩差的学生,教师和家长要了解深层原因,是因为基础薄弱、注意力缺陷还是习得性无助的心理因素?是内部动力不足,还是外部驱动力不足?不明确原因,我们就很难因人施策。在教学中,诸如反复训练是否有利于知识的长期记忆,阶段性检测是否有利于推动学习,学科育人价值如何体

现,学习指导是否能解决时间管理和学习习惯等问题,这些教师和家长常见的困惑,需要用科学的方法研究解决,而不能一味地让学生刻苦努力、延长学习时间,将分数作为评价学生的唯一标准。

鼓励学生多读书 | 2020-06-10,星期三

学生放学回家,拿本故事书读了起来,没过多久,家长就在旁边提醒:"少看点吧,作业还没写呢!"孩子如果不听,家长就会训斥。这种情况并非个别,不仅家长,有的教师也不鼓励学生读课外书。很多学生的课桌上除了一大堆教科书和教辅资料外,就没有其他书籍了。其实,在学生读书问题上,有些家长和教师有点保守了。苏霍姆林斯基说:"请你不必害怕把学校教学的整块时间用在让学生读书上面去!你不必害怕让学生花一整天的时间到'书籍的海洋'里去遨游。让书籍以欢乐的激情去充实年轻的心灵吧!让书籍去占据青年时代吧!"学校阅览室、图书馆应该是学生出入最频繁的场所,每个学生都应有自己最喜爱阅读的书籍,学生应该有充足的时间去读书。书读得越多,智力基础就越雄厚,学习才越轻松,才越能调动求知欲和好奇心。所以,我们为什么不让学生多读书呢?

用好发展平台 | 2020-07-30,星期四

又到了高考志愿填报时间,以前我指导学生填报志愿,今年我指导自己孩子填报志愿,感受是不一样的。这几天我不停地查阅江苏招生考试资料和高校的招生章程,收集了大量招生录取信息。今年江苏高考录取率达到98%,绝大部分考生都能升入大学。有考生担心,万一自己进入不喜欢的大学或不喜欢的专业,前途可能就黯淡了。其实,考什么样的大学对人生并不起决定作用,大学生活怎么过却对人生有重大影响。任何一所出色的大学,都有沮丧低沉的学生,同样,任何一所普通大学,都会有优秀杰出的学生。你最终以什么样的姿态走向社会,并不取决于你考取了哪所大学,而是取决于你以什么样的状态从大学毕业。学校与学校之间最大的差别在于学生成功的概率,而这个概率则和每个人的努力程度相关。万一进入并不理想的大学,学了不满意的专业,还可以通过转专业、辅修第二学位、考研究生等途径来实现理想。志愿与人生,都与选择有关。选择很重

要,但更重要的是尊重选择的结果和不放弃努力的态度。

研学旅行的重要性 | 2020-09-10,星期四

我曾问过学生,有多少人钓过鱼、划过船,结果只有不足1/4的学生有过这样的体验。这令我很意外！我校是苏北水网密布区的一所农村中学,大部分学生来自附近农村,可想而知,城里学校钓过鱼、划过船的学生就更少了。没有活动经历和体验,就很难在相关领域形成兴趣、发展特长。试想,青少年时期没有看过电影的学生,以后会成为电影导演吗？青少年时期没有踢过足球的学生,以后会成为足球运动员吗？相对于田野乡村、湖泊溪流、夏日星空,现在学生更喜欢"有插座的地方",沉迷于手机、电脑,追逐游戏、动漫的刺激。自然体验的不足容易造成青少年感官退化、肥胖率增加、注意力不集中,所以我们课程设计要尊重学生的兴趣,回归学生的生活世界,指向学生的社会化发展,让学生尝试多样化的活动方式,丰富其社会经历,帮助学生形成同情、合作、关怀等主体意识。学生在观察、体验中去经历知识生成过程,成为知识的发现者,研学旅行对学生全面发展实在是非常必要的。

创造积极情感 | 2020-10-09,星期五

有一个家长让女儿吃完饭去写作业,女儿没有去,于是家长说,我的耐心就像我碗里的饭,很快就要没有了。女儿听了后,过来看了看家长的饭碗,之后就转身回房间写作业去了。在这个过程中,家长不仅创造了积极的情感,也给孩子起了示范作用,让孩子学会如何应对负面情绪,如何用幽默的方式处理生活中的矛盾。这些方法会成为孩子人生中的财富。每个人在生活中都不可避免地会经历困难、痛苦或压力,但大多数人内心都有积极的情感让自己能和这些困难、痛苦和压力抗衡,有力量坚持下去。家庭的重要作用在于当孩子遇到困难时,想到自己的父母,就会觉得"有他们在,我就不怕了"。父母应该是孩子的港湾,支持孩子去战胜困难。家庭对于孩子积极情感的培养十分重要,家长要有意识地为孩子创造轻松愉悦的氛围,让孩子能够享受美好时光。家长需要学习如何与孩子沟通,找到孩子真正喜爱的东西,同时要清楚,什么事情值得关注,什么事情没必要愤

怒,当家长意识到可以选择的时候,他们与孩子的关系就开始变得融洽了。

学生个案研究(1) | 2020-12-07,星期一

某同学是高二(3)班的学生,当下坐在第一排靠墙边位置。我在这个班开始上课时就注意到他,因为他特别好动,喜欢讲话,桌子上没几本书,上课时,他除了讲话,就是东张西望,或者睡觉。今天我找该同学谈了一次话,了解到一些情况。他初中在县城读的,父母在外务工。进入高二他的学习一直处于马虎状态,在班主任的课上不敢讲话,在其他教师的课上讲话就多了。我问他为何不听讲?他说老师讲的都懂了。真的懂吗?前两次考试,一次60分,一次50分。我问他作业为何不做?他说没心思写,也不想写。这样如何复习迎接"小高考"呢?看得出,该同学头脑很灵活,有一定学习基础,但很好玩,不肯学习,时间浪费多,成绩下滑。对这样的学生,我们首先要加强管理和教育,对其不良行为予以纠正,但处理要得当,不能"下猛药""敲重锤",要保护学生的自尊心。其次,要鼓励和帮助他学习,课堂上要多提问,多一些谈心教育,让他感受到老师的关心。只要学习态度端正了,上课听讲,作业按时完成,就不愁考不出好成绩。后来,该同学在2021年"小高考"中顺利过关。

学生个案研究(2) | 2020-12-08,星期二

某同学是高二(4)班的学生,他坐在最后一排,上课表情呆板,老师讲什么他都没有反应。我有时走到他身边,提醒他听课、看书,他从来没有应答。这学生怎么了?我了解才发现,该同学就是个"问题"学生,在各门课上都是这个表现,老师对他没法子,就不大管了。我曾经找该同学谈过一次话,但没什么效果。这几天他在课堂上又开始看小说,甚至玩手机了。该同学的品性不是一天形成的,他是在不断"违纪—被批评—再违纪—被处理"的环境下成长的,因而自卑、暴躁又叛逆。如果仅凭一两个学科老师就想改变他目前的状态,恐怕很难。只有多方面联手,精准施策,才能让他回到正常的学习生活状态。为此,我建议班主任和该生家长及早进行一次面谈,沟通交流,提出一些教育建议,同时召集一次任课教师"见面会",商讨教育对策。我的建议是不放弃该生,相信该生是可教育的,从治理该生

一系列"小错误"入手,到防控发生"大错误",帮助他逐步改进和转化。

什么知识最有用 ｜ 2020-12-10,星期四

美国国家教育科学院在对1999—2000学年度与2009—2010学年度的艺术教育进行对比研究时,做过一个有5万多名本科毕业生参与的问卷调查。其中有一个问题是:什么知识最有用? 得到的回答耐人寻味:毕业1~5年的学生,他们的回答是"基本技能更有用";毕业6~10年的学生回答是"基本原理更有用";毕业10~15年的学生回答是"人际关系更有用";而毕业16年以上的学生提出"艺术最有用"。这个调查结果值得关注。什么知识最有用,不同毕业时长的学生给出的答案不一样。总的来看,随着毕业时间的延长,最有用的知识从具体的技能、原理到抽象的人际关系、艺术素养,从实到虚,从有形到无形。毕业时间越长,曾经学过的具体知识的影响力在减弱,而为人品格、艺术修养等影响力却在增强。这对我们教师的启示是:教育教学既要着眼当前,又要放眼长远;既要考虑学生的考试升学,又要兼顾学生今后的工作生活,两者不可偏废,要为学生终身发展搭建良好的平台。

情绪智力 ｜ 2021-01-19,星期二

情绪智力是有效管理自己情绪以及人际关系的能力,即日常所说的情商。情商包括五方面能力:认识自己情绪,管理自己情绪,自我激励,理解他人情绪和协调人际关系。情商高的人能够很好地识别、管理、调适自己的情绪,也能够敏感地捕捉、回应他人的情绪。他们可以通过自我观察,了解自己情绪状态和情绪来源,从而更好地管理自己的情绪。情商高的人因知道自己积极情绪的来源,所以对让他开心和进步的人心存感激,同时他也擅长自我激励,总能通过自我暗示和自我激励来帮助自己获得前进的力量。情商高的人也会对别人的情绪变化很敏感,他们不会随意给别人带来麻烦,更不会刻意去刺激、激怒别人,相反会对别人的失利和痛苦感到同情,并愿意为别人提供帮助。情商是人们重要的生活能力,也是一个人的社交名片。我们在教育教学和日常生活中,要通过指导、示范,帮助孩子提高情商,使其成为一个温暖友善和善解人意的人。

一般发展与特殊发展 ｜ 2021-01-20,星期三

苏联著名教学论专家赞科夫认为,教学应该走在发展前面,教师的任务就在于努力探求新的教学途径或教学方式来促进学生的一般发展。这里的"一般发展"指的是个性的所有方面(包括道德感、观察力、思维、记忆、言语、意志)的进步,一般发展包括整个个性。一般发展不同于"特殊发展"(即某门学科上的发展,如数学才能、语言学才能的发展):一般发展是特殊发展的牢固基础,并在特殊发展中表现出来,而特殊发展又能促进一般发展。主张在一般发展上下功夫,是赞科夫对教学发展问题的独特贡献。每门学科的教学都应坚持以人为本,遵循教学的科学性规律和教育性规律,在促进学生一般发展特别是智慧发展和品德发展上下功夫。同时,教学要反映本学科的特色,挖掘和体现学科特有的育人价值,完成本学科教学的核心任务,努力促成一般发展与特殊发展的有机融合和相互促进,这是培育学科核心素养和促进学生全面发展的关键。

强化学生自我意识 ｜ 2021-01-27,星期三

教育要致力于唤醒学生的自我意识,引导学生认识自我、规划自我、肯定自我、成就自我。首先,要相信学生的潜能,把学生看作有学习能力的人。每个学生,除有特殊原因外,都有相当强的学习能力,它远超出我们的想象。教育者对此要有充分的认识和坚定不移的信心,并想方设法让学生也确信这一点。其次,要把学生看作有价值的人。教育者要积极创造条件帮助每个学生实现自己的追求和愿望,使他们感到自己在社会上有价值,从而积极乐观、自尊自强地生活学习。最后,要把学生看作负责任的人,具有"学习责任"的人。树立高度的学习责任心是自主学习和自我教育的前提。只有当学习责任意识真正从教师(家长)身上转移到学生身上,学生自觉担负起学习责任时,有效学习才能真实地发生。培养学生责任意识,让学生勇于自我担责,真正成为学习和发展的主人,是自我教育的出发点和落脚点。

正确对待学困生 | 2021-03-30,星期二

学困生在我们农村中学比比皆是。当家长把孩子送到学校时,就希望老师能把他们孩子教好,但不是个个能如愿。有家长会问老师,你们难道就没有办法把孩子教好？其实,每个教育者都希望把学生教好,也在努力寻找一套行之有效的教育方法,但这套方法实在难找。古今中外的教育名著数不胜数,但没有教育家能提供一套"万能"的转化学困生的方法。这不是教育的落后,而是因为教育不能保证每一个学困生都能转化。对于学困生,我们千万不能放弃,仍然要以极大的热情和耐心去教育他们。短时间内他们的学习成绩可能没什么改善,但只要他们在成长、在进步,我们就应该感到高兴。苏霍姆林斯基说,我们当教师的人应当记住:对每一个学习困难的学生,不管他已经被耽误到什么程度,我们都应让他在公平的、劳动的、精神的生活道路上站住脚。学困生不代表其他潜能都滞后,学困生也有自己的兴趣爱好和技能特长,而且只要有适宜的环境和条件,也能展示出超常的"天赋"。所以,学困生也是能够发芽的"种子",也是人才,需要我们精心培育。

相互促进 | 2021-05-18,星期二

父母作为家庭教育者,要先受教育,具备一些育人素养,与孩子共同成长和进步。苏霍姆林斯基曾经说过,如果我们身后想给社会留下一点什么,不一定是非要成为著名的作家、学者、宇宙飞船的发明者、元素周期表上新元素的发现者不可,把孩子培养成好公民和劳动者,好儿子、好女儿和好父母,同样能够向社会证实我们的价值。这话说得很有道理,培养孩子成为优秀人士、好公民、合格劳动者都是我们教育的成功,不存在优劣高低之分。蒙台梭利说,儿童是成人之父。许多优秀父母的故事告诉我们,教育孩子的过程也是向孩子学习的过程。孩子是一个个未经雕琢的个体,他们身上保存着人类最珍贵的品质:纯洁天真、好奇好问、无忧无虑、活泼好动、不惧权威等,怀着敬畏之心教育孩子,也就是在教育自己,与孩子一起成长是家庭教育最美的风景。

勿忘"基础性" | 2021-05-27,星期四

现在倡导深度学习、探究学习、思辨性学习,培养学生高品质思维和学习习惯,但有些教师把注意力完全转向学科知识探讨和思维能力培养中,让学生陷入体系严密、环环相扣的"知识殿堂"中,而不顾及学生人格、品德等非智力因素养成,这个现象值得关注。教育改革不是改"基础性"。教育的基础性,就是指学科基础知识、学科育人,以及培养学生对知识的兴趣、热爱、好奇等。缺失了基础性,教学就没有生命力,也背离了教育的本质。基础教育留给学生的不仅是宽厚的文化知识,还有一颗"敞亮的心",他们接受的应该是温暖、愉快、活泼的教育,而不是生硬冰冷、毫无情感的教育。学生学习成绩可以不好,也可以不太懂事,但应该是一个善良、阳光的人,要永远保持向善、向上的人生追求。从学校走向社会,成绩好但品德修养差的学生,不会造福社会,甚至会成为害群之马;但有追求、品德修养好的学生,今后发展空间会很大。每位教师都是教育改革的参与者与推动者,在参与过程中不能忘了教育的"基础性",立德树人的根基不能丢。

接纳学生的不完美 | 2021-06-08,星期二

学生在课堂上打瞌睡、开小差、随意吵闹,身为教师,我们可能都碰到过。有些教师一看到学生不当的行为,就上前提醒、纠正,但学生的问题每天层出不穷,教师忙得心力交瘁,影响课堂教学效果。我们要接纳学生的不完美,接纳是一种信任,也是一种无条件的爱。苏霍姆林斯基说,只有当教育建立在相信孩子的基础上,它才会成为一种现实的力量。如果对孩子缺乏信心,那么全部教育智慧、一切的教育教学方法及手段,都将像纸牌搭建的小房子一样容易倒塌。对学生课堂上的不当行为,我们要有接纳的勇气,聚焦关键问题,抓大放小,善于激励和引导,多一些信任,多一些等待,以唤醒学生成长的内生动力,让他们在不完美的"自我"基础上不断超越"自我",成为更优秀的"自我"。

孩子的幸福感 | 2021-06-11,星期五

说到孩子的幸福感,一定会提到荷兰。荷兰连续多年被联合国儿童基

金会评为发达国家中青少年幸福感最强的国家。荷兰有个不成文的规定：晚上8点左右，孩子就上床睡觉。老师会提醒家长，要保障孩子睡眠时间，最晚不能超过9点睡觉。荷兰父母重视与子女交流，他们愿意倾听孩子的观点，与他们讨论生活中的烦恼。家长鼓励孩子探索周围的世界，鼓励他们参加户外活动，亲近自然，而不是看电视、打游戏。荷兰实行8年制小学教育，超过95%的孩子过完4岁生日就上学了。小学假期非常多，每年上课天数只有180天左右，而且周三和周五只上半天课，小学生没有家庭作业。荷兰孩子小学毕业就开始分流，而分流的依据不是考试成绩，而是老师对学生8年学业表现做出的评估。教师会根据学生的表现给出建议，日后要么读综合性大学，要么读大专或技校。荷兰大专或技校毕业生的收入不一定比大学毕业的人少。荷兰青少年的幸福感也与政府政策支持分不开。有外国媒体评价，荷兰孩子幸福的秘密，是他们成长的社会以一种平等和尊重的方式滋养着儿童和青少年。

专注力的培养 ｜ 2021-09-20，星期一

家长常常为孩子的不良行为担忧——走神分心学不进，好动话多坐不住，作业拖拉错误多，丢三落四无担当……这些可能都是专注力不足惹的祸。专注力是一种基础能力，也是关键能力，没有专注力，观察、记忆、思维、想象等都难以进行。许多家长热衷于给孩子报补习班、找名师，却不关心孩子的上课表现。有孩子反映课堂上没听懂，很多人认为是孩子理解力不足。其实我们要弄清两个问题：一是孩子听了没有，二是孩子懂了没有。听在前，懂在后，"听"指的是专注程度，没有专注就没有理解，就没有记忆，学习就难以顺利进行。许多家长认为孩子不专注与态度有关，其实专注是一种状态和能力，容易分心的孩子并非不想听课，而是难以聚精会神地听课。专注力不足与生理、心理因素有关，脑科学研究表明，专注力不足与神经系统机能有关。专注力具有阶段性特征，其形成与发展受到心理因素、家庭环境、教养方式等多种因素影响。其中，家庭教育有着不可替代的作用，家庭环境和谐、父母有爱心，孩子专注力就容易养成。对专注力缺失的孩子干预时间越早，效果越好，家长和教师要有耐心和信心，多一些沟通交流和关爱，只要方法得当，专注力是可以培养的。

谈低效率 ｜ 2021-10-11，星期一

有学者研究发现，与在课堂上用笔记本电脑做笔记的学生相比，手写笔记的学生在考试中得分更高。这是什么原因呢？虽然用笔记本电脑做笔记速度更快，也更清晰，但过于追求效率可能会损害我们记忆和理解的能力。对于大脑来说，经过反复锻炼才能形成强大的记忆。用笔记本电脑做笔记的学生通常会尽可能地按照字面意思"复制"老师讲述的内容，但由于手写笔记速度很难跟上教师讲的速度，他们不得不辨认和复述教师的主要观点，在大脑中增强了记忆，这对学生掌握知识更有帮助。学习需要时间，需要过程体验，一味追求效率反而会得不偿失。现实生活中，虽然有些低效率的做法已经过时，但不是所有事情都要追求高效率，比如吃饭、睡觉、散步、读书等，就不宜速成。所以低效率并不一定代表落后，有时保留一些低效率，事物才能更好发展，生活才能有高质量。

后进生转化 ｜ 2021-12-03，星期五

在我们农村学校，后进生占有一定比例，他们学习基础薄弱，课上课下学习都很吃力，有的学生态度不够端正，自由散漫，经常犯错。后进生转化是教师重大的教育任务，也是值得教师长期研究的课题。转化后进生，我有如下几点经验：一要保护学生的自尊心。学生成绩差，或者违反纪律，教师要有一定的包容心，不要在公开场合随意指责他们。遇到学生有逆反、对抗情况的，要多作"冷处理"。保护了学生的自尊心，教育就有了主动权。二要主动关心后进生。多和学生交流沟通，一起分析学习情况，找出解决问题的办法，在他们困难的时候，要及时予以帮助。要捕捉他们身上的闪光点，不断激励。三要坚持不懈地进行思想品德教育。任课教师不要只顾讲课，在课堂内外要坚持对学生进行集体主义、爱国主义和理想信念教育，要结合学生生活实际和身边案例，摆事实、讲道理、提要求，提高学生的思想认识，促进其端正学习态度。班主任和各科教师要加强交流协作，优化教育方法，形成育人合力，如此后进生转化就能有明显成效。

给学生坚定的信念 ｜ 2021-12-22,星期三

　　每个学生都有自己的梦想和追求,都有自己的志向和憧憬,教师应该成为他们实现梦想的鼓励者和推动者。给学生一个坚定的信念,给学生足够的尊重、欣赏和激励,这会惠及学生的一生。我在读初中的时候,曾有一位老师夸我地理学得好,说我是学地理的人才,他这句话我至今还记着。但不是每个人都得到过老师夸奖和肯定的,有些人甚至没有感受过老师对他们的关爱,所以他们对学生时代的印象很平淡。给学生一个坚定的信念真的很重要！你不必去问现在的学生,就问身边那些已经毕业几年、十几年的成年人,围绕信念话题,和他们进行一次交谈,你就能了解很多发生在他们身上的鲜活教育事例,从中你能感悟到坚定的信念对人的成长多么重要,你也能感悟到一个优秀教师对学生成长是多么重要！多给学生一些指导和帮助吧,特别是在他们有困惑、有困难时,及时伸出援助之手,帮助他们坚定信念、克服困难,走好自己的人生路,这是我们教师应该做到的！

学生成长反思

教材课程反思

人有多少知识，就有多少力量，他的知识和他的能力是相等的。

——培根

全球变暖为何频现极寒天气　|　2018-01-10,星期三

美国中东部近日遭遇罕见低温天气,纽约市最低气温达-19 ℃,降雪厚度达 25 cm,最大风速达 97 km/h。美国这个冬天为何这么冷?气象专家解释,主要是因为北极的极冷空气逃逸南下,影响了美国中东部地区。正常情况下,极冷空气常会被"锁定"在北极的极地漩涡中。极地漩涡是活跃在极地高空的大规模冷性气旋,其影响范围仅限于极地和高纬度地区。当极地漩涡减弱,就像是堤坝"崩塌",冷空气一路南下从而造成沿途降温。冷空气频繁南下背后的原因正是极地升温。世界气象组织认为,气候变化造成北极地区升温幅度比其他地区更大,极地与中纬度地区温差缩小,减弱了极地高压对极地漩涡的控制能力,导致极地漩涡向中纬度地区"游走"。

广西的"均衡之美"　|　2018-03-08,星期四

桂林山水甲天下。对旅游者来说,广西最具吸引力的当属桂林,桂林的美景在中国甚至世界都享有盛名。实际上桂林山水只是广西众多美景中知名度最高的,如果去广西其他地方走一走,你就会发现,有很多地方都会让你产生身在桂林的感觉。有人说,广西是个"大桂林",这话是有道理的。广西有千姿百态的地上、地下喀斯特美景,有森林覆盖率超过60%的青山秀水。把广西境内的国家级自然保护区、国家级森林公园和国家级地质公园标绘在地图上,我们会看到,广西美景分布十分广泛,这些美景不只以数量取胜,更让人惊叹的是,它们分布很均衡。可以说,广西的美是均衡之美。

桂林山水景观图

教材课程反思

123

诗性教学氛围的创设 ｜ 2018-03-09,星期五

诗性教育是一种注重"浸润"和"体验"、注重学生人格塑造和情感体验的教育方式。营造诗性教学氛围需要创设相应的教学情境,筛选生动的案例,选择适当的文字、图片、音乐等表达方式和手段,拨动学生心弦,激发学生情感体验,产生一种浓厚的人文情感共振。如在讲授荒漠化内容时,我跟学生分享席慕蓉的诗歌《楼兰新娘》:

夕阳西下

楼兰空自繁华

我的爱人孤独地离去

遗我以亘古的黑暗

和亘古的甜蜜与悲凄

而我绝不能饶恕你们

这样鲁莽地把我惊醒

曝我于不再相识的

荒凉之上

……

全诗的语言平实,没有多少华丽和拗口的文字,却能以最简单的语句扣人心弦。作者是用心写的,用情写的,全诗给人一种忧伤、绝望的美感和一种愤懑的情绪。教学中穿插马千年不倒不腐的胡杨林景观图片,营造一种沧桑悲凉的氛围,让学生在楼兰昔日繁华和今日荒凉的对比中产生历史沧桑感和忧伤、震惊、惋惜等情绪,激发其情感共鸣,进而将这种情感内化成珍爱家园、保护自然的愿望。

中国风华正茂 ｜ 2018-05-03,星期四

明天就是五四青年节了,我在课上和学生谈到,时间之河川流不息,复兴路上风华正茂。一代代革命先驱孜孜以求的强国梦、复兴梦,从未像今天这样离我们如此之近。面对"百年未有之大变局",我们仍然需要应对时代的挑战。我让学生谈谈青年人需应对什么样的挑战?有同学说,高科技革命的挑战;有同学说,经济全球化的挑战;还有同学说,西方霸权主义的

挑战……学生说的都有道理。我通过多媒体,展示了习近平总书记所强调的一段话:"行百里者半九十。中华民族伟大复兴,绝不是轻轻松松、敲锣打鼓就能实现的。全党必须准备付出更为艰巨、更为艰苦的努力。"与五四运动以来一百年的历史对话,正是为了提高我们的认识、坚定我们的脚步,展望明天的道路,中华民族青春永驻。

中外农业的交流 | 2018-05-31,星期四

今天我们吃的西瓜原产非洲,南瓜原产美洲,辣椒成为四川、湖南人的美食只是最近几百年的事。中国"三大粮食作物"中的小麦和玉米都来自国外,"五大油料作物"中的花生、芝麻和向日葵也来自国外。诸多历史事实表明,中华农业文明是一个多元交汇的文明。中外农业交流大多通过陆上和海上"丝绸之路"进行。秦汉和魏晋时期,从西北引进居多,引进的作物多以"胡"字命名,如胡椒、胡麻(芝麻)、胡瓜(黄瓜)等。南北朝和隋唐时期引进的农作物则多用"海"字,如海棠、海枣、海芋、海桐花等。宋元明时期则多冠以"番"字,如番薯、番豆(花生)、番茄、番椒等。清代从海路传入的多用"洋"字前缀,如洋葱、洋芋、洋白菜、洋姜等。19世纪中叶以前,中国没有现代科技和现代工业,中国的经济主体仍然是农业。那么,是什么支撑了中国的经济规模和农业增长呢?应该说,传统集约农业措施及高产作物的引种推广是这一时期中国人口和经济增长的重要保障。

综合思维的维度 | 2018-09-04,星期二

综合思维是指人们运用综合的观点认识地理环境的思维方式和能力。综合思维有三个维度:"格局特征"的要素综合、"过程发展"的时空综合和全面系统的地方综合。第一,"格局特征"的要素综合。地理要素通常包括水、大气、土壤、生物和人类活动五大要素。通过对地理要素的综合分析,了解地理事象的分布位置、属性和状态,进而了解其形成的格局特征,这是综合思维的静态维度,属于综合思维水平一层次。第二,"过程发展"的时空综合。自然界中的一个个生态系统、自然带,人类社会中一个个城市或乡村,都可以看作地理综合体。地理综合体具有时空尺度,其形态、特征千差万别,因此需要从时间演变和空间分异视角对地理综合体的发展过程进

行综合分析,这是综合思维的动态维度,属于综合思维水平二和水平三层次。第三,全面系统的地方综合。地理要素综合和时空综合都是在一定的区域内进行的,综合思维的终极目标是进行全面系统的地方综合。由于空间尺度的复杂性,要素综合、时空综合和地方综合并非并列关系,而是递进关系。全面系统的地方综合有助于学生认识地理事象发展变化的规律和趋势,从而深化区域认知和人地协调观,这是综合思维的立体维度,属于综合思维水平四层次。

教研的立场 | 2018-09-05,星期三

地理教材中有一些章节缺乏教学研讨的价值,而一旦作为公开课的教学文本,其教研价值应运而生。教研价值的大小,取决于评议教师的课改意识,取决于横向比较的广度与纵向挖掘的深度。教研人员见多识广,思考研究更深入,其评课更具有教研视野,对于教学问题的设置、教学流程的预设、教学资源的生成、师生互动的评价、教学理念的体现等方面的点评,可能更高屋建瓴,更能引领教师的专业成长。而一线教师评课、议课更关注的是每个知识点的传授是否到位,每个环节的设计是否具有逻辑性,重难点的教学与训练方法是否有效,在具体操作上的改进建议会让教师更加受益。所以基于学习和研究的目的,教师要多听听教研活动中各方的点评和建议,这对教学是大有好处的。

中俄关系的重要性 | 2018-09-13,星期四

俄罗斯地跨亚欧两大洲,是世界上面积最大的国家,俄罗斯与中国有4000多公里的边境线,中俄互为最大的邻国。中俄关系在我国对外双边关系中具有重要地位,中俄两国同为新兴大国、联合国安理会常任理事国,战略需求、战略利益有着更多的相似性,两国有着联手合作的巨大空间。"远亲不如近邻",经营好对俄关系,对于构建我国陆上地缘战略、避免陷入"海防"与"塞防"两线作战有重要战略意义。中俄两国不仅在外交运筹、军事安全上,而且在发展要素、发展机遇上拥有得天独厚的互补优势,特别是在能源、资源领域合作潜力巨大。在中国实现产业升级转型、俄罗斯实现"再工业化"问题上,两国均可以实现接轨互动、合作共赢。因此,发展中俄关

系,并非权宜之计,而是长期战略。

经济全球化对地理课程的影响 | 2018-09-20,星期四

地理课程作为高中教育的重要组成部分,受到社会、经济、政治、文化等多方面因素影响。地理课程发展要紧跟时代潮流,就必须体现时代特征。世界经济形势急剧变化,经济全球化、知识经济成为共同趋势,高中地理课程需要对国内外经济发展趋势作出及时回应。例如,随着世界生产要素市场的建立和国际分工的发展,世界经济分布格局发生了变化,地区间经济技术合作显著加强。地理课程必须增加有关世界经济全球化的内容,使学生认识到地区和企业经济活动不能只从国内或地区市场的需要来考虑,还要从全球范围来分析其可行性。教师要根据学生的心理特征和认知能力,引导学生从不同的角度来认识世界经济全球化问题。例如,对于高中阶段学生,可以在初中阶段认识身边事物的基础上,上升到对国家、地区和全球经济现象认识的高度,如从中外合作、中外合资经营企业行为到跨国公司、地区经济组织及世界贸易组织在中国或全球的经济活动,加深学生对世界经济一体化的认识。

产业结构升级的误区 | 2018-10-08,星期一

在讲完鲁教版高中地理必修二第三单元"产业活动与地理环境"后,有学生认为,一个地区产业结构是否合理,主要看第三产业所占的比重,第三产业所占比重越大,产业结构就越合理。这个判断是否正确?对此需要作一定分析。此观点源自"配第一克拉克定理",是由英国经济学家威廉·配第最早提出的。他曾预言:随着经济发展,产业重心将逐渐从有形产品生产转向无形服务生产,当工业部门收益超过农业部门时,劳动力必然从农业转向工业;当商业部门收益超过工业部门时,劳动力会从工业再转向商业。从特定历史阶段看,该预言并没错,但它只是工业化初期到中期的阶段性规律,有一定适用范围,并非放之四海而皆准。受经济发展阶段约束,该定理只在特定发展阶段成立,今天欧美国家的制造业占比有所回升,就可以看作该定理在后工业化时期不一定成立的一个例证。所以,一个国家或地区推动产业发展,应该立足自身比较优势,不可盲目发展第三产业,否

则会陷入产业结构升级的误区。

生态优势就是发展优势 | 2018-10-15，星期一

盐城市地处江苏中部沿海地区，地形平坦、土壤肥沃、水源充足，经济发展条件十分优越。近些年来，随着经济发展和城市化推进，环境污染问题也日益凸显。盐城市委、市政府对此十分重视，一方面加大产业结构调整力度，压缩高污染、高能耗产业，另一方面大力发展高新技术产业和第三产业，同时大力治理环境污染，坚持走绿色、可持续发展之路，成效明显。近几年来，盐城大气环境、水环境质量位于江苏省前列，农村人居环境整治效果明显，清洁能源开发迈上新台阶，实现了发展与保护、脱贫与生态的双赢。可见，无论是脱贫攻坚还是地方经济发展，都不能以牺牲生态环境为代价，而应该因地制宜、综合开发各类资源禀赋，努力让产业发展与生态环境保护相得益彰。走绿色发展之路，把绿水青山建得更美，把金山银山做得更大，才能持续不断地增进人民群众的获得感和幸福感。

山地林线的高度 | 2018-11-12，星期一

山地林线高度是指山地垂直自然带谱中的森林分布的上限海拔，通常与最热月平均气温 10 ℃等温线相吻合。若最热月平均气温低于 10 ℃，森林就不能正常生长，只能生长草甸或灌丛。林线高度受热量和水分两个因素共同影响。影响热量的主要因素，一是纬度，通常纬度越低，获得的太阳辐射能量越多，热量越充足，山地林线分布越高，反之，纬度越高，则山地林线分布越低；二是坡向，一般情况下，同一座山体的向阳坡热量充足，山地林线分布较高，而阴坡林线分布较低；三是海拔，在同纬度地区，海拔越高，气温越低，山地林线分布越低，海拔低处则相反。影响水分的主要因素，一是纬度，受信风带或副热带高气压带控制的中低纬地区，降水少，山地林线分布较低；二是坡向，一般情况下，同一座山体的迎风坡降水丰富，山地林线分布较高，背风坡降水较少，山地林线分布较低；三是海陆位置，同一纬度沿海地区降水丰富，山地林线分布较高，内陆地区降水较少，山地林线分布较低。

校本课程开发中的问题 ｜ 2018-11-30,星期五

校本课程开发中存在以下几个问题:一是将重点放在了对活动的整合上。我们在开发校本课程时,往往会将自己积累的实践经验整合起来,不管这些实践经验是否有推广值,忽略了以课程标准来审视这些案例。这就偏离了校本课程开发的初衷。只从内容入手来考虑课程的选择与应用,容易脱离实际。二是急于编写教材,缺少精心打磨。在教师看来,编写出教材,开发才算取得了成果。教师把大量的时间用于编教材,忽略了对整个课程框架体系的反复研讨,对学生的智力状况、教与学的融合缺乏足够了解和研究。三是教师的课程开发能力有待提高。平时教师习惯了依照课程、照搬教材,一旦让他们参与课程开发,他们往往不知如何去设计课程体系和课程目标,也不善于内容组织与图文架构,只能以现有国家课程的教材为蓝本,从而造成校本课程和国家课程的雷同和资源的浪费,体现不出学科特色和地方特色。

区域地理教学目标 ｜ 2018-12-05,星期三

高中区域地理内容以区域地理案例为载体,教学中要围绕"区域认知"这一地理核心素养,达到如下目标:一是要了解区域的概况,分析区域自然、人文地理特征及表现,培养对区域进行全面综合分析和比较的基本能力;二是学会运用地理环境整体性规律和地域分异规律,对不同区域的共性和差异性进行分析,阐述区域差异的主要原因及表现;三是认识由于区域差异的存在产生了区际联系,区际联系的目的是区域协调和可持续发展;四是学会评价本区域发展的优势条件和制约因素,探讨今后的发展方向;五是能结合实例,说明某些短期行为对本地区发展的危害,并在此基础上提出切实可行的改进措施。这五方面要求是相互关联的,与综合思维、人地协调观等素养培育紧密联系。

地理与美学的交响曲 ｜ 2018-12-07,星期五

在人们的日常观念中,科学仿佛都有一副严肃和冷硬的"面孔",精准的计算、严格的推理、紧密的逻辑让人敬而远之;而"美"是由诗人和艺术家

创造的,"美"似乎是孤峰独秀。中国系统科学研究会名誉会长乌杰教授提出,美是符合科学逻辑和标准的。他认为,美符合多样性的差异,还拥有一个相对稳定的终极态、和谐统一的美的系统。这种差异与和谐的统一,是系统科学的思想和方法,也是地理科学的思想和方法。比如宇宙就符合系统的整体优化之美。宇宙的每一个天体系统,各星系都有自己的运行轨道和结构状态,不是杂乱无章的。地球有地核、地幔、地壳、生物圈、水圈、大气圈等,有序排列。气候的冷暖交替、春夏秋冬的时节更迭,都是系统性的整体优化之美。南极与北极、白昼与黑夜、气旋与反气旋、寒流与暖流、蒸发与降水都体现了对称与和谐之美。地理与美学看似互不相干,实质有着深度关联。从美学的视角去观察、分析和研究地理事象,我们能切实感受到自然和客观世界运行法则的精巧与美妙。

注意人口信息的变化 | 2019-02-28,星期四

"人口"是高中地理重要的内容,人口相关信息在不断地变化。教师要密切关注世界及区域人口信息,及时更新教学资料,这样教学才能与时俱进、常教常新。今天,我从"江苏省人民政府公报"中摘抄了江苏省人口统计数据(收录进本书时作者更新到2021年年末的人口数据):

2021年年末江苏省常住人口8505.4万人,比上年末增加28.1万人,增长0.3%。在常住人口中,男性4316.2万人,女性人口4189.2万人;0—14岁人口1249.4万人,15—64岁人口5806.4万人,65岁及以上人口1449.6万人。全年人口出生率0.57%,比上年下降0.1个百分点;人口死亡率0.68%,比上年上升0.03个百分点;人口自然增长率-0.11%,比上年下降0.13个百分点。年末常住人口城镇化率73.94%,比上年末提高0.5个百分点。

能源与环境危机的治本之策 | 2019-03-11,星期一

在今天的中国,不仅在生产端存在生产过剩,其实在消费端也存在着消费过剩。2015年中国奢侈品消费占全球46%,中级阶层以上家庭拥有了许多使用率极低的物品,这些物品在许多家庭占到了家庭物品50%以上。我们吃穿住用行,如果按照奢侈、浪费的消费标准进行,那么就会推动粮食供给的增加、服装等家庭用品生产的增加,房地产、汽车等产业也随之增

长,而这些又助推了城市化和房地产的迅猛扩张,带动了重化工产业的扩张发展,一系列的放大效应会导致产能过剩、环境污染加剧。所以,我们今天所抱怨的环境问题,与我们的消费方式密切相关。过度高消费是造成能源与环境危机的深层原因,生活方式革命、资源高效利用才能有效化解能源环境危机。因此,我们要提倡勤俭节约、适度消费、绿色消费。

如何寻找核心问题 | 2019-03-15,星期五

水土流失本身是一种自然地理环境演化过程,其指向的上位核心概念是"空间相互作用"。空间相互作用反映的是气候、土壤、植被、地貌等自然地理要素和经济、社会等人文因素的相互作用,以及这种作用随时间延伸在空间上的演变。黄土高原水土流失最严重、最典型,其带来的生态环境问题是制约该区域发展的主要因素。由此总结出该主题单元的核心问题:水土流失是一种什么样的地理现象,它与人类活动有什么关系?要回答这一问题,就会生发出一系列子问题:水土流失为什么会发生?它与哪些自然地理过程及原理有关?水土流失对区域发展有何影响?黄土高原水土流失的时空分布有何特点?人类哪些活动会加剧水土流失?……这样,核心问题就成了能够促进探究、引发新问题的引擎,其目的指向更通用、可迁移的深度理解。这便于学生将所学知识迁移到青藏高原的生态退化、北方农牧交错带荒漠化等问题的解决上。

人地协调的重要性 | 2019-03-26,星期二

人地系统是地球表层人类活动与地理环境相互作用形成的开放的复杂系统,在这个系统中,人始终占据主导地位。人地矛盾的协调过程从古到今都是地理学和其他相关学科重点研究的课题之一。人地协调的本质是妥善解决人类社会经济发展和自然资源、环境保护之间的矛盾,谋求人与自然和谐相处,达到可持续发展的目的。人地关系是中学地理教育的主线之一,通过地理教育学生理解人与地关系,明确个人对自然环境和社会的责任。学生了解人类生存和发展受环境的制约,人类如何适应、改造和利用自然,不合理的人类活动带来的环境污染和生态破坏,环境保护的理论与实践等内容后,逐渐将"绿水青山就是金山银山"的人地协调观融入自

教材课程反思

131

身成长发展和今后社会实践过程中,成长为高素质的现代公民。

中华文明和平发展之道 | 2019-03-27,星期三

"天下大同"是中国古代社会的基本思想底蕴。中华文明推崇"协和万邦、四海一家",这为人类构建命运共同体提供了丰富的历史经验。第一,中华文明追求天下大同,从无海外殖民。中国自古讲道义、重怀柔,崇尚"远人不服则修文德以来之",反对穷兵黩武和扩张征服。历史上中国与周边国家建立的是礼尚往来的朝贡体系而非掠夺性的殖民体系。第二,中华文明崇尚推己及人,从无压迫他人。命运共同体,始终强调"己所不欲、勿施于人"的理念,强调"将心比心""推己及人"的同理心。第三,中华文明坚持不往而教,从无文化霸权。中华文明从不进行强加于人的文化输出,更不推行以自我为中心的霸权主义,坚持文化多样性,绝不将自己的价值观强加于人。和平发展是中华文明一直倡导和追求的。

家庭作业的两面性 | 2019-04-01,星期一

很多学者认为,家庭作业时间与学业成绩总体上呈正相关,增加学习时间,多数情况下会对学业成绩提升有一定的效果。但也有学者研究发现,对不同年龄段的学生来说,家庭作业效果有一定差异——对高中生的学业成绩有显著的积极影响;对初中生的积极影响大约是高中生的一半;而对小学,特别是低年级学生,没有显著影响。各学科家庭作业效果有差别,不同的作业形式和内容的效果也不同。家庭作业具有两面性,既能提高学习成绩,也会降低学习兴趣,其负面作用不可忽视,比如会使学生对知识性材料失去兴趣,造成学生身心疲惫,失去娱乐和运动时间等。多数学科的家庭作业量都有其最佳值,超过了会使学习效果下降,因而家庭作业并不是多多益善,教师要认真研究本学科特点和学生状况,努力使设计的家庭作业达到最佳量。

地球是否健康 | 2019-04-22,星期一

4月初,中国气象局气候变化中心发布了《中国气候变化蓝皮书(2019)》(以下简称蓝皮书)。气候系统的综合观测和多项关键指标表明,

气候系统变暖趋势进一步持续,冰冻圈消融加速,气候风险水平呈上升趋势。

蓝皮书指出,2018年亚洲陆地表面平均气温比常年值偏高0.58℃,是1901年以来的第五暖年份。1951—2018年,中国年平均气温每10年升高0.24℃,升温率明显高于同期全球平均水平。2018年全球大部分海域海表温度较常年值偏高。2018年成为有现代海洋观测记录以来海洋最暖的年份。1980—2017年,中国沿海海平面呈波动上升趋势,上升速率为3.3毫米/年,高于同期全球平均水平。2018年中国平均植被指数与2011—2017年的平均值相近,冬季、春季和夏季植被指数较2011年以来的同期平均值略有上升。

课程开发多样化 | 2019-04-25,星期四

教师是教学过程的组织者和引导者,教师在设计教学目标、选择课程资源、组织教学活动等方面,都应以实施素质教育、培育学生核心素养为己任。教师不只是课程的执行者,而应是课程资源的积极开发者。课程开发鼓励学科间教师的通力协作,也鼓励校际的合作共建。我们要通过多样化的选修课程、校本课程满足学生动态发展的需求,尽可能使开发的课程做到"全、新、精"。"全"就是要尽可能使课程覆盖学生的主体需求;"新"就是要使课程紧跟学生需求及发展变化,紧跟时代的发展变化;"精"就是要打造富有本校特色的精品课程。课程的开发、建设也会促使教师提升专业素养,不断更新知识能力结构,永葆专业发展活力。

了解"收缩型城市" | 2019-04-30,星期二

国家发展和改革委员会不久前发布的《2019年新型城镇化建设重点任务》中,首次提及"收缩型城市"。文件指出,收缩型中小城市要瘦身强体、严控增量、盘活存量,引导人口和公共资源向城区集中。回顾过去20多年的城镇化发展,我国大中小城市大多以城市扩张为目标,在土地和人口城镇化方面表现尤为突出,形成了"小城镇—中小城市—大城市—都市圈—城市群"这一城镇化发展路径。2018年我国城镇化率已接近60%,工业扩张的速度在降低,农村剩余劳动力也越来越少,这意味着城市化规模将达

到一定限度，大多数城市扩张空间已经不大。"收缩"对于大多数城市而言，都是一个客观要求，每个城市都要为"后城镇化时代"做好充分准备。一些中小城市的"收缩"，其实是为自己找到准确定位。不少资源型城市在经过多年转型后，变得更有活力。现在提出"收缩型城市"，可以看作城市发展的警示，也可以看成城市转型的另一种路径。

新型城镇化面临的问题 ｜ 2019-05-09，星期四

党的十八大以来，新型城镇化建设加速推进，我国城镇化正由速度型向质量型转变，但在城镇化快速推进的过程中也积累了一些问题，需要理性看待并进一步探索解决。一是城镇发展不平衡。少数大城市承担功能过多，产业高度集聚，导致城市规模快速扩张，交通拥堵、环境污染等"城市病"凸显。而一些中小城市和小城镇因基础设施和公共服务发展滞后，产业支撑不足，就业岗位较少，经济社会发展后劲不足。二是城镇发展特色不足。有的地方把城镇化简单等同于城市建设，贪大求快，建宽公路、大广场，忽视城市精细管理和广大居民需求，忽视地方文化传承创新和特色风貌塑造，造成"千城一面""千楼一面"。三是农民工市民化任务繁重。由于多元化成本分担机制不完善，地方政府推进农民工市民化积极性有待提高。2015年以来，我国户籍人口城镇化率与常住人口城镇化率的差距连续4年维持在16.2个百分点左右。四是消除城乡二元结构还需努力。我国城乡居民收入差距较大，2018年城乡居民人均可支配收入之比仍达2.69∶1。城乡社会保障制度还未完全并轨，实现城乡基本公共服务均等化任务还很艰巨。

抓住关键信息 ｜ 2019-05-29，星期三

今天学生做的作业，总体较好，但有道题目出错率较高，引起了我的注意。原题如下：

读江苏省多年平均太阳总辐射量[J/(m²·a)]空间分布图，完成下题。

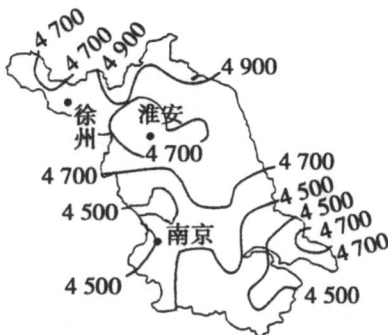

1. 影响江苏南北太阳总辐射量差异的主要因素是（　　）

A. 气候　　　B. 纬度　　　C. 地形　　　D. 洋流

有学生选择B，认为江苏太阳总辐射量由南向北递减，主要因素就是纬度。纬度确实是影响太阳辐射的重要因素，但仔细读图可以发现，图中江苏太阳总辐射量并不是从南向北递减，而是大体上从南向北递增，说明影响江苏南北太阳辐射量差异的主要因素不是纬度因素。江苏南部位于湿润区，降水多，太阳总辐射量少，而淮河以北位于半湿润区，晴天多，太阳总辐射量多，所以影响江苏南北太阳总辐射量差异的主要因素是气候。我们要引导学生认真读图，抓住关键信息，推理分析，这样才能降低错误率。

中国海外农业的发展　|　2019-06-12，星期三

中国是世界上最为开放的农产品市场之一。2018年中国农产品贸易额2168亿美元，同比增长7.7%，其中，进口1371亿美元，增长8.9%，出口797.1亿美元，增长5.5%。农业对外投资大幅度拓展，截至2018年，农业对外投资存量超过189.8亿美元，境外企业超过850家。中国农业开放带来的是合作共赢，以中拉农业合作为例：拉丁美洲水资源丰富，占全球总量1/3，可耕地面积超过7亿公顷，未开垦面积达5亿公顷，农产品贸易投资机会多，在基础设施、农业机械制造、农产品加工等方面具有较强的合作需求；而我国农业产业结构加快优化、升级，部分农产品在全球价值链中具有较强竞争力，在种苗、农化、动物医药、农产品加工和数字农业等方面"走出去"优势明显，中拉具有明显的优势互补条件。

中国发展带来的重要启示 ｜ 2019-06-18，星期二

1978年，我国人均GDP只有156美元，80%多的中国人生活在农村。1981年，84%的中国人生活水平在一天1.25美元的国际贫困线之下。但是，经过改革开放以来的快速发展，中国成功迈进中等偏上收入国家行列，2018年人均GDP接近1万美元。短短40年时间，中国就创造了一个摆脱贫困、走向繁荣的经济奇迹，证明贫穷可以改变、贫穷不是命运，为世界上其他深陷贫困的国家实现工业化、现代化，走向繁荣富强带来了信心。要摆脱贫困，就要大力提高农业生产力水平和农民生活水平，推进农业现代化。现代化是农业和农村人口所占比重都不断下降的过程，贫穷国家要摆脱贫困、实现发展，就一定要在发展农业的基础上，推进工业化和城镇化，把农民从农业中转移出来，不断提升工业化发展水平，优化产业结构，大力发展现代服务业。这是中国发展带来的重要启示。

我国成功预警宜宾地震 ｜ 2019-06-19，星期三

"十、九、八、七……"随着倒计时数到一，警报声刺破夜空，大地开始震动……这是6月17日晚上，出现在四川多地的场景。6月17日22时55分，四川宜宾市长宁县发生6.0级地震，震源深度16公里。此次地震，宜宾、成都等多地收到了提前预警，让全世界网友看到了中国在防震减灾方面所取得的成就。成功预警本次地震的是成都高新减灾所与应急管理部门联合建设的大陆地震预警网，该系统可通过广播、电视、手机等多种途径，在地震波到达前预警，为群众逃生避险赢得宝贵时间。地震预警不是预报，而是基于物联网技术，利用电波比地震波快的原理，提前几秒到几十秒实现全自动警报。这项科技引起了外媒的广泛关注。其实，这并不是中国地震预警系统第一次启用，今年1月3日，宜宾市珙县发生5.3级地震时，大陆地震预警网在地震造成破坏前12秒就发出了预警。

数字经济正在打破"胡焕庸线" ｜ 2019-06-28，星期五

"胡焕庸线"由我国著名地理学家胡焕庸先生于1935年提出，是连接黑龙江省黑河市与云南省腾冲市的人口分界线。此线以西56.3%的领土面

积仅养育了 5.6% 的人口，恶劣的自然环境使这一大片区域经济发展水平长期滞后。但一系列统计数字显示，目前数字经济正以其独特优势推动"胡焕庸线"东西部地区发展趋向平衡。数字技术的超地理特征，为西部地区提供了更为公平的发展机遇与红利分享。第一，创业公平。电商网络为西部地区分享经济发展机遇创造了条件。2013 年至 2018 年，"胡焕庸线"东西部两侧电商数量比值，差距缩小了 28%。相较于传统经济，中西部地区发展数字经济可以扬长避短。第二，机会公平。以移动支付为代表的数字金融为东西部地区带来同质的金融服务。2011 年至 2018 年，衡量活跃账户占当地人口比例的覆盖广度指数，东西部比值下降了 26%。越来越多的西部地区老百姓拥有了数字金融账户，获得了与一线城市用于接受类似服务的机会。第三，红利公平。2014 年至 2018 年，东西部物流运送时长差距缩小了 9.25%，同时更多的西部城乡接通了快递，发展的红利有更多的机会被西部地区"在家门口"共享。当然，从人口分布与经济总量上看，"胡焕庸线"在短时间内还不会被完全打破。但数字经济的迅速发展，为解决这个横亘中国 80 余年的经典问题带来了希望。

构建"强有力的知识" | 2019-09-13，星期五

"强有力的知识"是英国课程教育学者提出的概念，认为学校教育要选择"好一点"的知识，这种知识超越学生的日常生活经验，能够改变学生的认知状态。在地理学科中，如何甄选强有力的知识呢？我认为地球科学教育、环境教育、生命教育、可持续发展教育等就属于强有力的知识，这些应用型、综合型知识，对学生个体的成长和发展有极为重要的价值。地理学不仅研究自然，还研究自然与人类的关系，所以离开"人"的因素的地理教学是不全面的。地理学科在不断发展更新中，地理知识具有较强的创新性和批判性特征，要把批判理论和教育学理论结合起来，开辟新的研究方向。高中教师对地理的认知是一种强有力知识，教师要引导学生立足地理视角去认识世界，带领学生探讨地理现象，培养理性思维和可持续发展理念，鼓励学生批判性思考，无形中塑造了学生的世界观。

课程实施中的问题 | 2019-09-18,星期三

当前,在课程实施中还存在一些问题。比如,引领课程改革的主体性和主动性不强,一些学校不同程度地忽视学校课程体系建设和课堂教学实施过程,缺少以课程为抓手推动学校改革与发展的内在动力。一些学校没有组织教师进行有效的课程研究和开发,缺乏把办学理念、培养目标、课程体系等进行整体设计的能力,缺乏通过研究、编制、实施、评价等过程持续完善课程的能力。有的学校在编制课程规划时只是做些简单的拼接,学校的办学理念和思想基本趋同,难以体现各校特色;校本课程建设只是在原有基础上做加法,缺少内在的联系与整合。这些问题的存在直接导致国家课程的校本化实施和学校课程建设的"变形",需要我们重视并研究解决。

课程建设的主体 | 2019-09-19,星期四

在学校课程建设和实施的过程中,校长起着重要的引领作用。学校课程规划、特色课程开发、课程文化创建、课堂教学改进等,都需要校长大力倡导和推动。如果校长对课程建设知之甚少或漠不关心,那么学校课程建设就难以开展。当然,课程建设是团队行为,每个教师都是重要建构者,都可为课程建设和课程品质提升贡献自己的智慧。校长要调动所有教师参与的积极性,提高教师的课程规划、课程研究和课程实施能力。某一地区、某一学校课程实施水平的高低,取决于教师这一主体性要素,尤其是教师专业素养和综合素质的高低。在课程改革的启动阶段,教师的参与程度决定着课程改革的进程;在课程改革的深化阶段,教师的自主性和创造性决定着课程改革的深入。所以课程规划建设要始终关注教师专业发展,关注教师综合素养的提升,关注教师在课程实施中的主动性、能动性和创造性的发挥。同时,学校课程规划也是民主决策的过程,需要学校、教师、学生及家长等广泛参与和交流。只有这样,学校的课程建设才能逐渐走向完善。

提升教科书研究水平 | 2019-09-24,星期二

教科书是时代发展的影子。教科书研究是教育研究的基础工程,地理

学科研究领域也不例外。但目前有关地理教科书的研究成果比较少,《中学地理教学参考》《地理教学》等地理教育领域重点期刊中关于教科书研究的文献收录较少。实际上,地理教科书研究与地理教学理论研究、教学实践研究、地理信息技术运用研究等同等重要,而目前的地理教科书研究集中于教材文本微观的、现象的实践研究,缺乏对地理教科书宏观研究的把握,研究方法也具有微观局限性。地理教科书研究是地理教学实践的需要,中学地理教学实践中的教学内容、教学方法、教学理念的发展依赖于教科书的思想和方法引领。这就对地理教科书研究提出了新的要求,只有思想上提高对其重要性的认识,才能有效推动地理教科书研究的深入开展。

构建人类命运共同体 | 2019-10-18,星期五

习近平总书记强调,我们要与世界各国人民同心协力,构建人类命运共同体,建设持久和平、普遍安全、共同繁荣、开放包容、清洁美丽的世界。这反映了人类社会共同价值追求,符合中国人民和世界人民的根本利益。国际社会要从伙伴关系、安全格局、经济发展、文明交流、生态建设等方面作出努力,主要是:坚持对话协商,建设一个持久和平的世界;坚持共建共享,建设一个普遍安全的世界;坚持合作共赢,建设一个共同繁荣的世界;坚持交流互鉴,建设一个开放包容的世界;坚持绿色低碳,建设一个清洁美丽的世界。作为地理教育工作者,我们要认真学习习近平总书记关于人类命运共同体的理论阐述,深刻领悟人类命运共同体理论的时代价值,既要脚踏实地做好日常教育教学工作,立德树人、教书育人,又要胸怀祖国,放眼世界,把握时代潮流发展大势,始终做人类命运共同体的建设者、维护者和宣传者,为中华民族的伟大复兴、为建设更加美好的世界做出我们应有的贡献。

旅游热点城市的变化 | 2019-10-30,星期三

过去很长一段时间,每逢节假日,桂林、三亚、厦门、丽江等往往是旅游最热的城市,然而近年来,它们的热度已经明显被重庆、成都、西安、杭州、长沙、广州等大城市超过。数据显示,2019年国庆长假,重庆以3859.61万人次接待量成为全国接待游客最多的城市。成都也当仁不让,在全国旅游

热点城市中,成都的旅游总收入、游客增幅、人均消费等均处在领先位置。大都市旅游为何日趋火热?第一,旅游形式的变化。过去人们出游主要选择较大的、著名的景点,这是旅游的初期阶段,而发展至今,体验式旅游越来越多,很多人到一座城市去,主要是为了体验与自己所在城市不同的饮食、文化、生活习惯、城市面貌等,而不再是单纯的景点游了。第二,网络平台传播也是巨大的助推力。重庆、成都、西安、长沙等城市的美食近年来通过视频网络的传播,吸引了无数的年轻人前往"打卡"体验。不仅是美食,很多都市景区、特色街区通过网络平台传播,也成为年轻人"打卡"的胜地。第三,交通的便利性也是大都市吸引游客的一大要素。近年来,高铁、城际轨道网络日益完善,周边地区城市的消费进一步涌向中心大都市。

危机四伏的现代农业 | 2019-11-13,星期三

20世纪90年代以后,全球极端高温事件和极端强降水事件明显增多,冰冻圈消融加速,气候风险等级不断上升。光、热、水等气候资源的长期变化,对农业种植产生了重大影响。在过去30多年间,气温上升导致中国农作物多熟制可能种植的北界向北、向西移动,使得很多原先一年一熟的种植地区具备了一年两熟的热量条件。研究表明,如果原先一年一熟的地区变为一年两熟或一年两熟地区变为一年三熟,全国小麦、玉米、水稻的产量可能增加3%。这似乎可以看作气候变化带给中国农业的一个潜在机遇。近年来青藏高原雪线上升,融雪增加,青海湖水位持续上升。但随着冰川储存耗尽,水供应将不断缩减,这一环境危机会超过"暖湿化"理论上带给农业的好处。2019年9月,联合国政府间气候变化专门委员会(IPCC)发布《气候变化与土地》报告,第一次将气候变化与土地联系起来,提出土地状况变化可以对数百公里外的气温和降雨产生影响。不当的土地使用和管理方式,如为提高粮食产量而进行的耕地扩张,挤占了林业用地,造成土地退化,进一步加剧全球变暖,如此便形成了恶性循环。

改变低能力预判行为 | 2019-11-15,星期五

地理学具有自然科学与人文科学的双重属性,对学生分析与理解能力提出了较高要求。但从地理教学中,可窥见当前学校教育中的能力培育状

况不容乐观,部分教师对学生学习探索能力的信任度不足,对学生自主发展存有疑虑。为保证教学顺利进行,部分教师更倾向于把知识完整地传授给学生,忽略了课堂教学中对学生自主学习能力的培养。有些教师因为对学生的低能力预判行为,遇到问题时,为保证教学的"高效"而放弃对学生思维的引导,长此以往学生难免会失去对地理学科的兴趣。生硬的课堂氛围难以促进学生主动思考、自主学习,学生也会对教师的专业素养产生怀疑,从而削弱了授课效果。因此,教师要改变对学生的低能力预判行为,引导学生主动参与,提高学生学习积极性,培养学生自主学习的能力。

研学旅行为何难以落实 | 2019-11-20,星期三

自教育部等11部门联合发布推进中小学生研学旅行的文件以来,各地研学旅行方兴未艾,取得了一批有益成果。但同时也应看到,研学旅行在落实过程中还存在不少问题,主要表现在:一是中小学校对研学旅行不够重视,没有做到常态化开展。在高中阶段,高一学生参加社会实践基地活动外,能再组织两次研学旅行就不错了,而高二忙于学业水平测试,进行研学旅行的机会就很少了,高三面临高考,研学旅行基本无望。有校长认为,研学旅行对学校办学质量和社会声誉影响不大,还可能会影响正常教学,加上存在安全风险,学校存有顾虑。二是教师对研学旅行积极性并不高。学校对教师的评估,主要看教学成绩,研学旅行搞得再好,教学抓不出成绩也不行。同时,组织研学旅行需要花费较多时间和精力,这比上课任务重多了,所以不少教师对研学旅行热情不高。三是研学旅行未能与学科教学有机融合。一些学校的学科教学与研学旅行完全孤立,存在"学而不行""旅而不研"的现象。实际上,研学旅行要与教学内容衔接互补,研学选题必须与教学内容相关联,目标明确。

实现伟大梦想 进行伟大斗争 | 2019-11-27,星期三

社会是在矛盾中发展的,事业是在斗争中前进的。中国共产党领导中国人民从革命到建设再到改革开放所取得的一切成就,可以说都是在斗争中取得的。今天,我们面对世情国情的深刻复杂变化,正在进行具有新的历史特点的伟大斗争。从世情看,20世纪80年代末90年代初,苏联、东欧

剧变,世界社会主义遭遇严重挫折;2008年国际金融危机对全球产生重大影响,世界进入大变革大调整时期,而中国人民在中国共产党领导下经过艰辛探索,成功开辟出中国特色社会主义道路。从国情看,经过改革开放,我国经济社会发展取得举世瞩目的成就,同时改革进入攻坚期和深水区,新情况、新问题、新挑战不断出现,需要我们去应对和化解。我们进行的是历史上从未有过的伟大斗争,我们必须以高度的理论清醒、顽强的斗争精神、高超的斗争本领,投身这场具有新的历史特点的伟大斗争。

新型工业化的趋势 ｜ 2019-12-26,星期四

自工业革命以来,工业发展经历了机械化、电气化、自动化、智能化等不同阶段,目前呈现出一些新的趋势,值得我们关注。一是产业范式向创新发展转变。新型工业化强调依靠创新和技术进步推动产业链提升和价值链升级。智能制造、智能服务正在成为全球传统工业和制造业转型升级的主要方向,智能制造和个性化定制将使许多行业规模经济失去优势,一个国家越来越难以依靠自然资源和劳动力资源优势实现工业化和现代化。二是平台经济成为新的产业组织形态。无论是生产领域还是消费领域都在进入平台革命时代,一些国家或企业提出数字经济与制造业深度融合的新概念,如德国的"工业4.0"、美国通用电气公司等提出的工业互联网。平台经济更强调制造与服务的融合,服务型制造成为新趋势。三是绿色发展成为新的战略任务。新型工业化不仅仅是工业、制造业部门内部的事情,更涉及生产要素、资源环境与生产方式的系统性、整体性变革。历史上每次工业革命都没解决好绿色发展问题,"先污染、后治理"成了常态。今天我们不能重走这条老路,绿色发展、可持续发展将成为新型工业化的必然选择。

问题分析的切入点 ｜ 2020-01-14,星期二

盐城市高三地理第一次模拟考试卷中有两道题目引起了我的注意。原题如下:

下图为阴山山脉不同地段植被垂直分布示意图。读图完成下面小题。

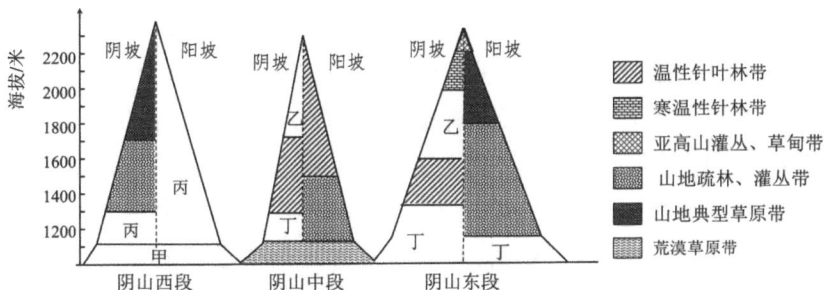

阴山山脉不同地段植被垂直分布示意图

1. 甲、乙、丙、丁对应的自然带,正确的是( )

A. 甲——草原化荒漠带　　　　B. 乙——山地荒漠草原带

C. 丙——典型草原带　　　　　D. 丁——落叶阔叶林带

2. 阴山东段不同坡向自然带差异,最可能的原因是( )

A. 阳坡热量高　　　　　　　　B. 阴坡湿度大

C. 阳坡降水多　　　　　　　　D. 阴坡坡度小

此题结合实例,考查学生对水平地域分异规律和垂直地域分异规律的理解,难度较大。解决此类问题,学生要理解垂直地域分异规律的两个特征:山麓自然带与当地的自然带一致,垂直地域分异与从赤道到两极的地域分异具有一定相似性,并在实际情境中能灵活应用。第1题,甲地处阴山西段,离海洋较远,而山麓的自然带应与当地自然带一致,中段山麓自然带为荒漠草原带,则甲应是草原化荒漠带,A正确。乙分别处于阴山中段和西段的阴坡,水汽蒸发量小,植被类型应为落叶阔叶林带;丙地处阴山西段,在阳坡一侧分布很高,由于降水量少,蒸发量大,因此丙为山地草原荒漠带;丁地处东段山麓,获取的海洋水汽相对较多,当地草原广布,所以丁为典型草原带。第2题,阴山东段阳坡植被类型少,阴坡植被类型多样,其自然带差异主要由于当地属半干旱气候区,阳坡的蒸发量大于阴坡,阴坡水汽较多,而且不易散开,B正确。

期盼"全面禁塑"　|　2020-02-11,星期二

一次性塑料在日常生活中使用十分广泛,其带来的"白色污染"也愈发严重。学生对"限塑令"早已熟知,但是经过观察,大家发现很多超市、饭店等仍在为顾客免费提供一次性塑料袋、一次性杯具等。有同学说,在学校周边超市买菜,塑料袋随便拿。可见,"限塑令"执行情况并不理想。2018

年世界环境日以塑料污染治理为主题,2019年3月,第四届联合国环境大会首次将一次性塑料污染列为重点防治领域,鼓励各国从全生命周期角度消除微塑料的环境影响。大家在讨论中认为,应尽可能提高一次性塑料的重复利用率,变废为宝,加强一次性塑料的回收和资源化。通过宣传教育,推动民众形成绿色消费观念,主动采取行动减少一次性塑料的使用。相关部门应尽快制定禁止生产、销售、使用一次性不可降解塑料制品名录,不断扩大清单,逐步从"限塑"到"部分禁塑"再到实现"全面禁塑"。

最好的课程 ┃ 2020-02-25,星期二

最近了解了武汉金银潭医院党委副书记、院长张定宇医生的故事,我久久不能平静。当生命进入倒计时,妻子被感染的情况下,张定宇医生仍然坚守在抗击疫情最前沿。记者采访他时,他已经奋战了30余天。他用"渐冻"的生命,托起了患者的信心与希望。"我必须跑得更快,才能跑赢时间;我必须跑得更快,才能从病毒手里抢回更多病人。"他说。这些天里,中央媒体推出抗击疫情的专题报道,许多英雄人物的事迹感动了无数中国人!难道这不是最好的课程、最好的教材吗?相比学科教学,这样的教育契机实在弥足珍贵!教育工作者要有职业的敏锐感,加快这门特别的"抗击疫情"课程的建设,教育引导青少年向在疫情防控攻坚战中涌现出的英雄人物学习,感悟中国人民伟大的爱国精神、团结精神和奋斗精神,构筑起中华民族共有的精神家园。这是我们教育工作者应有的责任担当。

向英雄学习 ┃ 2020-03-23,星期一

随着疫情形势好转,武汉方舱医院陆续休舱,全国各地援鄂援汉医疗队陆续返程,各地纷纷以最高礼遇迎接英雄回家。在湖北各地,当地民众用夹道送行等方式感谢英雄、送别英雄等方面,令人感动不已。疫情中,像钟南山这样的科学家、数以万计的医护工作人员、闻令而动的解放军,在危急关头挺身而出,为我们筑起了疫情防控的血肉长城,他们是最耀眼的英雄,是最值得青少年崇敬的偶像。这次疫情是新中国成立以来影响深远的一次公共卫生事件,对经济社会秩序造成了巨大冲击,中小学生不得不延迟开学、居家学习。疫情对他们的学习生活影响很大,对他们的心灵也造

成了很深的触动。此时,因势利导帮助青少年树立正确的价值观恰逢其时。我们通过更广泛地宣讲抗疫英雄们的事迹,引导广大青少年认识英雄、崇敬英雄、学习英雄,能获得良好的教育效果。

气候变化鹤先知 ｜ 2020-04-10,星期五

有研究结果表明,最近几年,一些水禽越冬地明显出现偏移。以灰鹤为例,过去迁徙至我国的灰鹤越冬地主要分布在长江以南,以及江西、贵州、云南等地,但近年来频繁发现灰鹤在新疆塔里木盆地周围越冬。这些新出现的越冬地距离相较于传统越冬地大大向北偏移(直线距离1800~2100千米,纬度相差8~12度)。在欧洲也出现了类似的情况,繁殖地与越冬地之间距离缩短,这与全球气候变化密切相关。灰鹤种群数量增长主要与以下几方面因素有关:①气候因素。近几年冬季气候变暖,极寒天气减少,灰鹤生存范围扩大,越冬地大幅向北偏移。②水源因素。河流冬季结冰减少,成了灰鹤良好的栖息地,水资源丰富,水质良好。③食物因素。农作物收割由传统手工操作转变为机械化收割,遗落在农田的粮食颗粒增加,吸引灰鹤前来寻食。④安全因素。当地居民很少有捕猎和投毒现象,灰鹤生存环境大为改善。

更新教材 ｜ 2020-04-15,星期三

2020年春发生的疫情,是新中国成立以来在我国发生的传播速度最快、感染范围最广、防控难度最大的一次重大突发公共卫生事件。经过艰苦努力,目前疫情防控形势逐渐向好。这场突如其来的疫情,对社会经济生活秩序造成严重的冲击。我们需要反思:广大公众对传染性疾病缺乏必要的认知和防范,甚至有人在思想上就没有把疫情当回事儿。其重要原因之一是在基础教育中,公共卫生方面的教育缺失。公共卫生方面教育的缺失,与其他学科的脱节,致使公民公共卫生教育方面知识薄弱,不利于公民整体素质的提高。亡羊补牢,犹未晚也,我们需要及时更新教材,在基础教育中普及公共卫生相关知识,让公共卫生教育走进课堂。同时,要优化公共卫生教育相关课程的师资队伍,提高教师的疾病防范素养,切实提高卫生和传染病防范教育水平。除此之外,还要重视健康意识的培养,引导学

生学习公共卫生医学知识,开展相关实践活动,鼓励学生积极参加校内外实践活动,将所学知识应用于实践。

研究新高考命题 | 2020-04-24,星期五

高考是人才选拔的核心环节,高考试题的命题研究是长期的热点。2020年北京、天津、山东、海南四省市继上海、浙江之后进入新高考行列,2021年还有包括江苏在内的八个省份也将进行新高考,可以预知新高考试题的命题势必会成为研究热潮。地理高考试题如何指向立德树人育人价值,如何实现地理核心素养的考查目标,如何依据学业质量水平标准命制合理的试题,将是地理新高考研究的关键问题。作为中学地理教师,研究新高考试题的命题是大有裨益的。教师可以结合自己的教学实践和观察思考,一方面对近些年本省高考试题进行回顾和评析,分析其特点,并对不同省份的高考地理试题进行比较研究;另一方面,对今后新高考地理试题命制提出自己的想法和建议,还可以尝试命制新高考地理试题,并积极把探索和积累的成果向专业报刊投稿。教师开展新高考命题研究,对提高自己的教育理论水平以及更好地从事教学实践是大有裨益的。

地图三要素 | 2020-04-28,星期二

地图是地理学习最基本、最常用的工具,其中方向、比例尺、图例和注记是绘制地图时必须考虑的要素。在教学中很多地理教师常将方向、比例尺、图例和注记称为"地图三要素",这个表述准确吗?高等院校测绘课程系列规划教材《地图学》中明确解释了"地图三要素",即地图一般包括数学要素、地理要素、辅助要素三大要素。数学要素一般包括地图投影、坐标网、比例尺等;地理要素是地图的主要组成部分,包括自然地理要素(水系、植被、地貌等)和社会经济要素(交通网、居民地、境界线等);辅助要素是指在地图四周对地图内容起辅助说明作用的文字图表或工具,如图名、图例、注记、方向标、比例尺等。从这个解释中可以看出,数学要素、地理要素、辅助要素囊括了地图上所有的必要内容,缺一不可,将其称为"地图三要素"更为准确。在初高中地理教学中,如果把方向、比例尺、图例和注记称为"地图三要素",就忽略了"地理要素"这一地图的主体,容易使学生产生认

识误区。方向、比例尺、图例和注记在读图中主要起辅助提示作用,所以将其称为"地图辅助三要素"更为恰当。

用好"基图"迎高考 | 2020-09-03,星期四

上周参加盐城市高三地理教师全员培训会,响水中学于从明老师作了"2021届高三一轮复习策略和建议"的专题讲座,我印象很深。于老师特别提到用好"基图"迎高考,包括日出图、二分二至日图、水循环图、岩石圈物质循环图、全球气候类型图、洋流图等地图,这些"基图"能覆盖高中自然地理主干内容,有提纲挈领的作用。教师在教学中如果能引导学生把这些图看透弄清,并能串联起相关知识,那么学生的解题能力就能得到很大提升。我同意于老师的看法。我记得高二学业水平测试时,每个班都有几个地理考得不理想的学生,如何帮他们弥补短板、尽快提升?我当时给他们进行个别辅导时,也紧紧围绕几张"基图"帮他们梳理知识点,强化关键知识。一个月时间,这些学生的读图和解题能力就得到了提高。高三一轮复习重在打基础、把握要点,复习中牢牢抓住这几张"基图",培养学生读图分析能力,把握地理核心知识,那么复习效果会有很大提升。

坐拥油田却上马核电 | 2020-09-04,星期五

阿拉伯联合酋长国的巴拉卡核电站在今年8月1日正式启动,并将在下半年投入商业运营,这是阿拉伯世界首座核电站。阿联酋拥有丰富的石油和天然气储备,探明储量均居世界第7位。对于阿联酋来说,舍弃廉价的石油天然气资源,转向开发核能,有何考量?根据阿联酋"2021年愿景计划"和"2050年国家能源战略",阿联酋将优先考虑发展核能,促进使用环境友好型能源,在未来30年中不断减少对其他燃料的依赖。从长远来看,阿联酋开发核能不失为明智之举,作为非可再生能源的石油、天然气在未来可能会被耗尽,而开发核能对保证阿联酋长期能源安全和经济发展具有重大战略意义。阿联酋可以借此进入核能开发国家行列,成为新能源技术开发的领先者,助力塑造中东地区科技领袖地位。在新能源领域,除了发展核电,阿联酋还优先发展太阳能。阿联酋水电公司出资建设的德哈夫拉发电站将是世界上最大的太阳能发电厂,总装机容量达20亿瓦。

积累教学素材 | 2020-09-07,星期一

关于日本人口,我们只知道日本人口增长缓慢和人口老龄化现象严重,至于日本人口增长具体状况却并不清楚。今天我在《报刊文摘》上看到了一则新闻,介绍了日本最新的人口增长状况,我摘录下来,在今后的教学中可以应用:当地时间8月5日,日本总务省公布的人口调查结果显示,截至今年1月1日,日本国内人口1.2427亿,比2018年减少50.5046万,减少数为历年最多,也是连续第十一年减少。虽然日本政府在大力推进地方开发,但流向大城市的人口还在不断增加,近半数人口集中在三大城市圈——东京圈、名古屋圈和关西圈,在47个都道府县中,只有东京都、神奈川县和冲绳县的人口出现增长。日本的少子化问题依然严峻,2019年的新生儿数量为86.5234万,首次降至90万以下。加上日本"婴儿潮"时期出生的人口逐渐老龄化,2019年日本的死亡人数达到138.1098万,多方面原因导致日本人口最大降幅的出现。

江苏的自然资源 | 2020-10-12,星期一

江苏省辖江临海,扼淮控湖,全省总面积10.72万平方千米,自然资源较为丰富。拥有国际重要湿地2处,林木覆盖率24%,海岸线全长954千米,自然岸线保有率44.35%。整体地势较为低平,呈"一山两水七分田"的基本特征。土地资源开发程度较高,农用地、建设用地和未利用地占比约为6:2:2,全省耕地保有量516.38万公顷,湿地保有量282万公顷,自然湿地保护率达58.9%。矿产资源种类较多,已发现各类矿产133种,查明储量的有69种,小型矿床较多,大型矿床较少,非金属矿多,金属矿少,人均矿产占有量较少。自然资源作为生存之基、发展之本,在经济社会发展中发挥基础性和保障性作用,统筹推进自然资源保护和利用具有重大意义。

"新北极"正在形成 | 2020-10-20,星期二

挪威的朗伊尔城位于斯瓦尔巴群岛上,地处北纬78°,距离北极点只有1300千米,是世界上距离北极最近的城市。过去这里冰川覆盖率高达60%,如今全球变暖正在对这里产生巨大影响。过去30年来,该岛冬季平

均气温上升了10℃,这对当地整个生态系统造成了破坏。研究显示,长期冻结的北极地区已经开始进入全新的气候系统,其特征是温度上升、冰层融化、降雨天数增加,这三个指标远远超出了以往的观测范围。在极端气候条件下,夏季海冰覆盖面积最迟将在21世纪70年代降至100万平方千米以下,北极"无冰"状态出现的时间将会提前。"新北极"将变得更温暖、更多雨,冰层面积更少。过去常见的动物可能会消失,取而代之的是新迁入的物种,以前常见的用海冰狩猎和捕鱼的场景将不复存在。因此,人类需要立即采取行动来减缓全球气候变暖。

地形与地势 | 2020-10-27,星期二

今天有学生问了我一道问题。他对"地形"和"地势"的概念混淆不清,感觉填哪个都可以。原题如下:

①中南半岛的地形特点是＿＿＿＿＿＿＿＿＿＿＿＿＿＿。

②中南半岛的地势特点是＿＿＿＿＿＿＿＿＿＿＿＿＿＿。

③中南半岛的城市分布特点是＿＿＿＿＿＿＿＿＿＿＿。

地形指的是该区域的地表形态的特征,它一般从海拔、地势变化、地表起伏、典型地貌类型等方面描述。地形按其形态可分为山地、高原、平原、丘陵和盆地五种基本类型,除此之外还有山谷、山脊、鞍部、山顶、陡崖、三角洲、冲积扇等。从图中可以看出,中南半岛的地形特点是北高南低、山河相间、纵列分布,以高原、山地为主。而地势泛指地面高低起伏的状态,它是地形特征的一部分。从图中可以看出,中南半岛的地势特点是北高南低,北部地区山河相间,呈南北纵列分布,南部沿海地区多为平原。中南半岛的城市主要分布在各大河的沿岸平原、河口三角洲和沿海平原一带。

坚持人与自然和谐共生 | 2020-11-05,星期四

生态兴则文明兴。习近平总书记指出:"自然是生命之母,人与自然是生命共同体,人类必须敬畏自然、尊重自然、顺应自然、保护自然。"生态环境是人类生存和发展的根基,生态环境变化直接影响文明兴衰演替。古代埃及、古代巴比伦、古代印度、古代中国四大文明古国均发源于森林茂密、土壤肥沃、水源丰富的地区,而生态环境衰退特别是土地荒漠化导致古代

埃及、古代巴比伦的衰落。我国古代一些地区也有过惨痛教训,河西走廊、黄土高原都曾经水草丰美,由于毁林开荒、乱砍滥伐,致使生态环境受到严重破坏,加剧了经济衰落。历史教训表明,在发展过程中,不能只讲索取不讲投入、只讲发展不讲保护、只讲利用不讲修复。人类对大自然的伤害最终会伤及人类自身,这是无法抗拒的规律。保护自然就是保护人类,人类只有遵循自然规律才能有效防止在开发利用自然上走弯路。

冷静看待"大树进城" | 2020-11-11,星期三

两周前,我让学生利用周末时间调查一下县城的绿化情况。今天课堂上提起了这个话题,有同学说,县城绿化较好,生态环境不错;也有同学说,在新城区看到很多大树,树冠被罩着黑色防晒网,树干被很多棍子撑着,有的树上还挂着营养液。我们就从"大树进城"谈起,大树为什么会进城?首先从生态角度考虑,一棵树苗在城市里生长5—10年才能够长成大树,而大树进城可在短时间内看到城市绿化效果。但从自然规律的角度看,这样不够合理。城市绿化大多会用到苗圃的植物,但苗圃很少种大树,通常移栽的大树都是自然状态下生长的。我和学生讲,树在当地自然环境下生长,一旦被移走,当地的生态肯定受到影响。大树进了城市,它只能在一个非常有限的空间内生长,有的树根裸露到地表,根系难以伸展。绿化作为城市的配套设施,近些年进入了快速发展期,"速食绿化""大树进城"给环境造成的负面影响不可低估。所以,在城市推进绿化建设,还需遵循自然规律,既要有耐心,还要讲究科学,不能搞速成。

百年未有之大变局 | 2020-12-17,星期四

"十四五"时期区别于过去五年规划期的最大不同,就是我国外部环境所面临的"百年未有之大变局"。准确把握这一大变局的丰富内涵和发展趋势,是稳妥应对挑战、抓住战略机遇的前提和基础。具体来看,新一轮科技革命和产业变革是大变局的重要推动力量。当今世界,新一轮科技革命突飞猛进,物质科学、生命科学等领域不断取得重大突破,人工智能、互联网、大数据等新兴技术与传统技术相结合,带动新一轮产业变革,创生出新产业新业态,产业更新换代不断加快,这为高质量发展提供了新的重大机

遇。同时,国际力量对比发生变化,欧美等一些发达国家经济发展陷入低迷,发展活力缺失,而新兴市场和发展中国家整体性崛起,呈现加速发展趋势,国际力量对比正发生近代以来最具革命性的变化。当前经济全球化、世界多极化遭遇逆流,国际经济政治格局变幻不定,全球性危机此起彼伏。2020年春以来疫情全球大流行是加剧百年未有之大变局的催化剂,加剧了国际格局和国际关系的变化,世界陷入二战以来最严重的经济衰退。

乡村的文化力量 ｜ 2021-01-13,星期三

老家在乡村,每隔一段时间,我都会回老家看看。现在农村水、电、路等基础设施条件明显改善,农民生活水平大大提高。乡村文化是乡村振兴的历史源头。乡村文化蕴含的风俗、礼仪、饮食、建筑等精神要素,构成农村独具魅力的人文风景,比如端午节包粽子、立夏煮鸡蛋、七月十五祭祀先人等习俗流传至今。乡村文化是城乡居民的情感依托和精神家园。但我们也要看到,以物质形态存在的乡村文化,如亭台楼阁、路桥围屋等大量减少。盐城地区的村庄很难找到以前的建筑了,大多被拆或被征用,村民和村干部的文化保护意识都比较薄弱,这个情况值得关注。乡村要振兴,传统文化要保护和传承好,物质形态和非物质形态的文化都要兼顾保护,利用和发挥好乡村文化资源优势,如此才能塑造乡村文化的"软实力"。

乡村振兴战略的重要性 ｜ 2021-03-05,星期五

现在的农村基础设施日益完善,村容村貌得到很大改观,农民生活水平在不断提高。但同时农村人口在减少,农村老龄化和村庄空心化现象日益明显。乡村人口减少是工业化、城市化发展的必然趋势,是社会进步的表现,但在我国任何时候都不能忽视了农村,因为我国城市化水平虽然超过了60%,但城乡发展不平衡、农业农村发展不充分问题依然存在。在此背景下提出乡村振兴战略是非常及时、非常重要的,实施乡村振兴战略是关系全面建设社会主义现代化国家的全局性、历史性任务。没有农业农村的现代化,就没有国家的现代化;没有乡村的振兴,就没有中华民族伟大复兴。关注"三农"问题、关注乡村振兴,就是关注人民的幸福、国家的富强,就是关注中华民族的前途和命运。

勿忘生态文明审美教育 ｜ 2021-03-08,星期一

生态文明是人类遵循真、善、美相统一的准则、从事社会实践的产物,是人的本质力量的凝聚和体现。生态文明审美教育是生态文明教育课程内容的重要组成部分,能够使学生认识生态文明美、追求生态文明美、享受生态文明美,也能够使学生更加尊重自然、顺应自然、保护自然,热爱生活。目前在地理教学中,从课程标准到地理教材,很少提及生态文明审美,很多教师忽视了"生态文明审美"的价值,这不利于培养高素质与和谐发展的人。我们要做好学科知识教育,还要加强人文知识教育、生态文明审美教育,让学生知道时代发展不仅需要丰富的科学知识、厚重的人文精神,还需要高尚的审美情趣。坚持对学生进行真、善、美教育,不仅能唤起学生热爱自然和生态的丰富情感,还可以使其核心素养提升到更高层次。

关键能力的考查 ｜ 2021-03-19,星期五

地理学科考查的关键能力包括获取和解读地理信息、描述和阐释地理事物、论证和探讨地理问题等能力。获取和解读地理信息是高考考查的基本能力,是考生解答地理问题的基础,几乎每道高考地理试题都会涉及。近几年高考对学生获取和解读地理信息能力的要求在提高,主要体现在题干信息隐蔽性变强,图幅类型、组合更加多样。考生须将文字信息与图像信息有机结合才能解题,这样的例子很多。描述和阐释地理事物的能力要求考生能够用清晰明了、规范恰当的术语阐明地理事物和现象。例如2020年高考文科综合全国卷I第37题,考查不同时期玄武岩的地貌特征,要求考生逻辑严密、准确清楚地按照先后次序分析不同地形单元的形成过程。论证和探讨地理问题的能力要求考生能根据所学地理知识、方法和原理,结合相关材料论证地理问题,形成自己的判断,这是地理高考中最高层次的能力要求,要求学生具备较强的逻辑思维能力和创新能力。如2020年高考文科综合全国卷I第36题,要求考生论证和说明温带半干旱地区坡地耕作不宜采用顺坡垄的理由。

熟悉新概念 | 2021-03-25,星期四

今年全国"两会"期间,政府工作报告中提到的"碳达峰""碳中和"成为热词。何为"碳达峰""碳中和"? 碳达峰是指二氧化碳排放总量在某一个时间点达到历史峰值,之后碳排放总量逐渐回落。碳中和则是指企业、团体或个人在一定时间内直接或间接产生的二氧化碳和温室气体排放总量,通过植树造林、节能减排、产业调整等形式,抵消自身产生的二氧化碳排放量,达到"零排放"。应对气候变化的关键在于"控碳",其必由之路是先实现"碳达峰",后实现"碳中和"。在2020年第七十五届联合国大会上,我国向世界郑重承诺力争在2030年前实现碳达峰,在2060年前实现碳中和。党的十八大以来,我国清洁能源占能源消费总量比重已达23.4%,成就有目共睹,但要实现碳达峰、碳中和目标,依然面临巨大挑战。从碳达峰到碳中和的过渡期,欧美发达国家一般要用50—70年,我国预设目标仅为30年。这意味着中国在应对气候变化行动上需要付出更多的努力,也充分展示了中国的责任担当和为全球气候治理所作的重要贡献。

人地协调观的考查 | 2021-03-26,星期五

人地协调观是地理学科的基本价值观,源于人类对人地关系的正确认识。社会主义核心价值观的渗透要弥合认识来源、共鸣对象和作用方式等方面的特性与差异,遵循"认识孕育情感"的内在逻辑。具体来说,若试题中人与地对立,学生需在审视与反省中领悟正确的人地观念及与之相关联的核心价值,如社会责任感等;若人地协调,则能使学生产生积极共鸣,形成对情境中人类活动的认同感,这为地理现象所联系的共性价值渗透提供了可能。高考试题中核心价值多渗透于"人地关系"和"人地协调"等情境,考查学生对人地关系的认识,引导学生形成正确的人地协调观。例如,2020年高考文科综合全国卷I第44题,要求学生分析高原鼠兔密度对高山草甸生态环境的影响,并提出防控策略,使学生意识到合理的物种数量和生态平衡的重要性,从而树立人地协调观和可持续发展观。

今天我在讲"城镇化"时，遇到这样一个问题：新教材（2019年鲁教版必修二）中对城镇化表现用"非农人口增长速度、产业结构变化、城市数量变化、城市基础设施及公共服务水平"来描述。我对此部分进行分析，学生能够理解。之后我出示了一个案例让学生分析，但学生的回答不够理想。原题如下：

材料一　1985年和2010年珠江三角洲城镇化发展示意图。

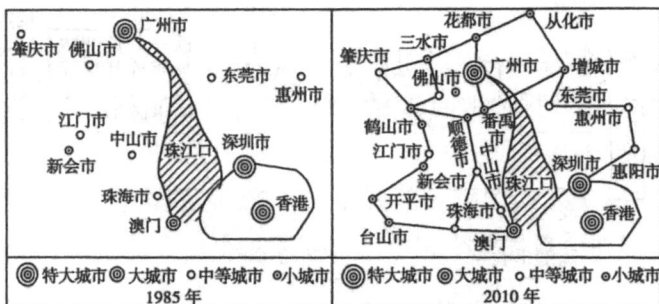

注：图中圆圈大小表示城市规模的大小

材料二　1980—2010年珠江三角洲地区城市人口比重示意图。

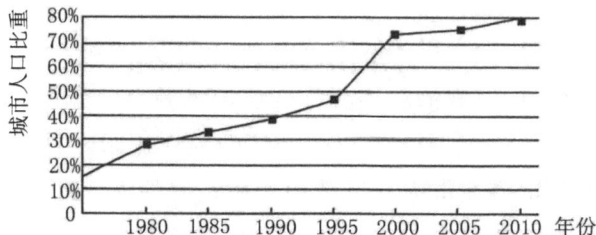

依据"城镇化的表现"知识，结合材料分析珠三角城市化特征。

在2009年鲁教版高中地理必修二中，对城镇化的表现描述得非常清楚，即"城镇人口增加、城镇人口占区域总人口的比例上升、城镇建设用地规模扩大"三个方面。课堂如果从这三个方面分析城镇化的表现，那么此题学生回答起来就很容易了。相比而言，2019年版教材的表述更全面，但理论性较强，学生不易识记和应用，所以此处采用2009年版教材的表述，更通俗易懂，再适当扩展其内涵，效果会更好。在备课时，我们要对新旧版本教材进行比较，选择最合适的表述内容和呈现方式，这样更方便教学。

应对"棘手问题"挑战 ｜ 2021-04-07,星期三

地理学科中的"棘手问题"主要是人与环境的问题,比如气候变化、环境污染、能源危机、地缘政治、水资源管理、生态保护等环境和社会问题,具有高度的不确定性、复杂性和争议性。现有地理课程一般不会明确揭示"棘手问题",但一般都隐含了处理"棘手问题"的知识和方法。地理教育工作者面对讲授"棘手问题"的任务时,就需要发展创新教与学策略。有些学者提倡采用体验式学习和真实性学习来解决问题,他们认为在现实世界开展实地调查、考察能够更好地揭示"棘手问题"的本质。还有些学者倡导跨学科合作,结合科学、人文或艺术的跨学科学习推动"棘手问题"的解决。此外,支架式教学法也被证明是行之有效的教学方法,其中"硬支架"(如培训视频、研讨会等学习材料)和"软支架"(教师与小组成员合作)都能对教学产生积极影响。这些教学策略都值得我们关注和研究。

地理教学与劳动教育 ｜ 2021-04-22,星期四

提到劳动教育,有人认为那是课堂之外的事,是班主任和家长的事,与地理教学无关;也有人认为地理教学与劳动教育有关联,但在教学中从来没有融合过。其实,作为"五育"之一的劳动教育和学科教学不是脱离的,而是紧密结合的。江苏省提出,"十四五"期间基本实现中小学劳动教育课平均每周不少于1课时。这是很有必要的。以劳动教育为支撑实现"五育"并举,是新时代全面育人的重要抓手,也是实施素质教育的必然要求。在地理学科核心素养中,"区域认知"为学生提供劳动的认知空间,"综合思维"为学生提供劳动的思维智慧,"地理实践力"为学生提供劳动的情境体验,而"人地协调观"为学生提供劳动的本真意义。因此,地理教学能够融合劳动教育,引导学生树立正确的劳动观念,感知劳动智慧,弘扬劳动精神;引导学生积极参与地理实践活动,养成劳动习惯,热爱劳动、崇尚劳动、尊重普通劳动者,实现学科知识探究和社会实践体验并行,培养服务他人、服务社会、报效祖国的劳动情怀。

粮食安全的重要性 ｜ 2021-04-28，星期三

粮食安全是国家安全的重要基础，粮食安全与能源安全、金融安全并称为三大经济安全。我国有14多亿人口，解决好吃饭问题始终是治国理政的头等大事。作为教育工作者，我们对此要有清醒认识。新中国成立70多年来，我国粮食生产取得了举世瞩目的巨大成就，用占全球9%的耕地、6%的淡水资源养活了全球近20%的人口，实现了从温饱不足到全面小康的历史性跨越。我国粮食总产量连续多年稳定在6.5亿吨以上，人均占有量高于世界平均水平。尽管粮食连年丰收，储备充足，但不能高枕无忧，粮食安全这根弦一刻都不能放松。随着经济社会发展，我国粮食消费总量刚性增长，稳定发展粮食生产压力较大。粮食安全保障有力，发展大局才有坚实基础。我国是人口大国，对粮食问题，要从战略上看，看得深一点、远一点，什么时候都不能轻言粮食过关了，要居安思危，牢牢掌握粮食安全生产的主动权。

优质试题分析 ｜ 2021-05-06，星期四

本次月考高一地理试卷质量不错，以第9、10题为例进行分析。原题如下：

某种农作物生长期约2个月，前期（1个月）最适宜温度为15℃～18℃，后期（1个月）最适宜温度为12℃～14℃。下图示意种植该作物的甲、乙两地气候资料。据此完成下面小题。

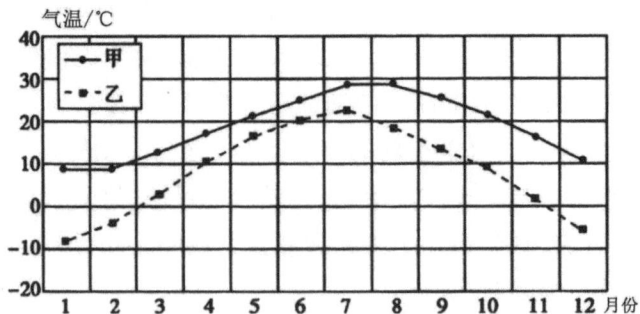

9. 甲地种植该作物的时间最可能是（　）

A. 3—4月　　　B. 5—6月　　　C. 8—9月　　　D. 11—12月

10. 与甲地相比,乙地种植该作物( )

A. 水源丰富　　　B. 病虫害多　　　C. 上市较早　　　D. 离市场近

本题情境来源于农业生产,题目很新颖。由材料可知,该农作物生长期只有2个月,而且前一个月最适宜温度比后一个月最适宜温度要高。图中示意的是甲、乙两地气候资料,根据气温曲线,可判断出甲地符合这一条件的时间只能在11—12月,所以甲地应在11—12月种植最适宜。第10题考查的知识范围广,学生需要具备气候类型、农作物生长、影响农业区位因素等方面知识。首先根据气温曲线可知,乙地各月气温均比甲地低,最低温小于0℃,判断乙地为温带气候类型,而甲地为亚热带气候,乙地降水比甲地少,水源不够丰富,故A错。气温越低,农作物生长越慢,病虫害越少,而市场的远近与气候没有必然联系,故B、D错。与甲地相比,乙地农作物种植时间早,上市比甲早,所以C正确。本组试题较好地考查了学生的读图分析能力。

重要的地理技能 ┃ 2021-05-11,星期二

重要的地理技能包括使用工具获取地理信息的能力、观察发现并获取证据的能力、分析论证地理科学问题的能力、地理生存能力等。使用工具获取地理信息的能力,要求学生能借助图书报刊、新闻媒体、网络等获取地理信息,并进行甄别和筛选;观察发现并获取证据的能力,要求学生具备一定的观察、思考和分析等能力,从地理事象中发现关键地理信息,并进行整合提炼;分析论证地理科学问题的能力,要求学生对地理问题进行分析比较、整理归纳和总结研究,属于较高层次的地理技能;地理生存能力主要是要求学生在恶劣的自然和社会环境下,具备防灾避险、应急逃生、有效救援的能力,这是学生应具备的极重要的地理技能,在教学中不可忽视。培养学生的地理技能是地理教学的重要任务之一,地理技能的培养基于地理知识和生活经验的积累。由于目前地理教学中实验、调查、观测、考察等实践活动开展较少,地理技能培养属于教学薄弱环节,需要我们采取措施予以加强。

二次城镇化加速 ｜ 2021-06-07,星期一

2021年5月11日,第七次全国人口普查结果发布,全国人口141178万人,其中城镇常住人口90199万人,我国城镇率已达63.89%。与此同时,沿海发达地区正在加快"二次城镇化"。相比一次城镇化,人口由乡村到城镇的流动,二次城镇化是人口在城市之间的流动,即由中小城市向中心城市、大都市集聚。东部沿海各省"二次城镇化"呈加速态势,以浙江省为例,2020年末,浙江全省总户籍人口为5069万,从2015年到2020年,浙江户籍人口数量不断攀升,年均增长率为0.8%。而从2020年各市年均增长率来看,温州、杭州、宁波三地年均增长率居全省前三位,远超平均水平。

全面建成小康社会重大意义 ｜ 2021-09-02,星期四

在庆祝中国共产党成立100周年大会上,习近平总书记庄严宣告:"经过全党全国各族人民持续奋斗,我们实现了第一个百年奋斗目标,在中华大地上全面建成了小康社会,历史性地解决了绝对贫困问题,正在意气风发向着全面建成社会主义现代化强国的第二个百年奋斗目标迈进。"全面建成小康社会,是中华民族的光荣,是中国人民的光荣,是中国共产党的光荣!全面建成小康社会,表明我国发展和人民生活水平跃上新的台阶。今天,我国国内生产总值突破100万亿元,经济总量稳居世界第二,人均国内生产总值突破1万美元,正迈向高收入国家行列。我们打赢脱贫攻坚战,近1亿贫困人口实现脱贫,消除了绝对贫困和区域性整体贫困。建成世界上规模最大的社会保障体系,覆盖范围不断扩大,保障水平稳步提高。全面建成小康社会,不仅体现在经济实力、综合国力的跃升上,更体现在给每一个中国人的生活带来实实在在的变化上。"小康梦"是中国梦的阶段性目标,全面建成小康社会,标志着第一个百年奋斗目标圆满完成,为实现第二个百年奋斗目标奠定了坚实的基础,在中华民族发展史上具有重要里程碑意义。

荒漠发洪水 ｜ 2021-09-06,星期一

今年7月下旬,位于塔克拉玛干沙漠的中国石化西北油田玉奇片区遭

洪水袭击,淹水面积超过300平方公里,油区道路多处冲堤溃坝。7月19日,新疆天山山脉迪娜尔山段发生大暴雨,加上夏季炎热高温使天山积雪融化,两者叠加形成了这场沙漠中的洪水。气候变暖,西北荒漠会变成绿洲吗?其实,目前包括新疆在内的西北地区西部降水量平均每10年增加约10毫米,当前降水量没有超过20世纪初的水平,所以不应过分夸大气候变暖的影响。近年来西北一些地区绿洲增加,一些断流河道下游过水、湖泊"复活",主要是近20年人工生态输水所致,并非当地气候改变、降水增加。如塔里木河下游,近些年来实施生态输水20多次,累计输水量达84亿立方米。西北地区对气候变暖的响应更敏感,如1987—2003年与1961—1986年相比,西北地区气温升高了0.7℃,增温速度比全国平均水平快1倍左右。所以针对气候极端化加剧趋势,人们要增强多灾种并防意识,西北地区要坚持抗旱和防汛两手抓,加强综合防灾减灾能力建设。

研究恐龙的意义 | 2021-09-22,星期三

在讲授鲁教版高中地理必修一"地球的演化历程"时,我介绍了地质年代表中各地质年代的时间跨度、标志性事件及代表性物种,提到了中生代标志性物种恐龙的出现、繁盛与灭绝。有学生迷惑了:中生代物种很多,为何要重点研究恐龙呢?恐龙与生物多样性有何关系?学生的问题有典型性,值得探讨。从2亿多年前到6600万年前,地球陆地上的动物以各种各样的恐龙为主,恐龙是我们了解当时地球环境的一个"窗口"。科学研究表明,在恐龙繁盛的年代,地球气候温暖湿润,到处呈现出勃勃生机。那时整个地球是一个协同演化的生命共同体,各物种之间生存关系既有竞争,又有合作,更多的是协同演化。而恐龙为何在中生代末期全部灭绝?科学界还没有形成统一的认识。今天的一些濒危动物从哪里来,又将向何处去?只有充分了解它们的发展演化历史,才能避免失去它们。恐龙的演化史就是一部地球生物多样性的演化史,所以研究恐龙才显得如此重要。

特色农业不能"一哄而上" | 2021-11-01,星期一

在复习"农业的区位选择"时,经常会遇到"对某地农业发展提出合理化建议"之类的问题,答案一般都会有"打造农业特色品牌"的表述,有的教

师就此推而广之,让学生识记这样的"通用"表述,似乎每个地区都可以搞特色农业,这实际上是对特色农业的误解。其实,特色农业并非"一种就灵"。前些年,一些地方打造花木之乡、食用菌之乡等"品牌",刚开始,收益颇丰,可没有完备的产业链支撑,特色产业很快从"极火"到"极冷",吃亏的是跟风的农户。好资源变好产品是个系统工程,不仅要看资源禀赋,更要看产业发展规律。有资源种不好不行,种出来没有现代营销支撑更不行。如果仅仅盯着"种",忽视了加工、销售等环节,难免陷入"种多赚少"的怪圈。培育特色农业非一日之功,要下足功夫,构建产供销环环相扣的产业链,打造完善的现代产业体系。鼓励农民合作社、新型农民等主体带动小农户,搞好技术服务,发挥好龙头企业、电商平台等现代营销主体的作用,畅通市场渠道,让特色产品优质优价,这样的特色农业才能可持续发展。所以,不是每个乡村都适宜发展特色农业,特色农业并非万能,这些要和学生讲清楚。

生物多样性新十年 | 2021-11-11,星期四

2021年10月15日,联合国《生物多样性公约》第十五次缔约方大会(简称"COP15")第一阶段会议在昆明落下帷幕。会议正式通过"昆明宣言"。宣言承诺,确保制定、通过和实施一个有效的"2020年后全球生物多样性框架",以扭转当前生物多样性丧失趋势,并确保最迟在2030年使生物多样性走上恢复之路,进而全面实现人与自然和谐共生的2050年愿景。该框架草案主要目标包括:至少30%的全球陆地和海洋区域,尤其是对生物多样性及其对人类贡献特别重要的区域得到保护;进一步将外来入侵物种的引入率降低50%,并控制或根除这些物种以消除和减少其影响;将流放到环境中的富营养物质至少减少一半,将杀虫剂减少至少三分之二,并消除塑料废物的排放;通过基于自然的方法,每年至少为全球气候变化减缓工作作出相当于减排100亿吨二氧化碳的贡献等。很多发展中国家,如印尼、巴西、中国等有强烈的意愿签署《生物多样性公约》,而资金实力雄厚的国家,却并不是很重视,如美国至今没有签署《生物多样性公约》。同时,在资金、人力投入方面,二者相差很大。统计显示,全球用于生物多样性保护的资金缺口为1030亿—8950亿美元,从现有资金投入来看,缺口平均达7110亿美元。

略谈学科阅读 | 2021-12-08,星期三

学科学习既需要通过听讲、探究来获得知识,也需要通过阅读获得信息、领悟知识,这样才能融会贯通。阅读是一种深度学习,是学科学习的基本能力,每一门学科都离不开阅读。通过对近年来高考试题的分析可以看出,阅读文字量增加和阅读能力的考查不仅体现在语文、英语等学科,其他学科也都有体现。而对核心素养的考查,要求有更多基于真实情境设计的题目,应对这些试题都需要良好的阅读能力作为支撑。从长远看,学生缺乏阅读,其智力潜能就难以开发,学科兴趣也很难培养和维持。在学生毕业以后,如果没有一定的阅读能力,资料分析与论文写作也将面临极大困难,还谈何创新型人才培养?阅读是综合性学习能力,它指向的就是学生的核心素养。加强学科阅读应该成为当前教学改进的一个着力点,要全面提高学生的阅读能力和阅读素养,激发学生的好奇心和求知欲,拓宽学科视野。

中国精神融入地理教学 | 2021-12-13,星期一

高中地理课程涉及我国地形地貌、能源资源、自然灾害、人口、城乡发展、产业发展、交通布局、国家战略等关乎家国情怀的内容。但目前地理教学中,教师较少涉及国情教育内容,不太注重培育学生家国情怀。究其原因,主要是"考试不考""难以实施"。其实,地理教学承担着立德树人的根本任务,要引导培育学生正确的世界观、人生观和价值观。仅以知识、技能为目标的教学有悖于核心素养培育要求,也不符合新时期课程改革的发展趋势。高中地理课程蕴含着丰富的中国精神元素,如长征精神、北大荒精神、大庆精神、抗洪精神、抗震救灾精神、载人航天精神、青藏铁路精神等,将中国精神元素与地理教学相融合,不仅能推动学科核心素养的培育,还能培养担当中华民族伟大复兴使命的建设者和接班人。地理教师应基于课程标准,对教材进行"二次开发",充分利用教材已有的情景化案例,及时添加彰显中国精神元素的素材,创设教学情境,以实现智育与德育的有机统一。

学习贯彻新发展理念 | 2021-12-20，星期一

习近平总书记提出，"必须牢固树立并切实贯彻创新、协调、绿色、开放、共享的发展理念"，并强调"这是关系我国发展全局的一场深刻变革"。发展是党执政兴国的第一要务，是国家民族存续的根本。但是要实现什么样的发展、怎样实现发展，则离不开正确理念的引领。党的十八大以来，以习近平同志为核心的党中央深刻总结国内外发展经验教训，科学分析国内外发展大势，创造性地提出"创新、协调、绿色、开放、共享"的新发展理念。我国经济从高速增长阶段向高质量发展阶段转型的时期，经济发展平衡性、协调性、可持续性明显增强，稳居世界第二大经济体。特别是近两年，在世界多数国家受到疫情冲击的情况下，我国经济发展仍然交出了令人满意的答卷。在新发展理念的引领下，我国的经济实力、科技实力、综合国力都跃上了新台阶。我们要全面学习贯彻新发展理念，加快构建新发展格局，加快实现科技自立自强，推动高质量发展，就一定能在激烈的国际竞争中把握主动、赢得未来。

普及资源和人口意识教育 | 2021-12-28，星期二

在日趋严峻的资源危机面前，要唤起人们的忧患意识，在生产活动中既要考虑自身、局部、当前的利益，又要考虑他人、全局、长远的利益。随着人口的增加，生产力水平不断提高，对自然资源的需求不断增多，而自然资源尤其是不可再生资源却不断减少。在教学中要让学生形成一种资源利用的有限意识、有价意识，对大自然的"恩赐"不能无偿使用，真正走资源节约型的生活和发展之路。我国是人口众多、资源相对贫乏的大国。人是物质财富的创造者，又是自然资源的耗费者和生态环境的损害者。人口数量要与资源的承载能力、环境的修复能力相适应。人口增长过快不利于资源、环境、生态系统的保护，必然导致资源短缺、环境恶化、生态系统紊乱。今天的青少年是明天的生育大军，也是今后社会的建设者，对他们进行人口意识教育，有助于青少年形成科学的人口观念。

江苏地震频繁吗 | 2021-12-30，星期四

近一段时间，江苏地区发生了多次地震。11月17日，盐城市大丰区海域发生5.1级地震，震源深度17公里。11月23日，淮安市淮阴区先后发生2.4级和1.2级地震。12月8日，大丰区海域又发生一次3.8级地震。12月22日，常州市天宁区发生4.2级地震，为1991年常熟5.1级地震以来苏南最强地震。12月24日，苏州市姑苏区发生1.0级地震，震源深度8公里。而今天12时14分，淮安市淮阴区发生1.0级地震，震源深度11公里。45天内，江苏已发生7次地震。有人担忧：江苏地震是否变频繁了？其实，发生在江苏地区的这几次地震均为中小地震，在正常范围内，相互关联性小。盐城海域位于郯庐地震带，4级、5级地震不算罕见。常州虽然地处平原，但也可能偶尔发生地震，差不多级别的地震在全国其他地方也有可能发生，不必过度担心，中小地震是地球内部能量的正常释放。在江苏这样的"少震区"，有必要加快地震预警的应用，为民众留出逃生避险的时间。目前手机操作系统大多内置地震预警功能，民众应开启这项功能。12月22日常州地震前，中国地震预警网成功预警，给南京市提前25秒预警，给苏州市提前12秒预警，开启预警功能的手机、电视都发出了预警信号。

教材课程反思

163

教师素养反思

对微小事物的仔细观察，就是事业、艺术、科学及生命各方面的成功秘诀。

——史迈尔

一线教师也是专家 | 2018-01-08,星期一

一位老师告诉我,教材中的规律原理再重要,一节课也只能讲两遍,讲多了学生就不愿听了。学生在记录教师的表述时,教师适宜说两遍,再多说就是浪费时间。他的话让我印象深刻,于是,我在课堂上留心观察,果然如此。他的教学经验有参考价值,但不是人人都能认识到的。中小学教师理论功底可能不够丰厚,但在实践中生成的个人教育经验和感悟却极有价值。教学经验在日常教学活动中,正如珍珠散落在砂砾中,不去采撷,难以串成项链。用心把实践经验集结成册,就会是一本鲜活的教学"法宝"。一线教师立足教育教学实践,每天都会面对来自课堂、来自学生的各种各样的问题,只要留心观察、反思研究、总结提升,就能形成富有特色的教育观点和主张。一线教师何尝不是教育专家呢?

"五粮课"——特色课改 | 2018-01-15,星期一

滨海县獐沟中学朱月祥校长应邀来我校作报告,报告的题目是《"五粮课"——一段草根的课改探索》。朱校长结合自己十多年来的教育实践和课改探索经历,用大量鲜活的教育案例向我们讲述了一位农村普通中学校长在教育管理和教学改革方面的奋斗历程。獐沟中学以"五粮课"教学改革为特色,面向全体学生,注重改革的精准性和实效性。朱校长强调,獐沟中学课堂注重追求"三种声音",即掌声、笑声、惊讶声,消灭"三种声音",即打呼声、嬉闹声、训斥声;教师要做到"三有",即目中有人、心中有数、手下有情,注重课堂"三量",即知识量、思维量、活动量;着力提高课堂"三率",即抬头率、举手率、点头率。他的讲座内容丰富、观点新颖、语言平实幽默,令人耳目一新。报告会结束,会场响起热烈掌声,大家为朱校长的实践创新精神和教育追求所感动。我有好长时间没听过这样的讲座了,真的要感谢学校安排,感谢朱校长。

到课堂中去 | 2018-01-22,星期一

在很多学校,教师的课时量并不均衡,有的教师每周有十四五节课,有的教师每周只有四五节课甚至更少。造成这一现象的原因很多,有的是学

科教师搭配不合理,一些学科教师紧缺,分配的课就多,另一些学科教师过剩,分配的课就少。而课时量的多少与教师工资福利关联不大,有些教师就希望少上课,自由时间多一点、轻松一点。人是有懈怠心理的,一旦松散成为习惯,再想勤奋努力就很困难。教书育人是教师的天职,要想做一个好教师、做一个优秀教师,就必须到课堂中去。不上课是教师最大的损失!离开课堂、离开学生,还能称之为教师吗?在课堂上,每个教学环节的实施,都带有鲜明的个性化特征,每个学生的认知都迥然不同,只有在课堂教学中才能感悟"教"与"学"的千变万化和无穷奥妙。正因如此,课堂才是教师生长、发展的地方。我们要到课堂中去,在课堂中发现差别、生成智慧!

突破"思维栅栏" | 2018-02-27,星期二

在一些农村学校,有些教师工作认真,对教育发展前景充满期待,但是面对眼前的学生又总是失去信心:不爱学习、拖拉懒散、调皮捣蛋……这些学生怎么教?他们能学好吗?教师为此陷入思维定式,对教学失去信心,对学生缺乏热情。奥地利作家霍夫曼斯塔尔说:"陌生阻止你认识陌生的事物,熟悉妨碍你理解熟悉的事物。"阻碍我们成功的,不是我们未知的东西,而是我们已知的东西。每个人都会有自身携带的"栅栏",若能及时从中走出来,是一种可贵的醒悟。要从"栅栏"中走出来,首先,要保持思维的自由状态,突破常规思维。农村学生虽然文化基础相对薄弱,但可塑性很强,只是我们一时没有找准教育路径。其次,对日常工作和生活保持开放、积极的心态,持成败皆为收获的态度,多总结、多反思;对现实世界的人与事,持平视、平等的心态。这样,我们会克服内在的消极因素,形成创新实干的心理品质。

坚持"查漏补缺" | 2018-03-02,星期五

有的教师教学水平高,在各级优质课评比中多次获奖,可就是拿不出一篇有分量的教学论文;有的教师发表的教学论文数量较多,可教学水平难以提升;有的教师擅长教育管理,兴趣爱好广泛,却对主持教育课题望而却步。不用说,这些短板制约了他们专业的进一步发展。作为教师,应尽可能让自己全面发展,不能只顾着发展自己喜爱的领域。为此,教师要学

会认识自我,既要知道自己的强项和优势,也要清楚自己的弱项和劣势。"当局者迷,旁观者清",教师需要多听听同事对自己的评价,自觉对照教师专业发展要求,制订好修补短板的计划,采取切实可行的举措,勇于自我革命,坚持不懈地积极行动,拾级而上,不断实现一个个小目标,就能不断前进。或许一个月、一个学期,你没发现自己进步多少,但只要坚持不懈、勇往直前,三五年后一定会提升很多。

教学反思的理论背景 | 2018-03-06,星期二

反思并不是新思想,早在1933年教育家杜威就曾提到过反思性教学,但直到20世纪80年代,这一概念才被教育工作者和研究者广泛使用。教学反思有其理论背景,教师对教学的理解中包含两种不同的理论成分:"所倡导的理论"和"所采用的理论"。在实际教学中,这两种理论往往并不一致。教师通过学习和培训可能接受了某种理论,并支持和倡导这种理论,但在自己的教学过程中可能采用完全不同的理论,即"所采用的理论",所以学习和培训不一定能达到改进教学的目的。另外,教学中还常出现教师的行为效果与预期结果不一致的情况,例如,学生学不好,教师多上几节课来弥补,但结果依然不理想,这种不一致常常被教师所忽视。所以教学反思的一个重要作用就在于使教师发现和分析这种不一致,从而有针对性地改进教学。

教师研究成果的表达 | 2018-03-27,星期二

教师实践研究不是为了寻求理论的突破,而是为了求得教学实践的改进和素养的提升,研究成果的表达应该有与此相匹配的方向。当然,教师研究成果需要有个人行为的改进来验证,那些连研究者自己都不理解、用不了的东西,也不会令别人信服。教师表达自己的研究成果,有如下基本要求:一是说真话,即文中的观点应是自己内心认同的。二是说自己的话,即用适合自己的表达方式加以表述,不必刻意模仿专业理论工作者的论文、研究报告的表达方法。说自己的话,既容易表达,也更吸引人。三是说实在的话,即不讲套话、空话,不需要每篇文章都从国际、国内、古代、当代谈起,重复一些人所共知的大道理。四是说经过加工提炼的话,即观点鲜

明、论据充分,有一定深度的理性思考,阐述条理清晰、逻辑性较强。

做好协同教研 | 2018-03-28,星期三

有教师曾梳理小学语文学科中与其他学科发生联系的内容和知识,发现竟然有30%的内容与其他学科相关联,如语文课中的"火烧云"与美术课中的"暖色",语文课中的"太阳"与科学课中的"地球、月球和太阳",等等。小学如此,高中学科间又如何呢? 如果把高中各学科教材放在一起梳理,我们会发现相当一部分内容相互关联、交叉,比如地理教材中的"地球的运动"与物理教材中的"开普勒三大定律",地理教材中的"地理环境的整体性"与生物教材中的"生态系统的物质循环",等等。如何看待这些关联、交叉的内容? 有教师认为学科间教学内容重复,造成课堂教学效率低下,应该删除重复内容。但我认为,学科间内容出现交叉是必然的,因为很多自然、人文现象的解释会涉及多个学科,而且未来融合的趋势还会增强。这就需要建立不同学科教师间协同教研的机制。教师首先要对相关学科中的交叉内容学懂研透,然后针对课堂上不同学科侧重讲什么、讲到什么程度,可以交流探讨。不同学科知识的展示、讲解方式各有特色,又相互关联,教师间协同教研机制可以加深学生记忆,提高学习效果。

做有个性的教师 | 2018-04-11,星期三

从小到大,教过我的老师很多,有的老师令我印象深刻。初中教数学的陈老师上课常说"只要动脑筋,数学大门就打开了",几乎每节课都能听到他这样说;教语文的周老师还教我们太极拳;高中教物理的陈老师常说"你们总要有机会看看国家级试卷吧"。这些老师个性鲜明,说话很幽默,学生自然愿意听。有的老师我就没有印象了,他们教得也不差,但因为他们不太关注学生的感受,讲得多,大量知识的堆积,学生也"消化"不了。这些老师对学生实际帮助少,毕业后学生很快就忘记了他们。所以,优秀教师的优秀之处不在于在课堂上讲的内容多,而在于其总能抓住学生的关切点,吸引学生的注意力。他们更富有人情味,能及时帮助学生解决一些实际困难,因而学生更愿意听他们的课,更感谢他们。

"懒"教师与"勤"学生 | 2018-04-17,星期二

课堂上教师要学会"偷懒",教师"懒"一点,学生可能会"勤"一点。比如,在地理课的新授环节,教师如果只讲不问,或自问自答,问题分析似乎很顺畅,节奏也快,但实际上可能很多内容学生并不理解。有的学生只是听着教师讲,根本就没有思考,教师讲多了,他们反而会走神,教学效果可想而知。但有的教师上课,学生就很难走神、打瞌睡,因为这些教师善于"设疑追问",学生不回答,他不会轻易说出答案,而且他们还不断督促其他同学参与。教师适时地质疑和提问,能使学生较长时间处于思考的状态,知识理解和掌握程度自然提高。一名"懒"教师能培养一班"勤"学生,而一名"勤"教师,则可能会带出一班"懒"学生。课堂教学质量的好坏,不在于教师"讲"多少,而在于学生"听"多少、"学"多少。如果课堂上学生都在看、在听、在思考,那教师的讲都是有价值的。相反,如果学生不听,教师讲得再多、再精彩,也只是在浪费时间。

教师职业的特殊性 | 2018-04-25,星期三

中小学教师职业的特殊性与其所承担的重要职责有关,使教育成为一项既细碎繁琐又极具创造性的劳动。一方面,教师承担系列教育教学活动,必须为此付出大量努力,这就决定了教师工作实际上没有明确的时间和空间限制;另一方面,由于教育本身是一项周期较长且需要教师集体努力才能完成的事业,教育效果相对滞后,成果归属也较为模糊。单一依靠学生学业成绩为标准的量化管理,方便了人们对教学效果的检测,却忽略了对教师整体教学过程的系统性、深入性关注。这不仅无法体现教师工作的内在特质与价值,而且可能会使教师工作越来越急功近利,与教育本质相背离。因此,转变量化管理模式、凸显并遵循教师职业的特殊性,为其回归教书育人本质提供良好氛围与支持措施,是教师管理体制改革和促进其工作科学化、规范化的着力点。

和风细雨式改善 | 2018-05-02,星期三

在事物的发展过程中,有人认为"暴风骤雨式革命"更快、更显著,而对

"和风细雨式改善"往往不屑一顾。实际上,有序稳步发展才是事物发展的常态,才是真正的力量所在。在"革命"和"改善"中,教师的发展方式更应是后者。教师的工作是长期而平凡的工作,从"工序流程"上看几乎没有什么不同,但也需要教师不断根据实际情况进行调整,如此才能适应新情况、新挑战,才能做得更好。教师的改善是全方位的,它可以是教学方法的不断改进、思维方式的逐渐转变、教学模式的逐步完善,也可以是教育观念的日趋成熟……"改善"是一种永不满足、持之以恒、脚踏实地的生命状态。"改善"是一种不易察觉的潜在力量,这力量是强大的。"改善"蕴含了教师发展所需要的真正品质,教师的发展就是在这样的"改善",特别是"自我改善"中实现的。

随身带个本子　|　2018-06-13,星期三

我有个习惯,无论是在学校,还是在家,或是外出学习,随身必定带一个本子。平时教学过程中的一个闪光点、一个灵感、一处疏漏或失误,我都能及时记下来。有时翻阅报纸杂志,我会摘抄其中的精妙语句或有价值的信息。有时想到一个新想法或急需做的事,我也会立即记下来。记在本子上的东西五花八门,有时就是几句话甚至三五个字,不成章法,但对我来说都是有用的。日积月累,至今已积累了好几本,只要有空我就会拿出来翻翻,整理一下,写一写教学反思,看看最近需要做哪些重要的事,这样工作和生活就会井然有序。通过日常的"记",我坚信自己不是一个无用的人,也能做好很多事情,日子就能过得充实。"骐骥一跃,不能十步;驽马十驾,功在不舍。"我相信,只要坚持学习思考、坚持积累,就会有所收获和进步,就能走向成功。

保持我们的阅读习惯　|　2018-06-28,星期四

我们常说不能让下一代失去阅读的习惯,并且推出了很多改进措施。其实,要培养学生阅读习惯,教师首先应该做榜样。但当前教师阅读状况不容乐观,因为手机的功能太强大,课前课后有些教师更愿意玩手机,短视频、游戏等吸引了教师的注意力。有的教师的办公桌上、宿舍里看不到几本书,同事间谈论读书的话题少。他们对手机功能研究可谓深入,但是对

阅读却提不起兴趣，每年购书、借书也很少。学校阅览室里看不到他们的身影，县城图书馆他们从没去过。可以设想，无读书爱好的教师怎么能培养出爱读书的学生？和其他职业相比，教师更应该多读书，缺失读书习惯就难以胜任教师工作。在今天，书籍依然是传递思想和情感的重要载体，很多情况下还是记录系统知识的唯一载体，多读书的教师才能保持先进性，才能成为精神丰富、有创新能力的人。如此，我们才能做好本职工作，才能教育好我们的学生。

留点时间思考 | 2018-09-03，星期一

有人终日忙碌，总是抱怨事情多、做不完，甚至怀疑自己"不聪明""能力差"。因为生活忙碌，我们常常忘记了思考，其实并不是因为没有思考的时间，而是因为没有思考的习惯。未经思考的、盲目的行动，往往不会有好的结果。正如没有目标的人生，是没有意义的人生一样，你再怎么努力，也将一事无成。不要让忙碌的生活占用思考的时间，思考需要静下来，终日忙碌可能不可避免，但忙碌不能盲目。每天给自己留下一定的时间去思考，生活和工作就会变得明确而又有条不紊。把要做的事情记下来，牢记时间节点，每天做一点，逐日推进，不断积累，我们就能按时完成任务。所以时刻把握人生的大方向，用思考指挥行动，才不会让自己在忙碌中迷失方向，从而失去发展良机。

教育家的特质 | 2018-09-06，星期四

很多教师都想成为教育家型教师，那么教育家型教师的特质是什么呢？我认为，第一个也是最重要的特质是对教育、对学生执着的爱，是任何情况下都不会改变的爱。爱是教育家的灵魂，从孔子、夸美纽斯到杜威、苏霍姆林斯基，无一不是数十年如一日潜心研究教育，甚至把毕生精力都用到教育上。他们为了教育理想，为了学生发展，孜孜不倦、百折不挠地进行探索。探索历程不是一帆风顺的，而是充满了困难和障碍，但教育家能执着向前，最终走向成功。教育家的第二个特质就是有思想，并形成自己的教育理论。他们的理论体系是有独特风格、自主创建的，又是实践证明有效且科学、符合规律的，并产生广泛影响，能够为教育界所认可。时代召唤

教育家,青年教师要想成长为教育家,不是轻而易举的,但也不是高不可攀。教师文化基础要"宽厚",学得厚实一点,视野要开阔,扎根教育教学一线,坚持理论、实践与创新相结合,就能走出一条属于自己的成功之路。

助推教师成功 | 2018-09-11,星期二

与学生一样,教师也渴望成功,教师成功是学校高水平办学的重要标志。校长的职责之一就是助推教师成功,优秀的、有眼光的校长总是会为教师提供发展提升的机会,做教师成功的推手,这样的校长自然会受到教师的敬重。优秀的校长总会鼓励教师多研究教学、多研究学生、多积累教学经验,也会鼓励教师多参加各种教育教学比赛,让更多教师在不同层面出彩,以此来激发教师工作的积极性。优秀的校长善于引导教师分析专业成长方面的优势和不足,确立发展目标,通过影响力黄金表、教学反思、自我激励等方式,帮助教师自主成功。同时,教师自主规划人生发展目标,有了明确的目标,努力前行,目标达成,感受成功的喜悦,再向另一个目标前行。这种良性循环,会助推教师生成一种正能量,使他们感受到生命的意义和价值,教师的成功也会助推学生及学校的发展。

反思思维的价值 | 2018-09-12,星期三

杜威认为,思维的较好方式是反思思维,即"对于任何信念或假设性的知识,按照其所依据的基础和进一步导出的结论,进行主动的、持续的和周密的思考"。反思思维之所以是较好的方式,首先是因为它是"主动的"。在杜威看来,反思思维必须是主动的,即思考者自己提出问题,自己寻找相关信息,自己把事情弄明白,而不是以被动的方式从他人那里获得。其次,它是"持续的""周密的",这区别于人们日常进行的非反思性思维。最后,也是最重要的一点,涉及信念或假设"所依据的基础"与"进一步导出的结论",即真正关键的是我们相信某事的理由,以及这种信念的价值。反思思维特别强调推理的重要性,要求尽可能地对推理进行评价,给出推理的理由。反思必须具有虚心、专心和责任心这三种态度。杜威认为,反思的态度比反思的知识技能更重要。很多例子说明,教师在突发事件发生时,很容易受情绪的支配,而对自己的信念或依据缺乏清醒的认识。

"他者"的视角 | 2018-09-17，星期一

写教育论文一方面是给自己看的，另一方面是给别人看的，更多教师希望论文能发表或获奖，所以教育论文应该有一定的普适性、学术性和推广价值。论文写作不应局限在"自我"的层面，应多从"他者"的视角看待问题。观点尽量新颖，可以标新立异，但要有充分的事实依据，让别人看了心服口服，如果做不到这一点，那就要思考观点是否正确、论据是否充分。论文写作还要考虑读者能否清晰了解论文中所阐述的现象和问题，能否理解文字叙述中所展示的逻辑推演过程，能否领悟到论文的有益价值。因此要写一篇高质量的教育论文并非易事，要多积累资料，多阅读相关文章，多一些对比分析和深入思考。如有可能，你可以把写出来的论文先给同事看看，请他们提提意见，再不断修改。这样，论文就能趋于完善。

智慧地工作 | 2018-10-17，星期三

教育生活每一天都是新的，教育智慧的获得，是教师与学生共同成长的过程。所谓智慧，就是在困惑中不断学习，在反思中不断改进，在挫败中不断成熟。有人做了一辈子教师，重复的只是一种固定的、无活力的教学模式：自己没精打采，学生昏昏欲睡；自己身心疲惫，教学质量一般。他们把智力活动变成了体力活动，把创造性的教学变成了机械式的灌输。每天把教学当作硬性任务来完成，希望少上课、少接触学生、少批改作业，如此还谈何成就？谈何创造？教育需要一种可贵的坚持。无论你在哪个学校、面对怎样的学生，都要坚守好自己的岗位，十几年甚至几十年如一日，研究课程、研究学生、研究教法，努力探索高效而又富有个性特色的教育教学之路；要把思考和研究作为职业生涯的重要部分，不做教书匠，努力去做研究型的教育者。如果教师具备反思、研究和解决问题的能力，教学实践就能保持着最鲜活的源头。从敬业到乐业，再到精业，教师在成就学生的同时也能成就自己。

勤于动笔多积累 | 2018-10-18，星期四

教后记最能体现教师的即时收获，但有的教师工作十多年，也拿不出

一本教后记,因为他们没有写教后记的习惯。偶尔在备课笔记上写一点,也是为了应付学校的检查,并没有促进教学实质性改进和自身业务水平提升。写文章需要掌握足够丰富的素材,同理,教师做学问、搞研究也必须积累足够丰富的一手研究素材,这些素材就是教后记。教育教学实践后,学生的表现、反馈结果怎样,教师有何感想,有哪些即兴发挥和瞬时的顿悟,有哪些教训,都需要记录下来,为自己做学问、做科研积累第一手资料。教师在教学过程中积累了丰富的材料,做起研究来就会得心应手。实践证明,撰写的教后记一篇篇积累起来,就意味着自己的教育思想宝库充实而丰富起来。反之,懒得动笔写教后记,就会缺乏产生灵感的材料,就像农民种地,缺肥、缺水、缺种子,到头来只会无所收获或收获甚微。

做一粒"读书种子" | 2018-10-24,星期三

读书的话题我们经常提,读书的好处也是众人皆知,可是说和做并不是一回事。在手机、网络普及的当下,看视频、浏览碎片信息的人多了,真正静心读书的人少了,而能长久保持阅读习惯的人则更少。做一粒"读书种子",让阅读成为一种力量,推动文化传统薪火相传,可以说是读书人的自我期许。植物种子是有形的,延续繁衍,生生不息,而读书种子则是无形的,在不知不觉中改变人的气质、增长人的才干,在传承弘扬中耳濡目染、潜移默化。"善学者尽其理,善行者究其难。"研究植物种子的钟扬,不拘泥于书本知识,在科学上敢于提出"奇思妙想",在被认为无法种植红树林的上海滩涂上栽种成功。钟扬的故事说明,知识必须与实践探索相结合,使之变成真正的本领后,才能产生力量。"读书种子"与"实践土壤"相结合,必能孕育壮苗、结出硕果。

命题的步骤 | 2018-11-22,星期四

命制试题是教师的一项基本功。要想命制出高质量的地理试题,可以参照如下几个步骤:一是要有命题目标(指向),明确考查的知识要点。要熟悉知识点在课程标准中的具体要求,这是命题的前提。二是收集和积累相关地理素材,包括地理实例、地图、统计图表等,素材一般来源于真实的自然环境或经检验的科学数据和结论。三是选好题型,设计好题干。常见

的题型有选择题、判断题、综合题等,有时也可绘图、制表。题干要交代核心概念或地理事象,必要时配以地图、图表。题干表述要简明扼要,层次清晰。四是精心设计问题。问题表述要精炼、严谨,每一题考查的知识点要有所侧重,难度保持一定梯度。以下题为例:

富铝土是指土壤形成过程中铁、铝等成分相对富集后的一类土壤的总称。它在我国分布广,包含多种土壤类型,并具有下图所示的过渡关系,据此完成1～2题。

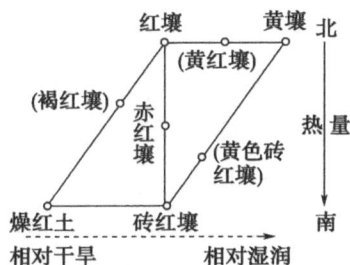

1.影响富铝土形成的主要自然因素是(　　)

A.成土母质　　　B.气候　　　C.生物　　　D.地形

2.下列土壤类型中,铁、铝相对含量最高的是(　　)

A.赤红壤　　　B.砖红壤　　　C.红壤　　　D.黄壤

题干首先介绍富铝土的概念、分布及类型,表述简明扼要。同时,以图示形式呈现其过渡关系,图中方位明确,要素清晰。第1小题考查富铝土形成的主要自然因素,四个选项都是土壤形成的因素,需要加以辨别,难度较小。第2小题要求分析富铝土铁、铝相对含量最高的土壤类型,难度有所增加,较好地考查了学生综合思维能力。

酝酿教学主张 | 2018-11-23,星期五

提到教学主张,很多人认为那是专家、名师的事,与己无关。其实,教学主张并非高深莫测、遥不可及,只要教师平时注重教学实践、注重观察思考、注重积累研究,完全可以提出自己的教学主张。教学主张在很大程度上反映出教师专业发展的深度和成熟程度。教学主张的形成是教师长期历练和专业发展深化的过程。在形成过程中,教师不断总结、提炼自己的经验,不断汇聚、提升自己的实践智慧。教学主张源自教学实践,教师要想

提出有价值的教学主张,一定不能离开教学一线。教学主张的价值不在"主张"的命名上,而在于"主张"内涵的独到和丰富。教学主张是一种个性化的教学见解,它坚定地指向教学改革的实践,必须通过教学改革实践去证明,只有在实践中才能得到发展完善,进而形成可操作体系。提炼和表达教学主张,有利于教师为自身的教学经验寻找合理化证据,加强相关的理论学习,从而引导教师更自觉地进行教学实践和理论提升。

教师发展的方向 | 2018-11-28,星期三

对教师来说,发展方向一般有两个:专业领域和教育行政领域。两者各有利弊,专业领域要潜心研究教学业务和育人艺术,也要学会忍受平淡和寂寞;教育行政领域要学会处理相对复杂的人际关系和琐碎的事务性工作。无论选择哪条路,只要认真工作、持之以恒,都可以有所成就。对于大多数教师来说,发展方向定位在专业领域的多,从事教育行政的少,所以平时报纸杂志上关于教师发展的文章大多聚焦教师教学业务和素养提升方面。有的教师一方面想尽快提升业务水平,早日成为教学骨干,同时又想在行政"仕途"上不断晋升,这种想法无可厚非,但不易实现。美国作家弗罗斯特在《未选择的路》中写道:"黄色的树林里分出两条路,可惜我不能同时去涉足。"我工作20多年来,身边的同事有的在行政岗位上干得有声有色,有的在教学岗位上取得丰硕成果。其实,他们并不是多有天分,而是在明确目标后能不懈奋斗,勇往直前。

哪类教师更优秀 | 2018-11-29,星期四

有人问,严厉的教师和温柔的教师相比,谁的教学更好?这个问题值得一谈。学校确实有这两类教师,对学生严厉的教师,他们上课对学生要求严格,学生不听课或做错了题,罚抄很普遍。学生怕这样的教师,在课堂上自然不敢玩,作业也不敢不写,所以学生考试成绩不会差。而温柔的教师,对学生态度和蔼,师生关系不错,但其所教的学生成绩往往不够理想,因为温柔的教师课上得可能不错,但在课堂上讲话、开小差的学生较多,学生课后很难及时完成作业,所以学生考试成绩就不够理想。哪类教师更优秀?对此我们不能简单下结论,因为严厉的教师尽管教学成绩不错,但学

生对学科的兴趣可能并不浓厚,靠死记硬背提高分数,核心能力提升不多。而温柔的教师虽然教学成绩不是很好,但师生关系融洽,学生学习兴趣维持比较长久,喜欢探讨感兴趣的问题。所以,我们不能把教学成绩作为考核教师的唯一依据。

理论有何用 | 2018-12-13,星期四

有的教师擅长积累经验,但是不善于提升经验;擅长传播经验,但是不善于传播理论。理论素养的短板成为制约他们专业发展乃至教育质量提升的瓶颈。"理论"到底有什么用?我认为,"理论"至少有两个方面的价值:一是科学价值。教育是一种上位科学,它必然以心理学、哲学以及其他学科为基础。我们特别注意学科知识的科学性,却不大关注教育教学方式的科学性。学生到底学得怎么样?教学对学生产生了什么影响?对这些问题我们很少能"确切地回答"。不去研究教育教学方式的科学性及学习的内在机制,教学就缺少方向感。二是规律意识。教育教学是有规律可循的,这个规律不是靠感觉去获得的,而是靠实践观察、读书学习和研究反思获得的。教师对教育规律要有比较清晰、准确的理解。有些教师经验丰富,教学效果也不错,可是问到教学理念、教学主张,往往说不上来,对教育现象背后的规律性和理论依据研究太少,这种对规律的模糊性认识和理论研究的匮乏,最终会影响他们的专业发展和综合素养提升。

多一些同伴互助 | 2018-12-14,星期五

教师的教学反思大多基于个人感悟,并以描述教学情景的方式记录下来,个人的"内省"带有一定的主观性和片面性。其实,教师的教学反思不仅指教师个体的活动,也包括教师群体的互动。有研究表明,拥有"同伴互助"的教师比那些独自工作的教师更容易接受和运用新的教学策略和方法。教师以开放的心态,多与其他教师探讨教学中遇到的各种问题,这样可使自己的反思更为客观、科学,同时也可让其他教师有所借鉴。例如:某一知识点到底如何讲解效果最好?课堂如何吸引学生的注意力?如何转化后进生?这些问题仅靠个人的分析判断,会有很大的局限性,往往会造成"只见树木,不见森林"的结果。而与同伴的讨论和交流,可能会对自己

有全新的启发,有利于形成一个合理、有效的解决方案,因此,多一些同伴互助,树立开放的反思意识是非常重要的。

教得好也要反思 | 2018-12-20,星期四

有的教师工作认真,教学水平高,教学成绩突出,在各种总结会、表彰会上经常受到表扬。以前我们认为教得不好的教师需要反思,其实,教得好的教师也需要反思。比如,为什么教得好?自己是如何做到的?还存在哪些不足?教学与学生的需求还有哪些差距?如何进一步改进?等等。另外,教得好也是相对的。教师要进一步反思,是否在优生培育、差生帮扶上取得了实质性进展?是否全面提高了学生核心素养?等等。对于一个教师来说,清楚自己"教"的特色和优势,认清自己教学中的"短板"是非常重要的,评估越准确,教学改进就越容易实现。反之,如果教师满足于"教得好",而不及时进行反思总结,那么教学水平就很难再有提升。这就是为什么有的教师教学效果不错,但难以成为名师的原因。依靠"吃老本"和固有的能力或许可以"教得好",但是要真正做好教育教学工作,教师还需要不断实践探索、学习反思、总结提升,如此才能成为人民满意的教师。

到名校看看 | 2018-12-26,星期三

优质学校师资力量强、教育质量高、育人环境好。作为教师,我们要关注这些学校,了解其办学动态,有机会到这些名校走走看看,会有不一样的感受。这几年我利用外出培训、参加教研活动的机会,去过盐城中学、淮阴中学、江苏省海州高级中学等省内名校。这些学校基础设施好、环境优美,办学育人水平高,给我留下了深刻印象。名校不是在地理位置和硬件设施上占优势,而是在教育教学管理水平和师资力量上占优势。名校教师生活条件和我们差别不大,但在教学水平、育人理念和方法上比我们先进,在教学研究和进取精神上领先我们。多到外面的学校特别是名校走走看看,看学校风貌,看学生学习状态,看教师工作状态,你会产生创新的教育灵感,从而会进一步反思和改进自己的教育教学行为。有条件的地区和学校,可以定期组织教师到名校学习或交流研讨,这对提高教师素养、拓宽教育视野是很有帮助的。

回归课堂 ┃ 2018-12-28,星期五

课堂是教师成长的舞台,是教师寄予教育初心和梦想的地方。然而随着时间流逝,教师的从教心态、工作状态、课堂样态会悄然发生改变。有的教师不想上课、不愿上课,对待教学工作拈轻怕重,这个现象值得关注。教师的职责是教书,如果离开了课堂、离开了学生,就远离了自己职业的原点,职业生涯就终结了。评选学科带头人、名教师、特级教师,都要求参评教师正常上课,并要有一定的教学工作量,评上后不可随便调离,这些规定是很有必要的。课堂教学是教师专业发展的源泉。"材如源泉,汲用无穷",课堂蕴藏着丰富的教学资源,对师生而言均有无限的发展可能,有待教师不断探索和挖掘,教师各种教育教学策略、方法、模式、思想和主张等无不脱胎且形成于课堂实践之中。要想成功,还是回归课堂吧!

教师是普通职业吗 ┃ 2019-01-02,星期三

有人认为,市场经济环境下,应该去掉教师身上"无私""奉献"的光环,教师和公务员、医生、司机一样,都是一种普通职业。表面上看,用普通职业的标准来要求教师,可能更便于职业统一管理。但实际上,不管社会怎样发展、不管教育的功用性怎样突出,教育和教师承担的传承文明、教书育人的本质永远不会改变。过去、现在和将来,教师都不会是一种普通职业,永远比一般职业有更高的要求。教育者不仅要有专业知识和技能,还要有爱心和责任心。离开了爱,就没有真正的教育,也没有真正的教师。把教育看成花钱购买服务的消费行为,是纯市场经济的视角,是不可取的。当然,对教师提出更高的道德和责任要求,并不是让教师只讲奉献、不求回报。相反,社会对教师的高要求与他们的待遇和地位是相称的。一个好的社会,必然是教师得到尊重、更多人愿意做教师的社会。

学无止境 ┃ 2019-01-17,星期四

一位校长讲,如果一位数学教师长期教高一数学,那么他的解题水平可能就停留在高一层面,而长期教高三的数学老师,他的解题水平就在高三的层面,这就是差异。他本人几年没带课,现在很多高考数学题都不会

做了。这位校长说的是实话。长期以来,我们认为大学本科毕业的教师任教高中,专业水平应该是没问题的,但实际上并不是这么回事。我清楚记得,我刚到学校任教时,很多题目不会做,课前做试卷,一定要先找来答案,否则就没把握,后来积累了经验方法,解题准确率才得到提高。但即使到现在,做起高考模拟之类的试卷来我也不能保证都正确,也要查阅资料或请教别人,这样才能保证不出错,这种感觉其他教师也有过。专业知识是教师从教的基础,专业知识丰厚,教学才能游刃有余,这就需要教师要有学习的意识、研究的意识。中学教师不能仅定位在"教书匠"的角色上,还要有成为学术型、研究型教师的追求。无论是新教师,还是老教师,都应该坚持把学习贯穿教师职业生涯的始终。

给学生"指路" | 2019-02-21,星期四

孙老师退休已经10多年了。春节时,他20多年前的学生吴先生的女儿结婚,特地邀请他去参加婚宴。学生家有喜事,能记着多年前的老师,实属不易!"您对这个学生特别关爱过吗?"我问孙老师。他告诉我,吴先生来自农村,当时家庭经济拮据。初三毕业那年,吴先生准备在本校读高中,因为离家近,走读可以节省支出。孙老师却推荐他到县城读高中,因为当时县城高中的办学条件和教学质量更好。后来吴先生到县城高中读书了,三年后顺利考上大学,大学毕业后进入省中医院工作。孙老师的帮助,吴先生一直惦记着,这些年一直和孙老师保持联系。人生的路有千万条,在很多交叉口,到底向哪走,需要热心人的指点。教师就是给学生"指路"的人。教师不一定是教育专家,但要为学生搭建成长的平台,为学生提供适宜的教育环境,帮助他们更好地成长。这是教师应该做而且能够做好的,这方面孙老师是我们学习的榜样。

言教与身教 | 2019-02-22,星期五

人们常说教育工作分"言教"和"身教",以"身教"为贵,这说法没错。仔细想想,要是教师自己不明白道理,不擅长一些方法,又怎能说给学生听?所以教师首先要钻研学问,提高水平,把"事"和"理"弄清、弄透,才能做到"言教"。当然,如果只能说明某些道理和方法,而在平时的实践中并

不按照所说的道理和方法为人处事,如在课堂上讲关心集体、勤俭节约,而在生活中对随意破坏公物、浪费水电的现象却不闻不问,就是典型的言行不一,会给学生留下不好的印象。所以"言教"并非孤立的一件事,而是依附于"身教"的,或以言教,或不言而教,实际上都是"身教"。"身教"就是为人师表,教师一言一行都应成为学生的模范。教师要做品德高尚、严于律己、乐于奉献的表率,而且不是学生一时的表率,而是学生一生的表率。

育人根本在于立德 | 2019-03-04,星期一

北宋史学家司马光曾把人分为四类:才德全备者为圣人,才德兼亡者为愚人,德胜才者为君子,才胜德者为小人。用人之法,若不得圣人、君子,则宁用愚人,不用小人。他认为:"君子挟才以为善,小人挟才以为恶。挟才以为善者,善无不至矣;挟才以为恶者,恶亦无不至矣。"此话在今天仍有教育意义,人才培养是育人和育才相统一的过程,而育人是根本。对于教师来说,立德何其重要!德者,才之帅也。无德谈何教书育人呢?在现实生活中,一些教师不注重自身师德素养的提升,教育情怀欠缺,敬业奉献精神弱化,甚至为金钱所引,搞有偿补课,收受家长钱物等,破坏了教师形象。有些地方考核教师往往以教学成绩为标准,评优评先、晋升晋级主要看教师"教"的水平,而师德素养却放到了次要位置,这是不对的。一个教师德行好不好,学生说了算,家长说了算。有的教师教得不错,但学生就是不喜欢他的课,甚至希望早点离开他的班级;而有的教师给学生留下好印象,甚至毕业后还会惦记着教师,这不是师德的力量吗?才是德的凭借,德是才的统领,人无德不立,育人的根本就在于立德。

我们缺少什么 | 2019-03-05,星期二

现在的教师教育水平、专业技能不太欠缺,有的还非常出众,但在对孩子和对学生的关爱上存在差别。爱孩子是人的本能,爱学生是教师的职责。可有的教师心中只有自己的孩子,对自己孩子的关爱是全力以赴、倾情付出,可是对待学生却不够尽责,备课粗糙、上课不求精致,不愿与学生交流,甚至对学生的渴求无动于衷。我见过一位英语教师,她以小孩没人照顾为由,向学校提出不上英语早读课,校长知道后没有答应,并和她进行

了谈话。这个情况不是个案,自己的孩子需要照顾,学生也需要照顾!有教师上课,见学生书本丢了,不去询问,也不想办法帮忙,认为反正学生"不想听""学不会"。孩子需要父母关爱,学生也需要教师关爱。如果一个教师认为备课、上课、辅导给自己带来很大麻烦,那么他就不应该选择教师这个职业。没有爱就没有教育,任何技术手段都无法代替教师的爱心。作为教师,我们要经常反问自己:对待学生我们有没有爱心?爱有没有洒向每个学生?对待学生我们到底付出了多少?

恒心和毅力更重要 | 2019-03-06,星期三

有人说,教师在成长过程中,应该做一个长跑主义者,而不是一个短跑主义者,因为短跑拼的是爆发力和速度,而长跑拼的是恒心和毅力。一些青年教师不缺爆发力和速度,缺的是坚持做一件事的恒心和毅力。在教师成长过程中,恒心和毅力表现在哪里呢?我想应该是努力上好每一节课,精心组织好每一次活动,认真写好每一篇随笔,用心处理好学生之间的每一次纠纷,以最好的心态参加每一次培训,坚持学习先进教育理论,等等。这些都是教师工作中的日常事务,这些小事不会产生轰轰烈烈的效果,也不会使我们以跳跃的方式前进,但它们都是汇聚成渊的水滴,都是筑起高楼大厦的砖块。所以用心做好一件件小事,长年累月积累起来的"量"会在不经意的时候助推我们完成"质"的提升,实现专业成长的飞跃。

教育好自己的孩子 | 2019-03-08,星期五

有人说,善于教育自己的孩子且能够把自己的孩子教育好,才有资格和能力去教育别人家的孩子。我对此深有感触,作为教师,如果连自己的孩子都教育不好,还谈何教育好别人的孩子?一些优秀教师,他们不仅教育教学工作做得好,而且在自己孩子的教育上也很出色,但也有教师这方面没做好,留下无尽的遗憾,这值得反思。我的孩子正在读高中,回想起来,我一直尊重孩子的天性,让他多读书、多运动,在他学习方面更多的是陪伴和信任。当然,我在教育孩子的过程中也有过失误。我有时会质疑自己:我这样教育孩子,孩子到底能否成人成才?还好,目前孩子表现还是优秀的,孩子以后怎样发展,值得期待。苏霍姆林斯基在写给自己儿子的信

中,反复叮嘱:先做人,再求学,做人要做对他人有益的人,做照亮他人的人。育人先育心,养人先养德。教师要遵循教育规律,为孩子营造一个良好的成长环境,同时永葆爱心、积累经验,为别人教育孩子提供有益借鉴。

幸福感来自使命感 | 2019-03-18,星期一

对于把工作看成使命的人来说,工作本身就是目标,薪水和机遇固然重要,但他们是因为热爱这份工作,能在工作中感受到充实,他们的力量源于内心。他们的目标是追求自我和谐,他们对工作充满热情。工作对于他们来说是一种恩赐,而不是负担。在我们周围,就不乏享受教育、体验幸福的教师,他们从不怨天尤人,而是常怀感激之心;他们秉持对教育事业崇高的理想和信念,能够赋予每天繁忙的工作以意义和价值;他们在普通、平淡、繁琐的工作中能不断地汲取幸福和快乐的元素,在日常工作生活中寻找、发现并传递快乐,收获着教书育人的幸福。教师的职业幸福与金钱、权力无关,它与一个人的价值观和道德修养紧密相连。只有那些将教育视为使命的人才能享受教育,那些拥有高尚师德、积极主动创造、心甘情愿付出的人,才能在职业生涯中获得幸福。

永葆宁静之心 | 2019-03-25,星期一

要想保持一颗"宁静之心",就需要放下手机,远离网络,打开书籍。静静的夜晚,翻开一本书,沉浸到文字中去,褪去白天的浮躁,让自己的心灵得到净化。在宁静中品味生活,思考人生,这份"寂寞"不是无所事事,也不是生活单调、形单影只,而是生活的需要、自身发展的需要。别人腰缠万贯,我不羡慕,我自乐于三尺讲台,自足于桃李满天下,坚守初心,淡泊名利。作为教师,我们始终给学生传递一种积极向上的正能量,怀着一颗向善之心、宁静之心和学生相处,告诉学生:一个人最大的满足不是物质上的满足,而是灵魂的充盈、精神的满足;一个人的成功不是别人恩赐的,而是自己奋斗出来的。我们要引导学生产生更高的精神追求,充满信心地迎接未来的挑战。

有想法大胆提 | 2019-03-29,星期五

王老师发现学生负担太重,白天要上8节课,还有晚自习,作业特别多,课后的时间都用来做作业了。"老师课堂讲的内容还没有理解,做那么多题目有什么用!""晚自习时间留给学生,不要划分给各科老师!"王老师想把自己的想法和校长谈谈,可有人劝说:"你不是专家,与你何干呢?"王老师想了想,就打消了提意见的念头。这种情况在很多学校都有,这引起了我的关注。教师有想法、有建议可以提吗?当然可以!学校不是个人的学校,而是全体师生员工的学校,每个教师都是学校的建设者和贡献者,学校的发展需要每个教师的辛勤付出。对学校教育教学和管理各方面有好的想法和建议,完全可以向学校提出,不必有什么顾虑。只要是为学校、为学生着想而提出的意见,就有参考价值。学校应该畅通教师提意见的渠道,鼓励教师多提意见、提好意见,为学校发展出谋划策,如此才能形成民主和谐的教育发展环境。

根深者叶茂 | 2019-04-03,星期三

在一些"捷径"的诱惑下,有些年轻教师偏离了下功夫、练基本功的正道,比如不去好好教学,而热衷于研究人际关系;不去好好读书,而去搞所谓"情商"提升。其实,那些所谓的"捷径"通往的不是成功的彼岸,反而可能是泥潭和陷阱,虽然获得一时之利,但很难长久。年轻人还是要有长远眼光,擅长教学就坚持立足课堂提升业务素养,喜欢写作就坚持日积月累、笔耕不辍,喜欢研究就博览群书、锐意创新,如此才能积累优势,到达别人到不了的高度和境界。练基本功是一场苦尽甘来的修行,如果吃不了苦,受不了艰辛,功力就无法"修炼"到位。特级教师李吉林潜心教学实践和研究,几十年来几乎把所有周末和寒暑假都用在读书和写作上,才有了影响广泛的情境教学成果。源远者流长,根深者叶茂。风华正茂的年轻人理应有更远的愿景和更大的抱负,稳扎稳打,走好人生的每一步,从而成就更好的自己。

加强与家长的沟通 ｜ 2019-04-04，星期四

明天就是清明节了，今天下午提前上课，我上第3节课，课一结束学生就放假了。这时，某同学的父亲来找我，因为昨天该同学在课堂上讲话，还和老师顶嘴，课后我联系了他家长。在办公室，我把昨天课堂上发生的事情告诉了他，并说了该同学最近的表现。家长表示感谢老师的关心，说了家庭情况和孩子的性格特点……正谈话中，祁师傅喊我们离开，因为办公楼大门要关了。无奈，我只好和家长先道别，之后家长就离开了，我也乘车回家。路上，我感到和家长还有些话没讲，家长来一趟学校不容易，而见到老师又没说上几句话。到家后我立即给家长发了一条短信：

××同学家长，您好！下午短暂一会，没有多谈，有几句话再交代一下：(1)父母在孩子面前要少玩手机；(2)多为孩子买点书，特别是老师要求买的和孩子想看的书；(3)每两周到学校看孩子一次，多和孩子交流。以上仅是我的一点经验，供参考。祝你们生活愉快！

短信发出，很快就收到家长的回复：好的，谢谢曹老师！

加强与家长的沟通，形成家校合作是教师应予以关注的问题。

教师的择生情怀 ｜ 2019-04-19，星期五

作为一所农村中学，我们学校每年招收的大多是文化成绩较差、综合素质不高的学生，入学后各方面表现可能都不尽如人意。有的教师教到不太好的班级，就满腹牢骚。这些教师的心情可以理解，好学生好教，"差"学生难教，但是如果教师都要拣好学生去教，那"差"学生给谁去教呢？难道他们就不需要接受教育吗？在择生的问题上，两千多年前的孔子为我们做出了榜样。孔子的三千弟子来自各个诸侯国，出身五花八门，但孔子没有挑挑拣拣，他收徒不分贵贱、一视同仁。孔子"有教无类"的教育思想值得我们学习。所以要做一个好教师，就要习惯并接受学生的差异。好学生固然好教，但"差"学生更需要我们去关心、去教育。我认为，好教师是不管什么样的学生都能教好的教师。有句话说得好，要教好学生不一定非教"好学生"。

快乐从教 | 2019-04-24,星期三

有研究瑞士手表的专家总结过一条宝贵经验——要制造出一只高精度的手表,必须满足三个条件:精密的零件、高超的技术和欢愉的心情。有了前两个条件,工人就可以装配出一个误差只有0.01秒的手表,但要想误差更小,那就需要工人在装配时心情愉快。快乐是创造性劳动最有效的助推剂,也是创造性劳动最有价值的副产品。从事教育工作也是这样,我们有课程教材、有设备、有技术,这些为我们上好课提供了条件,确保了教学任务的完成,但要把课上得更完美,让学生能接触到更多的好课,就需要教师全身心投入、快乐从教,而绝不是把上课当成应付任务。快乐从教心情好,教学效率也高。

"劝说"的效果 | 2019-05-06,星期一

学生犯了错误怎么办?教师要找学生谈话,这是很有必要的。但劝说作为教育方式并不全然有效,尤其是对于有逆反心理的青少年来说,劝说成效有限。即使教师说的全是正确的道理,但如果"冒犯"了学生的自主性,学生就难以听进心里。有时教师和学生谈话时间越长,次数越多,学生可能会越"反感",抵触的情绪可能会越大。教育是个"慢"工程,不可急躁和冒进,我们需要"劝说",也需要观察和等待,要反复多次才能收到成效,这正是教育工作的特点。对犯错学生我们不能指望有什么教育"催化剂",教育效果得靠教师的努力和智慧。我们要综合施策,多请其他教师和家长帮忙,汇聚起集体教育的力量,从不同侧面,采取不同形式对学生进行教育感化,这样的教育效果会更佳。

成就"大器"教师 | 2019-05-24,星期五

一所学校,不仅要培育"大写"的学生,还要成就"大器"的教师。在我看来,大器之师首先要有"高度",这是师德标准。无德者无教,大器之师不仅仅把教师作为职业,更作为事业,爱岗敬业,无私奉献。其次,大器之师要有"厚度",这是专业发展的标准,它应该包括教育意识(信仰、理念等)、专业知识(教育理论、学科知识等)和教育能力(教育策略、方法技能等)三

个方面。最后,大器之师要有"气度",这是为人处事的标准。海纳百川天地宽,大器之师胸怀开阔、视界开放,有教师的视野,能站在学生的立场,能容忍学生在成长过程中的过失,有耐心、有方法。成就大器之师,需要良好的环境,要相信教师的力量,激活教师的潜能,扬长避短,让每位教师把各自的能量在工作中充分发挥出来,引领教师以奋斗的姿态走好新时期的长征路。

乐做"独行者" | 2019-06-03,星期一

教师要善于交往,还是善于独处? 我的看法是,要做一个好教师,既要善于交往,也要善于独处,两者不可偏废。交往对教师来说是不可少的,要和学生、家长、同事交流,要善于表达和沟通。但同时教师又要乐做"独行者",学会和自己相处。作为教师,我们有大量自由支配的时间,如晚上、周末、寒暑假,只有独处之时我们才能静下心来思考问题,反思自己所作所为,反思课堂,反思教育。爱因斯坦认为,科学的应用可以是集体组织的,但科学的创造只能是个人自由思想的成果,"随大流的人群在思想和感觉上都是迟钝的"。教育的生命在于创新。善于发现新问题、新矛盾,勇于实践探索,对教师来说极其重要。安于孤独、安于寂寞、追求创新正是优秀教师成长不可或缺的路径。

跨领域阅读 | 2019-06-05,星期三

作为教师,深耕教育领域是本分,但是否意味着只能在其中观望呢? 并非如此。我们可以从教育领域延伸到其他领域,或回过头来审视教育,或将不同的领域联系起来。教师不读书不行,不仅要爱读书,读好书而且要跨领域阅读,除教育学外,还要涉及哲学、社会学,乃至人类学、经济学。这样一来,教师思维的路径、思考的深度、得到的收获,都不一样。说到底,这会促进教师的专业成长。

教师的专业发展 | 2019-06-10,星期一

有些学校在办学理念中强调,"一切为了学生,为了学生的一切"。这话没错,突出了教育过程中学生的主体地位,但教师的发展似乎被淡化了。

教育要发展,关键在教师,没有一支素质高、结构优良的教师队伍,办好一所学校几乎无从谈起。一所学校的发展,归根到底是人的发展——学生的发展、教师的发展,而学生的发展依赖于教师的发展。有人说"教师是学校的生命",作为学校最重要的资源,教师的专业发展是当前教育领域最重要的工作之一。要千方百计调动教师的积极性、主动性和创造性,减少他们不必要的社会负担,让他们潜心教书,专心育人。要深化新时期教师队伍建设改革,建立完善的中小学教师荣誉评价体系,激励广大教师不忘初心、牢记使命、立德树人、敬业奉献。只有教师专业发展了、整体素质提升了,才能促进学生更好、更快地发展,新时期教育改革才能成功。

读书时间哪里来　|　2019-06-13,星期四

有教师喜欢读书,但常抱怨没有时间。其实,能不能读书,关键在于兴趣和习惯。时间在哪里?它就在我们每个人的手中。我们唯有在忙碌中去找时间。时间在于"挤",你一松手,它就从指间溜走了。读书需要分秒必争:一早到校,可以读书;课间休息,可以读书;吃饭之后,可以读书;睡觉之前,可以读书。读书不能"心血来潮",而贵在坚持不懈。可能作为教师,我们读书时间有限,但只要每天读一点,日积月累,天天进步,终会形成丰厚成果。选择读书,就是选择了勤勉和奋斗,也就选择了希望与收获。太阳每天都是新的,生活永远充满希望,人生因读书而美好!

学会研究学生　|　2019-06-24,星期一

我们平时把绝大部分时间花在教材和教法研究上,花在课程体系构建、教学经验的交流和总结上,而对学生智力发展状况的研究却非常少。有些教师对任教的学生只有粗浅的印象,对具体班级、具体学生的了解和分析不足。每个学校都有部分学习成绩不好的学生,学生成绩为何不好?我们想到的原因是:上课不认真听讲、学习不刻苦、做作业不认真等。可是我们是否询问过学生,他们成绩不好的真正原因?苏霍姆林斯基说:"了解孩子——这是教育学的理论和实践最主要的结合点,是对学校集体进行教育领导的各条线索的集结点。"教师研究学生,要像医生研究病人那样,要善于从多渠道收集学生的各种信息,善于从各种信息中找出决定性因素和

本质规律。造成学生成绩不好的原因很多,但其中必定有一个主要的因素,一旦能够找出并排除这个因素,那么其他因素的影响就会削弱,学生成绩就会得到明显提升。

尝试社科类课题研究 | 2019-09-17,星期二

每年江苏省和盐城市哲学社会科学联合会都会组织哲学社会科学类课题申报活动,面向社会,公开竞争,择优立项,并发布课题申报指南。选题涉及国民经济和社会发展各个方面,其中很多与地理专业有关,比如环境保护、资源开发、产业布局、国土整治等,中学地理教师也可以尝试申报。我去年申报的"盐城市农业污染防治对策研究"获盐城市政府社科奖励基金课题立项,并在去年年底顺利结题。今年7月我申报的"盐城市农村人居环境治理研究"也获盐城市政府社科奖励基金课题立项,目前正在研究中(2020年2月已结题)。社科类课题研究需要教师平时多关注经济和社会发展动态,多收集和积累相关资料,利用业余时间进行一些实地调查和走访,这样的研究才能更深入、更有创新性。只要教师对这方面感兴趣,平时多做有心人,多一些观察和思考,中学教师同样可以出色地做好社科类课题研究。

不可或缺的"学生知识" | 2019-09-27,星期五

"学生知识"是教师对学生的全部认知以及基于认知的责任意识,是教师支持学生发展的观点和方法。"学生知识"将成为教师知识体系的核心构成。教师在这种思想引领下,能够知道如何支持学生的发展,如何为学生搭建成长平台。他们不会在教育过程中为学生消除所有的阻碍和陷阱,让学生在一个所谓"顺利"的环境中成长,也不会代替学生去面对可能发生的困难。真正具备"学生知识"的教师,具有独立的判断力,深知在技术引领生活的时代,在物质资源充裕的生活中,什么是必要的磨炼,什么是必经的挫折,什么是必然的规律。"学生知识"也是一种教育立场,要求教师能洞察隐患和危险,及时干预,拥有对复杂环境的敏感度和警觉性,对"一切皆可量化"等工具理论具有理性的评估;能时刻提醒并指导学生保持主体的独立性,使他们不会成为网络时代和大数据系统中的迷失者。

教师的幸福追求 | 2019-10-10,星期四

长期以来,教师被誉为"春蚕""蜡烛""铺路石",那么教师可以有完整意义的幸福诉求吗?有人认为教师的职责就是"付出"和"奉献",幸福和荣誉对于教师来说并不重要。其实,幸福是人的一种积极追求,追求幸福是一个人主体性不断增强、生命境域不断拓展的表现。教师在职场中,往往因为热爱而投入,因为投入而幸福,幸福是教师专业发展的重要维度。没有教师对教育发自内心的热爱,就不会有真正的教育;没有教师在职业生涯中自我实现的成就感和幸福感,就不会有真正的教育。我的一个同事,50岁出头,他说自己工作30年,没有拿过什么荣誉,也没有体验到多少幸福,他说自己"太普通"甚至"不思进取"。我想,这不只是他自己的问题,学校似乎也忽略了培育教师的获得感和幸福感。真正的幸福不仅可以成就教师,也可以成就学校。幸福的教师把工作看作生活本身,他们对待工作不是重复而是创造,不是牺牲而是享受。一个教师物质上可能并不富有,但当他体验到教育带给他的充实和欢乐时,他精神上一定是幸福的,他也一定能更好地承担立德树人使命。

理论的价值问题 | 2019-10-11,星期五

一位同事对我说,现在申报课题特别是省市级课题,如果没有前沿理论支撑,课题就很难立项;也有人说,人人都看得懂的课题,说明其理论水平不高,好的课题一定要有些高深"理论"。其实,这是对课题研究的误解,说明课题评审机制有待改进。课题是教师进行教育教学问题研究的平台,要求教师立足实践,发现真问题、探寻真规律,寻求解决问题的路径。有价值的成果一定要有高深理论吗?不一定。我们读苏霍姆林斯基的教育著作,就会非常轻松,那么多鲜活的素材和教育案例,加上细致入微的分析,真是通俗易懂,令人印象深刻。作者没有标新立异、创造教育理论,但这丝毫不影响其教育著作的独特魅力。相反,我们有些论文或课题,盲目追求"奇、特、新",一味追求"理论装饰",结果洋洋洒洒几千字,看起来亮眼,可要么冗长乏味,要么没什么价值,这不值得我们反思吗?理论来自客观存在,没有对客观事实的认识和全面把握,就不会有理论的发现、应用和升

华。教育研究需要理论,理论需要行动支持,一味地夸大理论价值,一味地追求标新立异,其结果不仅不会"创新",反而使研究趋于功利和肤浅。

地球仪为何被"搁置" | 2019-10-14,星期一

第八届江苏省师范生教学基本功大赛已经落幕。我有幸作为评委,参加了地理师范生教学的评审。有个细节我记忆犹新,主办方在比赛的教室特地放置了3个地球仪,供参赛选手在模拟授课时使用,可两天的比赛中14位选手无一人用到地球仪,这使我很意外。模拟授课的选材是初中教材中的青藏高原、台湾等中国区域地理知识,参赛选手大多结合多媒体展示,让学生认识这些区域。如果利用地球仪让学生找出对应区域,分析其区位特点,这种立体化的实物感知比地图、多媒体展示效果会更好,给人留下的印象会更深刻。教学中我们大力倡导地理实验教学、多感官教学,模拟授课可以利用地球仪增强教学的直观性,可惜选手们忘记了这一点。

出版了新书 | 2019-10-17,星期四

我的新书《且思且记:我这样写地理教学反思》近日由安徽师范大学出版社出版了! 今天收到新书,我很高兴,迫不及待翻开。这本书收录了我2014年至2017年所写的教学反思,包括教学过程反思、学情学法反思、课程教材反思、师生关系反思、专业发展反思、杂谈六个部分,全书约31万字。教学反思人人都会说、都会写,但坚持写下去还需要恒心。最近这几年,我是很忙碌的:一是教学任务重,学校只有两位地理教师,每学期我都教五六个班,平时课多,比较忙;二是承担的课题研究任务多,立项的省市级课题要积累材料、开展研究,还要写论文;三是家庭事务多,孩子在读高中,学校离家30多公里,我要经常来回奔波。虽然忙碌,但我还能挤出时间写教学反思,课间、晚上、周末、节假日时间,在办公室、在宿舍、在家里,写教学反思已成了我的习惯,每天几百字,有时就三言两语,但日积月累就集结成册了。在交书稿前的一个月,我挑灯夜战,逐字逐句对全书进行了修改和完善。我要感谢安徽师范大学出版社编辑们,承蒙他们的指导和悉心帮助,该书才顺利出版。

"爱"到具体人 | 2019-11-07,星期四

提到关爱学生,每个教师都赞同,可是教师到底关爱了哪些学生,他们叫什么名字,教师却不一定说得出。每年我们都会教不同的班级、不同的学生,很多教师确实把"爱"的理念贯穿到教育教学过程中,他们尊重学生、呵护学生,付出了很多。我认为教师还需要特别去爱一些"特别"的学生,比如有特殊专长的学生、成绩较差的学生、极为顽皮的学生、父母离异的学生、家庭经济困难的学生等。教师要对他们的学习、生活、性格、品德等各方面进行全面了解和跟踪观察,采取有针对性的帮扶或指导,这种帮扶或指导不是三五天,而应持续较长一段时间,一个学期、一年甚至一个学段。这个过程需要教师有极大的热情和信心,也需要足够的付出,坚持不懈、久久为功,定能促进学生更好地成长。遇到这样的教师,是学生极大的幸运!而对于教师来说,这也是素养提升绝佳的路径,如此积累的教育成功经验和案例,实在是新时期教育的无价之宝!

代理的角色 | 2019-11-11,星期一

在平时教育过程中,有的教师把自己的身份与学生家长的身份完全分割开来,这其实就忽略了教师的代理角色。代理角色,即教师以家长的代理者的形象出现在学生面前。在入学前,学生主要与家长打交道;入学后,他们常常将教师当作家长的化身,把教师看作具有家长特点的人,希望教师像家长那样对待他们。事实上,大多数教师愿意并且接受了这一角色,对学生充满热情、关怀与希望。但应该看到,教师对学生的心理效应,与学生从家长那里得到的效应并不完全相同,这在十三四岁以上的中学生中表现得尤为明显。教师在教育过程中既要扮演父母温暖关怀的角色,又要充当教师本身严格要求的角色,要引导学生逐步把家长权威与教师权威分开,使他们超越个人情感来认识教师的角色,以促进青少年社会化发展。

教师和医生 | 2019-11-22,星期五

教师和医生这两个职业有很多相似之处。教师教书育人,医生救死扶伤,他们的服务对象都是"人"。教师要备课、教学生,医生要备患者、诊病

情,他们都要"研究"人。教师通过教育教学,培养德智体美劳全面发展的劳动者,而医生通过医疗技术,帮助病人恢复到正常和健康的状态。一个人生存发展的前提是要有生命、有好身体,失去生命和健康,一切美好愿景都会成为泡影,离开医生又谈何保障呢?所以医生从事的是一项神圣的职业。而要过高品质生活、做一个有素养且有智慧的人,则离不开教育,离不开教师,所以教师也是一项神圣的职业。教师和医生的工作又相互联系,有了医生、有了先进医疗卫生条件,才能抵御疾病,消除伤痛,延长生命,而这一切离不开教育的支撑,只有通过教育才能培养出高水平的医务人才。人的发展是多元的,职业门类不断更新,但医生和教师难以被取代,而且社会越发展,对医生和教师的要求就越高,他们"救治人""培养人""发展人"的使命就越重大。

接受学生的不同 | 2019-12-17,星期二

每个学生都有不同的精彩,只是有时我们让"分数"蒙蔽了眼睛,不习惯他们的"不同",并千方百计让他们变得"相同":无论是小花、小草,还是小树,一律帮他们长成参天大树;无论它们是喜湿,还是喜干,一律浇水,而且越是长得不好就越浇水。正因为我们担忧学生学不好,或者更确切地说担忧自己教学成绩不好,所以有时做一些违背学生发展规律、抹杀学生个性的事情,却浑然不知。每个学生都是独一无二的,如果我们非用一种方式、一个标准去要求所有学生,那我们在成就一部分学生的同时,也扼杀了另一部分学生的才能。习惯学生的不同,细心观察学生在认知、心理、性格、能力等方面的差异,并根据这些差异选择不同的教育方法,促使其最优发展,这是衡量一位教师优秀的重要标准。对懒惰的学生,我们要加强督促;对接受能力不足的学生,我们要付出更多的耐心;对天性活泼、自我表现欲强的学生,要帮助他们正确认识自己,培养集体意识……正是由于每个学生的不同,我们的教育才显示出其重要价值。基于学生的不同,因材施教,我们的教育才更有针对性、更有实效。

论文要多修改 | 2019-12-31,星期二

2019年度江苏省教育学会优秀论文评比结果日前揭晓,我提交的《基

于乡土地理情境的区域认知素养培养策略》一文获二等奖。这篇论文是我上半年写的,当时投稿给一家教育杂志,但几个月过去并没发表,可能质量不过关。暑假期间,江苏省教育学会组织优秀论文评比,我把这篇论文拿出来,从标题、结构到素材选取、语言表达等方面进行了斟酌和修改,前后历时10多天终于完成。功夫不负有心人,最后获奖了。江苏省教育学会对论文评比要求比较严格。在参评的1340篇论文中,693篇获奖,占参评论文总数的51.7%。其中,一等奖98篇,占7.3%;二等奖148篇,占11%;三等奖447篇,占33.4%。论文要写得好,就要多修改,因为短时间内写出的论文,自我感觉可能不错,可是过几天再读,就会发现很多不足,再过些时日后翻看,又会发现新的瑕疵,唯有多酝酿、多修改,论文才能渐趋完善。如果能把写好的论文请别人看看,提提意见,然后再修改完善,那就更好了。

做好课题过程研究 | 2020-01-13,星期一

1月10日,江苏省教育学会网站公布了"十三五"课题第一批通讯结题评审结果,共评出结项课题73项,我主持的课题"将防灾减灾教育融入高中地理教学的研究"顺利结题。这项课题自2017年3月立项以来,课题组按照江苏省教育学会课题管理办法,扎实开展课题研究活动,先后完成了防灾减灾教育理论分析、高中学生防灾素养调查、防灾教育评估等多项任务。结合课堂教学,积极探索防灾减灾教育融入高中地理教学的途径和方法,引导学生开展灾害问题探究,提高学生应灾避险能力。同时,注重教学和实践经验的积累,取得了一系列研究成果。我撰写的《基于地理核心素养的自然灾害及防治案例研究》获中国地理学会2018年度优秀地理教研论文评比二等奖;王老师的论文《浅析如何在地理教学中渗透防灾减灾教育》在《文理导航》上发表;我修订了盘湾中学校本课程《防震减灾教育》,并在部分年级推广使用;我辅导的学生在"全国防震减灾知识大赛"盐城市初赛中获一等奖。功夫不负有心人,最终顺利结题。课题研究重在过程,重在积累,要防止出现"两头紧、中间松"的现象,力争多出创新成果,这是课题研究取得成功的关键。

为课题选题提建议 | 2020-01-16,星期四

1月初,盐城市哲学社会科学联合会在其网站发布关于征集2020年度社科重点课题选题的通知,面向市内单位和专家学者征集选题,要求围绕落实新发展理念、"四新盐城"建设、乡村振兴、生态文明建设等方面提出具有前瞻性、全局性、针对性的研究选题。作为社科课题研究的爱好者,我积极响应,提出了如下六条建议:

(1)新时期盐城市农民持续增收路径研究。

(2)盐城市引导人才向农村和基层一线流动策略研究。

(3)盐城市城乡水污染综合防治对策研究。

(4)城市化背景下盐城市农村空心化问题研究。

(5)新时期优化盐城市农村中小学布局研究。

(6)提升盐城市公路交通安全策略研究。

这些课题涉及农业农村、环境保护、教育发展、交通安全等方面,我个人认为有一定研究价值,今天通过邮箱发给市社科联,纸质表格也已寄出。这些课题能否入选,还有待市社科联专家审阅。作为一名社科课题研究的热心人,这两年我主持了两项市政府社科奖励基金课题,并顺利结题。作为一线教师,我们可以结合自身专业,注意积累课题研究成果,并积极向有关部门提出建议。

大胆尝试 | 2020-02-21,星期五

学校微信工作群转发了盐城市教育局关于做好"四有"好教师团队建设工作的通知,要求符合条件的老师积极申报。下午校长办公室杨主任把市、县相关文件转发给我,我看了文件,领衔人遴选要求是比较高的:获过市、县学科带头人及以上荣誉称号;近5年获过市级及以上教学成果奖;主持过省级及以上教科研课题并结题;在省级(含)以上专业期刊独立发表论文不少于2篇;个人公开出版关于教育教学的专著;等等。学校符合申报条件的教师不多,我勉强达到申报要求,但分配给我县的推荐名额只有6个。是否申报呢? 我犹豫了一番,决定还是参与申报。晚上我打印出申报表,并着手填写,表格栏目比较多,其中团队"建设目标""建设内容""方法措

施"等我要认真思考酝酿,要想有创新、有特色还需下一番功夫。在工作中,我们需要大胆尝试和坚持不懈的精神,认准的事情就要坚持把它做下去,不一定如愿以偿,但要全力以赴。

珍惜机会 | 2020-02-28,星期五

上午县委组织部徐科长打来电话,说拟安排我作为今年县里上报省第五期"333高层次人才培养工程"科研项目资助人选,让我认真准备材料。听到这个消息我很高兴,这个材料我已准备了一段时间。每年一次的项目遴选面向全省各层次人才,评选条件严格,并且按照培养对象总人数的一定比例限额申报,分配给射阳县的只有1个名额。前两年我都递交过申报材料,但由于各种原因,未能成功。今年年初,我认真研读了江苏省人才办关于科研项目资助通知的文件,重新整理申报材料,依托我去年申报立项的盐城市"十三五"教育规划课题,结合自己的教育教学实践,确定本次申报的项目名称为"基于教师专业发展的教学反思实践研究",并对项目研究的内容、范围进行拓展,对研究的创新点、预期成果等进行重新审核。上午我把电子稿发给组织部同志,请他们审阅,之后根据他们提出的意见,对申报材料再次进行修改和完善,同时,把材料按目录归类,装订成册,傍晚时送交到了组织部。

精心选题 | 2020-03-19,星期四

2020年度盐城市政府社科奖励基金项目研究课题申报工作已经开始,市内各单位具备课题研究能力的理论及实践工作者都可申报。本次市社科联提供了"选题指南",包括十九届四中全会精神研究阐述、融入长三角高质量一体化、"四新盐城"建设、盐城市"十四五"规划前瞻性研究等五个方面。我认真学习了文件,结合自己专业特长,选定"四新盐城"建设中的子课题"盐城水安全、水生态、水资源、水文化研究"。水资源方面研究与区域地理、自然地理密切相关,我平时收集了不少盐城水资源、水安全方面的资料,所以整理材料还比较容易。但在拟定题目时,我又斟酌了一番,"水安全、水生态、水资源、水文化"涉及的范围很广,水生态与水资源研究也有所交叉,用什么来统领几方面研究呢?我选择从"可持续发展"视角来统

领,可持续发展由经济、社会、生态三大系统共同组成,可以涵盖水资源研究的各个方面,最后我确定的申报课题是"可持续发展视域下盐城水安全、水资源和水文化研究"。经过十多天精心准备,申报材料基本完成,如果能够立项,我有信心做好本课题的研究。

自律成就自我 | 2020-04-09,星期四

疫情发生后,很多人闲在家,有人开启"度假模式":白天睡觉,晚上打游戏,吃喝靠外卖。有些人则目标任务明确,保持正常的作息时间,大事小事安排得井然有序。居家时间充裕,在休息的同时,合理规划目标,及时完成任务,时间长了,收获满满。这个假期,我一直忙忙碌碌。一方面,孩子读高三,我要做好后勤服务;另一方面,我还有课题研究和论文写作任务,时间自然很紧。辛苦之中也感到充实的快乐,一个假期我写了2万字的教学反思和论文材料,课题研究任务也顺利完成。其实,我们都希望自己变得更好,但变好的过程不会轻松,所有的收获都离不开耕耘与努力。觉得疲劳时,我们可以休闲放松,但不要轻言放弃,认准目标就要坚定地走下去,路再远,只要脚不停,就能到达终点。

做一件最想做的事 | 2020-04-30,星期四

我们在专业领域都有过自己最想做的事,但能做成的总是很少,想象和事实之间的困难总会让我们望而却步。我自己有过许多这方面的体会:一个好的想法,往往只是停留于"设想",或者做着做着就半途而废,这可能归因于自己对事情有过高的要求。计划千万条,行动最重要,不要想什么天时、地利、人和的突然降临,不要对所做的事有太高的期望和完美的要求,想干就干,完成远比完美更重要。这次疫情期间,我完成了一直拖而未定的2篇论文。我深感能让一件事完成"闭环",是对自己最大的奖赏,尽管完成得并不完美。教育是实践至上的工作,从观念世界到现实世界,需要各种转化。我想,你不妨筛选出一个过去最打动你的想法,并落实到教育现场,切莫拖延,这其实就是教师工作的创造性转化。很多时候,你尝试去做有价值、有意义的事,并且努力完成它,就足以让你日渐自信,与众不同。

教师素养反思

把握机遇 | 2020-05-17,星期日

今天上午我乘杨老师的车前往盐城市田家炳中学,参加在这里举行的盐城市"四有"好教师团队评选现场答辩活动。在前期初评的基础上,市教育局确定了符合申报条件的72个团队参加答辩,分为幼小组和中学组。这些团队大多来自市县重点学校。我很珍惜这个机会,这几天一直在认真准备答辩材料,反复修改,并征询其他老师意见。今天的答辩陈述环节只有5分钟,只能陈述团队建设的重要方面。下午2:30答辩开始,我在答辩时,简要介绍团队情况后,陈述了团队建设的主题、建设目标,强调要"为实现学校发展目标、振兴农村教育提供人才保障"。接着我结合农村学校的实际情况,从师德师风培育、专业技能提升、职业生涯规划与发展等五个方面阐述了团队建设的方法措施,并介绍了团队建设的预期成果。在提问环节,有专家提出:学校通过什么途径来实现教师教育智慧提升?我回答,主要是通过读书和教学反思来促进教师实践智慧生成,并在管理制度层面加以推动和落实,得到了专家的肯定。短暂的现场答辩结束了,不管最后能否胜出,对我来说都是一次难得的学习机会。每一次努力和付出,每一次播种和期待,都会成为美好的回忆。

建立表达自信 | 2020-05-25,星期一

有些教师存在专业阅读与理论积累不足的现象,理解与运用理论的水平有限,造成他们写作时出现"有话说不出""有理讲不清"的现象。他们即使有丰富的实践经历,也难以对实践进行总结、提炼,难以写成有说服力、有价值的文字。有些教师平时只埋头做具体的教育教学工作,很少关心教育改革,对教育新的发展趋势、发展理念和先进实践经验知之甚少,因此很难发现教育生活中"值得写"的点,无法结合教育理论和学生发展状况,写出自己独特的思考和理解。教师要主动对自己日常教育实践进行反思,不断尝试用新的方案解决问题,在变与不变中进行比较探索,寻求突破。当教师能够从研究的视角,以大胆的变革和用心的实践对已有的经验进行考量和审视时,就会获得更为深刻的感悟,形成对教育教学的独特或创新性见解。

不授课，何以为师 | 2020-05-28，星期四

教师的职责是什么？教书育人、立德树人。可是在一些学校，相比上课，有教师更乐意去做教育管理工作。在县内一所农村初中，有两个高级职称的教师做了宿舍管理员和后勤保管员，这不是人才资源的浪费吗？这可能和学校生源减少、教师过剩有关，但只要各方协调，他们还是有机会上课的。三尺讲台，万千桃李，不授课，何以为师？我们要引导广大教师潜心教学，坚守三尺讲台，对教书育人永葆敬畏之心与热爱之情。同时，健全教师考核评价制度，重新界定好教师标准，让好教师在评优评先、晋升晋级方面享有更多机会。我们期待教师都回归讲台，期待校园涌现更多有理想信念、有道德情操、有扎实学识、有仁爱之心的好教师，用一个个鲜活而有生命力的课堂，夯实立德树人和人才培育之本。

学名师的思想和精神 | 2020-06-12，星期五

听名师公开课或讲座时，不少教师都希望学到名师教育教学的方法和技巧，对名师所用课件也特别热衷，总想复制一份，以为这样就有收获了。我想，能真正学以致用的教师又有多少呢？有些教师复制课件后就"束之高阁"，重新再学习或再研究的教师并不多。没有谁天生就是名师，名师也遭遇过困难和挫折，关键看他是如何走出来的，而不是追逐方法和技巧。这正如有人学足球巨星梅西的踢球技法，但很难达到梅西那样的水准，或者根本做不到，因为他没学到梅西在足球训练时的刻苦和专注。我们从树枝上摘得的玫瑰，一时鲜艳，但很快会枯萎，因为缺失了水分和营养。学名师，要善于"嫁接"思想的根，而不只是摘花采果。所以向名师学习，重点不是关注他们怎么做和做了什么，而是要明晰他们的目的和思想是什么，学习他们身上的宝贵精神。

谈教师的发展力 | 2020-06-25，星期四

车站，送走一批乘客，又会迎来新的乘客，且每一批乘客都不同。学校也一样，每年进入学校的学生各不相同。教师无法在学生进入教室之前把他们原有的观念和习惯"清空"，因此必须要面对这些带着不同观念和习惯

的学生。教师要读懂学生、接纳学生、教育学生，就需要不断向书本、向他人、向社会学习，提高自己的学习力，在学习中求发展。教师的这种不断学习、不断进取、不断更新、不断超越的能力，就是教师的发展力。教师的理想、信念、品德、智慧等都体现在自身发展之中，通过发展来实现自我价值。因此，发展力决定了教师最终的职业状态，决定了他对社会的价值。在我们这个时代，能否做好教师，不在于你已经学了什么，不在于你取得什么文凭，获得什么荣誉，而在于你是否还能学习，是否还能发展和提升。抓住"教师发展"这一主线，学校发展、学生发展、教育改革就能得到持续推进。

教师座谈会的收获 ｜ 2020-07-25，星期六

受学校委派，今天上午我去射阳县解放路小学，参加盐城市教师发展中心组织的教师座谈会。座谈会由市教师发展中心马群仁主持，盐城师范学院张权力、程功群、郭雷振三位博士参与调研，来自县内中小学、幼儿园的副校长和教师代表共16人出席座谈会。座谈会上大家围绕教师专业发展的话题畅所欲言，进行了广泛而热烈的交流。大家讲实情、说真话，不回避困难和矛盾，提出了很多有价值的建议。射阳中学朱校长介绍本校在教师发展方面采取的措施后，提到学校教师年龄偏大、学科教师配备不合理、教师职称评定困难等问题；长荡初中孙校长建议各类教育教学竞赛放宽对教师年龄的要求，让在职教师都有机会参加各类竞赛活动；射阳初级中学段老师提到，学生增加，教师课时多、压力大的问题。另外，有教师建议"送教下乡"要常态化，教师"走出去"培训次数再多一些，要关注教师心理健康，缓解教师职业倦怠等。座谈会持续3个小时，临近中午12点才结束。今天的收获满满，很多教师和我一样，参加这样的座谈会的机会并不多，希望相关教育部门能够多组织这样的活动，搭建教师交流合作的平台，促进教师整体素质的提高。

勇于尝试 ｜ 2020-08-20，星期四

今天下午我带着整理好的材料，乘车前往盐城市教育局上交了应聘地理教研员的报名材料。8月14日，教育局发布《盐城市教育科学研究院公开选调教研员》的通知，面向全市公开选调高中英语教研员、中学历史教研

员、中学地理教研员各1名。资格条件要求具有良好的道德素养、身体健康、具备高中教师资格、获市教学能手以上称号等。这次选调引起了很多教师关注，参照资格条件，我可以报名，但又觉得自己资历不够，在农村中学工作时间长，教育能力不足，也没有教科研管理经验。我犹豫了一番，还是报了名。大胆尝试未尝不可，不播种哪有收获？接下来几天，我要认真准备应聘考试，而且要全力以赴，这是我能做到的。

在培训中提升 ｜ 2020-08-27，星期四

昨天中午，我和王老师前往盐城参加全市高三地理教师全员培训活动。来自全市各高中的200名高三地理教师齐聚一堂，这是一次难得的学科研修活动。昨天下午我们听了盐城一中赵静静老师上的一轮复习课《洋流及其地理意义》，之后又听了滨海中学周慧慧老师关于等高线问题的评讲课。两位老师精心准备，课堂设计精巧，师生互动频繁，知识点讲解深入而全面。之后，与会老师分组进行了评课。今天上午各组代表进行了评课交流，我作为阜宁、射阳组代表对两节课作了点评。建湖县教研室姜大勇老师作了"2020年高考试题比较分析和试题研究"的讲座，滨海中学张德忠、东台三仓中学沈玲玲等三位老师作了高三一轮复习计划交流和研讨的专题发言，最后江苏省特级教师、响水中学于从明老师作了"2021届高三一轮复习策略和建议"的专题发言。整个培训活动安排紧凑，内容丰富，来自各地的老师和市县教研员一起交流研讨，谈感受、说想法，交流经验，这对一线教师来说非常及时，也很有必要。

积极推荐教科研成果 ｜ 2020-09-09，星期三

上午收到了盐城市教科院寄来的《盐城教育研究》第3期样刊，在"封三"介绍了我的专著《且思且记：我这样写地理教学反思》，包括内容简介和封面照片。这本书2019年10月由安徽师范大学出版社出版。一部分样书赠送给了同事，同时我联系《盐城教育研究》杂志，主动推荐这本书，编辑陈老师给予了大力支持。我很快就撰写了图书的内容简介，连同封面照片发给了编辑部。之后我一直忙于教育教学，3个月过去，今天突然收到编辑部的样刊，我真的很高兴。我发送的"内容简介"一字未改，说明我写的文字

得到了编辑的认同。2016年2月我出版第一本专著时,也曾向《盐城教育研究》杂志推荐过。教师在工作中积累的教科研成果,如论文、课题、专著等,都可以主动向报纸杂志推荐。与别人共享教科研经验和成果,这不是件好事吗?

教师大计,师德为魂 | 2020-09-15,星期二

高尚的师德是对学生最生动、最直接、最深远的教育。在教师队伍建设取得显著成绩的同时,我们应该清醒地看到,当前我国正处于大变革、大发展时代,人民群众呼唤着良好的道德风尚,也进一步期待着良好的师德风尚。当前师德建设出现了一些新情况,如师德问题从群体向个别、从显性向隐性、从多方关联向双边关联变化等,需要我们认真对待。我们要积极推进观念更新和制度创新,以爱与责任为核心,不断探索新时期师德建设的新方式、新手段,以适应教育事业发展的需要。加强和改进师德建设是一项系统工程,自律是关键,他律是保障,要把师德建设摆在教师队伍建设的首位,发挥教师在师德建设中的主体作用。教师要以人格影响学生的人格,以心灵塑造学生的心灵。增强教师的事业心和责任感,着力构建师德建设长效机制,推动师德建设制度化、科学化、规范化,营造有利于师德建设的良好氛围。

参与教育宣传 | 2020-09-17,星期四

今天上午,射阳县教育局办公室宋主任、许主任来到学校,对我进行采访。今年教师节,我被盐城市教育局评为师德标兵,射阳县仅有2名教师入选,这是我个人的荣誉,也是学校的荣誉。我积极配合采访,首先进行课堂教学场景实录:上午第二节课在高二(3)班讲授"农业污染的防治"一课;第三节课在高二(1)班举行"致敬抗疫先锋"的主题班会,通过图片、视频等方式向学生讲述抗疫期间的感人故事,学生进行了交流发言。之后采访组对我备课、与学生谈心、参与教研组研讨、查阅资料、做课件、指导青年教师等场景进行了现场录制。最后采访了徐校长,他高度评价了我的师德素养和教育教学工作。整个采访安排十分紧凑,临近中午才结束。录制内容将在"射阳教育"微信公众号展播,我对两位主任的辛苦工作表示感谢,也为能

参与教育宣传工作而感到荣幸。

做好课题研究 | 2020-10-07, 星期三

国庆节放假6天, 原本准备好好放松一下的, 可是回到家, 又开始忙碌起来。家务事多一些, 但更多时间用来做课题, 一个是2018年度盐城市教育科学"十三五"规划课题, 另一个是2020年度盐城市政府社科基金课题。这两个课题都要在今年底前上交结题材料, 时间紧、任务重。平时在学校忙, 没多少时间研究课题, 只好充分利用周末和节假日。国庆期间, 我做了如下几件事: ①整理课题的相关资料, 主要是平时观察、调查记录的材料和从报纸、杂志、网络上获取的材料。②结合资料, 围绕关键问题, 对比分析、梳理提炼, 形成系列核心观点。③厘清思路, 构建框架, 进行论文写作。这一步参考的文献很多, 谋篇布局, 从整体到局部, 再从局部到整体, 反复酝酿、修改。另外, 课题研究还要有创新之处, 这一点很关键。我平时也会思考这方面问题, 形成了一些新的看法和主张, 假期集中进行了梳理和归类, 创新点就比较鲜明了。经过几天的努力, 我完成了调查报告和专题研究, 结题报告也完成了大半, 总字数超过1万字, 如期提交结题成果还是有把握的。

做优秀的"设计师" | 2020-10-13, 星期二

以前有句话很流行: "要想给孩子一杯水, 教师自己先要有一桶水。"互联网时代下的教师, 不仅要有一桶水, 还要有把桶里的水引到杯子里的方法和策略。学生在课堂上成长的标志之一是生成学习成果, 教师不同的目标观和学习成果观会导向不同的教学方法、路径和过程。如果教师认为知识是学习结果的话, 那他只是讲解、传授, 让学生听讲、做笔记; 如果教师认为素养是学习结果的话, 那他的任务就是指导、评价和反馈, 学生的任务就是探究、建构和展示。其中, 教师的"设计"发挥着至关重要的作用。优秀的教师是杰出的"设计师", 会根据学情和课程精心设计学习目标、教学方案、评价任务等。教师还会根据每个学生的特征, 帮助他们规划学习路径。当"设计"成为教师的专业追求时, 他们就会转变单一的讲解、接受方式, 让学生通过尝试、合作探究等方式, 经历知识产生与发展的过程, 结合学习和

生活经验,内化和建构知识,提升学科核心素养。

教学设计论文写作 | 2020-10-14,星期三

查阅《中学地理教学参考》《地理教育》《地理教学》三大地理教育期刊可以发现,地理教学设计的论文几乎每期都有,占据了较大的比例。这可以反映出中学地理教师对此类论文的高需求度,也可看出教学设计是地理教师最易着手、最有素材的论文写作类型。教学设计论文并非教学设计,教学设计论文写作需具备两方面意识:一是问题意识,论文是否解决了地理教学中普遍存在的某类问题,即论文应具有示范性、创新性;二是理论意识,教学问题的解决是否有理论支撑,即论文应具有一定理论性。教学设计论文可以选取实际教学中悬而未决的教学问题,创设教学活动,实现对原有教学的改进,也可以以家国情怀、中国精神等热点内容为主题,探寻如何发挥地理学科育人价值。教学设计论文不必呈现教学各个环节,但需简洁明了地阐述作者的思路和创新点,可依托典型案例加以论证,阐明作者的教学思想,以及教学中如何体现该教学思想。论文选题来源于教学实践,案例材料取自课堂,研究结论也应用于课堂教学,通过教学效果来检验教学设计的科学性和有效性。

精读几篇文章 | 2020-11-02,星期一

今年我征订了《中学地理教学参考》《教师博览》《教育文摘》等四种杂志,每次收到杂志我都先要浏览一番。我真想把其中的文章都认真读一遍,但工作忙,实在没有时间通本全读,就只好选择三五篇来读。选择的这几篇都是特别"亮眼"的文章,立意新颖、选材丰富、阐述深入,值得研读。另外,结合我当下写作论文或研究的课题选择相应主题的文章进行精读,这对我写作和拓展研究思路帮助很大。2016年我主持盐城市"十三五"德育课题"高中地理教学中渗透社会主义核心价值观教育的研究",之后一年多的时间里我特别留心报刊上有关社会主义核心价值观教育方面的文章,并收集整理,进行梳理和比较分析,形成自己的观点和主张,结果不到两年,课题就顺利结题了。精读一般要读两三遍,从标题到谋篇布局、观点论证、文字语言等都要好好揣摩、斟酌、推敲,精彩之处还可摘录或复印保存。

有时看了一篇文章之后,我会想:我能不能写这样的文章? 如果觉得能行,我会毫不犹豫地动手尝试。文章写好我就及时投出去,投出去的稿子或许会石沉大海、杳无音信,但只要坚持,总会有成功之时。

阅读的红利 | 2020-11-06,星期五

阅读是一个漫长的过程,阅读是有红利的。这有点像银行存款,今天存点儿,明天存点儿,等到有一天生活出现重大变化时,有存款可以支付开销,那就是阅读红利兑现的时候。阅读愿望一般分为有目的和无目的两种:有目的阅读是深阅读,读一些经典;而无目的阅读,是把自己视线范围内觉得有趣的书拿过来看一看,看得进去就读完,看不进去就放弃。在这样的过程中,你终会遇到一本给自己带来巨大影响的书。每个读书人一生都会遇到一本给自己带来巨大影响的书,这本书其实就是阅读红利的体现,它是你阅读财富中的黄金、宝石。在拥有它之后,你便拥有了一个"智慧库"。你会时不时地想到这本书,并把它带给你的经验和感悟应用到现实生活中去,就像拥有一位陪伴自己前行的挚友。

记下你的想法 | 2020-11-18,星期三

有教师说,自己课前精心设计的问题,到课堂上一提问,学生要么启而不发,要么笑而不语,积极性难以调动。课后写教学反思不知道写什么,感觉一天没什么收获啊。也有教师说,自己想写的,别人都写过了,还有什么记录价值呢? 没什么新意啊。其实,这些教师的个人经历和感受不就是很好的教学反思素材吗? 写教学反思不必挖空心思,东拼西凑,把自己最真实的教学活动、最真实的想法记下来,就是很好的教学反思。马克思·范梅南说过,写下来是很重要的,因为只有写下来,我们才能清楚地意识到自己知道什么。写作是"显性化"最有效的途径,实践性成果必须依靠写作来表现和发展,否则它只能飘忽游移、捉摸不定。每个人的经历都是独特的,想法和思维也各有差异,用心捕捉这些差异与灵感吧,它就是我们教学创新的源泉。

提高信息技术应用能力　|　2020-11-23,星期一

现代信息技术进入课堂教学,改变了原来单纯的师生二元关系,技术媒介的应用,形成了"教师—技术—学生"的三元结构。网络环境下的课堂对师生信息素养提出了新的要求。在传统课堂中,新知识、新信息、新任务大多来自教师、来自书本,而在信息化技术支持的课堂上,新知识、新信息则更多来自网络,学习超越了时间和空间的限制,向更广阔的时空延伸。教师的教学不只是提供最好的讲授,还为学生设计最适当的学习环境,帮助学生找到最合适的学习策略。在人工智能时代,人工智能将成为教师的得力助手,推动个性化、适应性教学的开展。例如:学习分析技术帮助教育者更好地实施个性化和适应性教学;模式识别技术可以自动识别学生的情感状态,以便实施针对性教学;自然语言处理技术可作为教辅工具应用到语言教学上,也可应用到智能教学系统上,实现自动答疑……在此背景下,教师的信息技术应用能力就成为一种不可或缺的能力。

难得的学习机会　|　2020-12-01,星期二

昨天我乘车来扬州,参加在扬州市委党校举办的第6期江苏省高层次人才"爱国·奋斗·奉献"精神教育专题培训和国情研修班。本期研修班共60人,来自全省各地各行业。昨天下午举行了开班仪式和专题教学(《十九届五中全会精神解读》)。今天上午全体学员乘车前往朱自清故居参观。这座始建于清代的建筑,是扬州典型的"三合院"建筑,透露着浓厚的书卷气。之后我们前往邗江区方巷镇,参观扬州市爱国主义教育基地——张爱萍在方巷史料陈列馆。这里保存了张爱萍将军1965年9月至1966年4月在方巷带领村民艰苦奋斗、发展经济的珍贵史料。下午2:00,全体学员前往扬州市区的江上青烈士史料陈列馆瞻仰,先烈的英雄事迹和革命精神深深触动了我们! 之后我们前往平山堂廉政教育基地参观学习,这里陈列着苏轼、欧阳修的生平史料和廉政史迹,内容十分丰富。傍晚时分,我们返回驻地。晚上6:30,研修班学员分成六个小组进行讨论。大家围绕"心有大我,至诚报国"主题,结合各自工作生活和行业发展进行了研讨交流。我在第四组,介绍了农村教育的发展情况。大家还就感兴趣的话题进行了深入

交流。今天的日程安排紧凑,活动充实,真是一次难得的学习机会!

播种希望 | 2020-12-24,星期四

今天收到了江苏省社科联寄来的获奖证书,我的专著《且思且记:我这样写地理教学反思》获2019年度"省社科应用研究精品工程奖"优秀成果二等奖。我很高兴,在本次获奖的200个项目(一等奖50项,二等奖150项)中,绝大多数都是高等院校、科研院所专家学者的研究成果,我的是全省少数几个中学教师获奖项目之一,这是我今年获得的最高级别的成果奖了。每年省社科联都会开展"社科应用研究精品工程奖"评比活动,主要面向省内社科研究工作者,我去年申报过,但没有成功。今年6月,省社科联发出评奖通知后,我犹豫了一阵,因为这项评比竞争激烈,淘汰率高。但后来我还是申报了,寄出了相关材料。这次偶获成功,对自己是莫大的激励! 我会立足本职岗位,再接再厉,努力拼搏,争取多出科研精品。

冬日的收获 | 2020-12-30,星期三

今天,盐城市人民政府网站公布了盐城市第十三次哲学社会科学优秀成果奖拟获奖名单,共150项。我申报的《且思且记:我这样写地理教学反思》获三等奖,这是少数几个中学教师获奖项目之一。本次评奖是在新的《盐城市哲学社会科学优秀成果奖励办法》出台后开展的,首次面向市内外作者,受到了社会各界的高度关注。评奖活动自5月启动以来,市内外提交的个人或集体成果达340项,与往届相比,今年申报的成果数量更多、涉及面更广。我提交的成果属教育类专著,这次获奖给了我很大惊喜! 这也是我在该项目上的第3次获奖,这在市内中小学是不多的。2020年即将过去,新时期还有新的任务、新的挑战,唯有坚持不懈、奋力拼搏,才能续写新的辉煌!

站稳自己的课堂 | 2021-01-05,星期二

教师站稳课堂应该经历三个阶段:第一阶段,教师学到什么就教什么,即模仿阶段;第二阶段,让学生喜欢上你的课,即提高阶段;第三阶段,发现问题,研究学生,即研究阶段。对于地理教师来说,上完一节课后,学生学

到了知识,对教材有了深入的理解,或者是思维方式有了一点转变,就算是教师站稳了课堂。更高层次应该是,教师本身对课堂内容有很好的掌控力,在学生理解、接受的基础上,与学生有良好的互动,让学生对下一堂课充满期待。站稳课堂是教师长期努力所形成的稳定的工作状态,教师的教学风格、育人风格也是独具特色和可持续发展的。我会通过学生的眼神评判上课的效果,学生眼睛里充满了对知识的渴望,甚至有点欣喜、兴奋,这样的学生越多,就越说明教师站稳了课堂。

做好"情绪管理" | 2021-01-08,星期五

2020年12月24日,一位教师教室外"变脸"的视频让10多万网友点赞。上一秒疲惫不堪,下一秒笑容满面,这位教师走进教室前的"表情管理"监控视频走红网络。情绪管理是教师的一项基本功。教师是普通人,情绪也容易受外界环境影响。失望的时刻、沮丧的时刻、气愤的时刻,每位教师都经历过,酸甜苦辣才是生活的本质。但教师如果把不良情绪带进教室,愁容满面、怨声载道,那怎能去营造轻松愉快、积极向上的教学氛围呢?教学效果可想而知。另外,面对犯错学生,教师一旦控制不住自己的情绪,就很容易凭感情用事,做出侵犯学生合法权益的事,这方面例子和教训很多。情绪管理需要锻炼,教师只要有立德树人的信心和决心,爱岗敬业、热爱学生,就能不断地提升自己调节情绪的能力。教师上课前要把情绪调整到最佳状态,从"个人情感"中走出来,信心百倍地走向"大我"。视频中这位教师及时"变脸",情绪调节很到位。

意外的惊喜 | 2021-01-12,星期二

今天我收到了盐城市地方志编纂委员会寄来的《盐城市志(1983—2005)》,非常惊喜!这套书是作为奖品寄来的。去年12月,盐城市党史工作办公室向社会公开征集中国共产党在盐城100件重要历史事件评选活动。活动结束后从参与投票的公众中,随机抽取100名参与者,赠阅市志丛书一套。我看到通知后,认真填写选票,并及时寄出。上周公布结果,我有幸入选,获得了这份珍贵的礼物。这套三册精装本《盐城市志(1983—2005)》由千余修志人历时10多年编纂而成,500万字的鸿篇巨制,2019年

11月由江苏凤凰科学技术出版社出版,这是盐城文化建设的一项重大成果。《盐城市志(1983—2005)》内容涵盖盐城建市以来20多年间政治、经济、文化、科技、教育等社会生活各领域,内容十分丰富,可谓地方版的"百科全书"。我是地理教育工作者,十分关注家乡经济社会发展,这套丛书对我从事教学科研有帮助,我会倍加珍惜。

基于实践的研究者 | 2021-01-15,星期五

有人说,零碎短小的教学反思难以形成教育理论或教学主张。这话没错,但我写教学反思的目的不是形成新的教育理论。我是个普通教师,大部分时间在学校,考虑的都是眼前的小问题和实际问题。当下先进的教学理论和教学主张很多,我们对这些教学理论和主张学深研透了,从事教育教学工作就得心应手了吗? 不是这样! 我们仍会面临各种各样棘手的问题和矛盾,有些是老问题,有些是新问题。这就需要我们发挥聪明才智,具体问题具体分析、解决,而不是照搬现成的教育理论。当然,这不是否定教育理论的价值,每个教师都应学习先进的教学理论和经验。广大一线教师要做经验型教师、研究型教师,还是专家型教师? 我认为定位在研究型教师较为合适,因为教好书、育好人就是中小学教师最大的成功,如果能再多一点研究意识,研究教学、研究学生、研究教育,我们就会走得更远。教书育人是日积月累、用心浸润的过程,并没有高效的"捷径"可走,所以我希望更多的教师能成为行走在实践中的教育研究者。

多去农村看看 | 2021-01-25,星期一

昨天是星期日,我到老家走了一趟。我老家在农村,现在道路、桥梁、水电等基础设施条件改善了,农民住房有了保障,出行便利了,环境治理也有了长足的进步。我看到沿途的中沟河道通畅了,水面基本看不到浮草和废弃物。但是农村环境治理还需要进一步加强,路旁垃圾点的垃圾未及时清理,一些小河小沟水质仍然较差,农户生活污水未经处理就直接排放。有些农户门前仍然是泥土路,下雨天很湿滑。农村老龄化日趋严重,一些老人生活孤单,出行购物、健康医疗等面临诸多困难。农民精神文化生活也比较单调。这些都是我在农村了解到的情况。作为地理教育工作者,要

教师素养反思

想了解中国社会，我们就需要深入农村，特别是偏远的农村去走一走，看一看农村发展动态。这对更好从事教育工作、提升自身家国情怀是非常重要的。各位老师，在繁忙的工作之余，抽点时间到农村看看吧！

最好的教研材料 | 2021-02-26，星期五

星期三开始进行盐城市高三第一次模拟考试。昨天上午地理考试刚结束，盐城市高中地理教师微信群就"热闹"起来，各校的地理教师针对这份试卷展开讨论，争相发言。我统计了一下，当天就新增128条信息，今天又新增155条信息，活跃程度和平时形成鲜明对比。大家讨论的热点集中在试题难度和解题视角方面，如选择题第1~3题，很多教师认为试题太难。日期如何确定？阳台朝向怎么确定？当日正午太阳高度怎么算？这些问题对于学生来说难度较大。还有第25题第2问，"分别分析2010—2011年、2016—2017年芜湖市生态承载力变化的主要原因"。对此题的参考答案很多教师质疑："人口经济压力指数变小，就表明人口压力指数增大吗？"一次模拟考试引起了众多教师的关注，在于考试与教师的教、学生的学密切相关，试题是否科学、难度是否适当自然成为交流的热点。积极参与讨论，每个人对试题的评价、理解和观点交流，就是最好的教研材料。

做有思想的教师 | 2021-04-26，星期一

许多学生面对问题或困难时，第一反应是"我不会""我不能""我不敢"。实际上，不是因为"不会"而做不好，而是学生习惯了不思考。懒得思考，哪有自己的想法？要让学生有思想，教师首先要有思想。教师应该认识到，以积极的姿态正确看待学生是教育发生的前提，应把学生看作一个鲜活的生命个体，一个有缺点但有潜能的好学生。解决学生的"疑难杂症"是教师专业价值所在，教师不仅要懂得教育规律，也要懂得把教育规律与学生成长的实际结合起来，创设出适合学生的教育。教师应成为有思想的实践者，把理念转化为思路，思路转化为方法，在研究的状态中工作，围绕促进学生全面发展而工作。因此，只有教师改变了，才能有教育的改变、学生的改变。

酝酿自己的教学观点 | 2021-05-12,星期三

要在教学实践中成就自我,教师不仅要"吃透两头",即教材和学生,还要磨砺教学技艺;不仅要学习先进的教育理论,还要经常进行教学反思。我不主张每个教师都拥有独创的教学理论,因为"理论"涉及的面广、量大,不是每个教师都能建立的。但教师在实践过程中形成自己的教学观点是有可能的,这些教学观点可以是零散的,也可以是成体系的,并在教师教学实践中不断丰富拓展。教学观点是教师教学的指路明灯,无论形势如何变化,目标方向不会动摇。目前来看,广大教师缺乏的是提炼、形成和完善自己的实践性观点:一是缺少观察、思考和积累的意识;二是缺少持之以恒的品性。美国教育哲学家奈勒说,一个肤浅的教育工作者,可能是好的教育工作者,也可能是坏的教育工作者,但是,好也好得有限,而坏则每况愈下。有强烈自我发展、自我创新意愿的教师,一方面会迫于"素材""资源"上的匮乏而产生压力,努力去"上好每节课",另一方面则会用"上好课"去验证和进一步发展自己的教学观点,在实践和理论之间形成良性互动。所以形成自己的教学观点并非易事,需要教师长期的实践体验与探索积累。

加盟名师工作室 | 2021-05-19,星期三

晚上,盐城中学李光明老师打来电话,邀请我加入他的盐城市高中地理名师工作室,他说我文章写得不错,科研能力强,希望能一起合作。我很高兴,因为我一直想加入名师工作室,但苦于没有机会。上周我看到同事发来的文件,盐城市教育局将在全市开展市名师工作室(第三批)建设工作,要求市内所有在职省特级教师、省教学名师、"苏教名家"培养对象申报。我基本符合工作室成员申报条件,几天前就把成员申报表填写好了,但是射阳县目前还没有地理特级教师和省教学名师,这样就没人组建地理名师工作室了,我正为此犯愁。今晚李老师来电邀请,我能不高兴吗?李老师是江苏省地理特级教师、正高级教师,十多年前我就听说过他了,但我长期在农村工作,我们并没见过面,也没有相互联系过。可能是别人介绍,他知道了我,真要感谢他给我这个机会。晚上我把成员申报表发给李老师,明天要带纸质稿到学校,并去教育局签意见盖章。期待加入名师工作

教师素养反思

室,与市区学校优秀的老师交流合作、共同发展。

一万小时定律 | 2021-06-03,星期四

畅销书作家格拉德威尔在他的著作《异类》中说:"人们眼中的天才之所以卓越非凡,并非天资超人一等,而是付出了持续不断的努力。一万小时的锤炼是任何人从平凡变成世界大师的必要条件。"他将此称为"一万小时定律"。确实,优秀非凡不是天生的,而是后天持续努力的结果。有人调查发现,诺贝尔奖获得者是所在同行中最勤奋、付出最多的人。他们的成果令人惊叹,但那是他们用汗水和努力换来的。一万小时定律在我们教师群体中也看得出来,著名儿童教育家李吉林老师为了在情境教育研究上取得突破,几乎把所有的周末和寒暑假都用于读书、研究和写作。我认识的一位教学名师说,在追求"名师"的道路上,他准备了10年,后来终于成功了。见到省内外教学名家,我对他们取得的教育成果并不感到意外,因为那是他们应该得到的。为何我们没有达到名师的高度? 因为我们的努力和付出还没有他们多。

好教师的标准 | 2021-06-14,星期一

好教师是爱学生、爱学科、爱教育的教师,他们会给予学生无条件、无保留的爱,理性、严格的爱,信任、理解、欣赏学生,善于唤醒、激发学生。好教师爱自己的学科,理解所教学科的本质,关注学科发展动态,把握学科育人的价值。在信息化时代,好教师能创造性地组织学生开展探究性、实践性学习。好教师是成就学生面向未来发展的教师。未来社会的竞争不仅是知识的竞争,更是想象力和创造力的竞争。好教师引导和帮助学生把握好人生方向,扣好人生的第一粒扣子,让学生看到更广阔的世界。好教师是耐得住寂寞,潜心教育的教师。好教师有理想信念,日复一日、年复一年,长期专注普通的工作,不断向上发展,追求事业和人生的新高度,同时也收获着学生成长、自我成长的幸福。

多一些对话交流 | 2021-06-21,星期一

每次参加教研活动或教师培训时,都有一些专家为我们开设讲座,只

要认真听,肯定有收获。5月份射阳中学学术节时,盐城市教科院马院长所作的课题申报的讲座,对我有很大启发。记得2019年7月参加东北师范大学特级教师研修班期间,我问程明喜老师:"我的公开课特别欠缺,核心期刊论文也不够,怎么能评特级教师?"程老师对我说:"要积极主动争取校内外公开课,并努力上好。论文不够,今天就准备,明天就开始写,反复修改,就能发表。"我深受启发,这两年我在"短板"项目上有了一定进展。对话交流是教师专业成长的必要条件,我们不缺和学生、家长、同事的交流,缺少的是和学科专家、名师的交流。参加培训时和专家当面多一些交流,平时也可通过电话、微信、邮件进行交流。在我们碰到教育、教学、科研困惑和难点时,都可以主动和专家联系,谈谈情况,听取他们的意见和建议,这对自己专业发展是大有裨益的。

命题基本功不能丢 | 2021-06-22,星期二

临近期末,学校安排我命制高一地理期末考试试卷。我忙了好几天,终于完成了,今天把试卷发给了林老师。期中考试地理试卷也是我命制的,每学期我正常要为学生出2~3份试卷,每一份试卷都要花时间和精力。我觉得,教师命题应该是一项基本功,不能丢。第一,命题有助于教师整体把握教材和考评框架。要想出一份高质量的试卷,命题人必须对课程标准、教材内容、学生学情等进行全面了解和分析,对学习目标、能力达成、重难点分布等了如指掌,这样才能把握好试题难度,提高试题质量。第二,命题有助于教师提高命题和教学的融合度。命题技能打磨与课堂教学水平提升相辅相成,知道"考什么",才知道"教什么";知道"怎样考",才知道"怎样教"。"考"与"教"要紧密结合,并有机渗透在日常教学中。第三,命题可以用好考试的"检测与导向"功能。教师命题制卷,能从不同侧面了解学生对所学知识的把握程度,考试所反馈的信息有助于教师反思自己的教学,从而不断调整、优化教学方式方法。所以,教师命题基本功不能丢。

观察的视角 | 2021-06-25,星期五

早上只要有空,我都会去小区南面的田径运动场跑几圈。早上运动的人很少,我经常感叹:这么好的运动场利用率太低,居民的运动意识太缺乏

了。今天一个偶然的机会，使我改变了这个看法。平常晚上我是不出门的，但今晚比较热，我就出去走了一圈。从小区西门向南，经过一处十字路口，再向前就是商业街，我想再到田径运动场看看吧，那里应该凉爽。当我走到田径运动场旁才发现，这里人流如织，足足有几百人，男女老少都有，有的在散步或跑步，有的在草坪上跳绳或聊天，好不热闹，这和早上门庭冷落的场景形成鲜明对比！我还能说这运动场利用率低、居民运动意识欠缺吗？看来，观察一个事物，如果仅局限于某个时间点，哪怕天天看，我们对事物形成的印象也可能是片面的、不准确的，这就是所谓"一叶障目不见泰山"的意思吧。其实，对人又何尝不是如此呢？你要了解一个人，观察的视角就不能只局限于某个时间点、某个方面，而必须是多时间点、全方位的，在观察的基础上多一些比较和分析，如此才能客观、全面地认识一个人。

不行就再改 ｜ 2021-06-29，星期二

上周我把《建设宜居宜业新乡村》的稿子投给了《盐阜大众报》，这篇稿子是我研究市社科课题的部分成果。今天报社李主任通过微信给我发来消息："曹老师，不好意思，没有适合的版面刊发。"我很无奈，李主任说话很委婉，不是没有版面，肯定是我稿子质量不过关，无法刊用。当时投稿有点仓促，晚上我把稿子拿出来，仔细看了一遍，发现确实有些问题：条理不够清晰，阐述不够深入，也缺乏新意。我翻阅了一些资料，进行了修改和充实，1400多字的稿子我字斟句酌，不知不觉1个多小时过去了。这篇稿子看来还要再修改，仅用今晚时间是不够的。一篇文章要想顺利发表，不修改四五遍肯定不行，有时自我感觉良好不代表文章质量就高。"冷却"一段时间，再拿出来读，又会发现问题，再思考、修改，如此往复几次，文章质量才能提高。

精心准备 ｜ 2021-08-22，星期日

2021年江苏省教学成果奖评选已经开始，经过一段时间准备，几天前我把申报材料交到了射阳县教研室。昨天接到唐主任通知，盐城市教科院要求各位申报老师对照文件，重新对材料进行完善。今天一早，我把材料拿回来，对一些内容进行了修改：一是更换成果名称，将原来拟定的"且思

且记:我这样写地理教学反思",改为"基于教师综合素养提升的教学反思实践研究",这样表述就更规范,也能涵盖所有成果内容;二是修改申报表中一些文字表述,如"成果概要""成果应用及效果"等栏目,尽量用数字和实例说明,省社科应用研究精品工程奖属于省级成果奖,所以在第六个栏目就增加相关表述;三是对个别时间节点进行校正。经过半天紧张忙碌,终于完成了材料的修改。江苏省教学成果奖每4年评选一次,申报要求比较高,我的教学成果虽然在市和县里都获过奖,却未获得过省级教学成果奖。抓住这次评选机会,精心准备、做细做实各个环节,力争交出一份有价值、令人满意的教学成果。

做好本职工作 | 2021-09-03,星期五

新学期开始了,我又走进了盘湾中学的课堂。本学期我任教高二年级4个班的地理课,一个班每周3节课,共12节课,加上周末辅导课,每周实际要上20节课,而且本学期后半段课时还要增加。高二本学期面临地理学业水平考试,所以教学主要任务是带领学生复习。但学生的学习基础并不好,这两天上课就看得出来,简单知识学生都回答不了,课堂上要带领学生梳理回顾教材知识,分析重点,复习课接近新授课了。学生复习也不在状态,每个班都有几个顽皮、不肯学习的学生,教师在课堂上要"管"住、"管"好他们,提高他们学习的积极性。复习阶段学生的课后辅导和个别帮扶也不可少,这需要教师课后花一些时间。本学期教学任务繁重,我要认真备课、上课,了解学情,研究教法,全力做好教育教学各项工作。

不做情绪的奴隶 | 2021-09-13,星期一

教师从事的是和人打交道的职业,人是千差万别又各有特点的,而青少年正处于青春期,叛逆行为较为普遍,遇到学生调皮或不认真学习的情况,有的教师会严厉批评学生,这不仅影响正常教学和教师自身形象,教师的情绪也会陷入低谷。因此,教师要有很强的自制力。米开朗基罗说:"被约束的才是美的。"教师肯定会遇到不听话、倔强叛逆的学生,教育过程中如果情绪得不到有效调控,那么就很可能成为情绪的奴隶。当你要发脾气的时候,首先要做的是尽量让自己平静下来,看看出现了什么情况,暂缓一

步再进行处理,而不是发脾气,被情绪牵着走。驾驭好自己的情绪、增强自控能力,这不仅是对教师在教育工作中的要求,也是与家人、同事、邻居、朋友交往中需要做到的,如此工作和生活才能顺利、愉快。

珍惜学习机会 | 2021-09-28,星期二

9月26日至27日,我参加了盐城市2021年高二年级地理教师全员培训。26日下午,我们观摩了盐城中学朱雅文老师和大丰区新丰中学杨婧婧老师的公开课。两节课教学设计精巧、教学方式灵活、师生双边互动深入,教学效果好。评课时大家充分发表意见,对两节课的亮点、特色和不足之处进行了分析。27日上午,我们观摩了田家炳中学地理组的集体备课,选题是"地球公转的地理意义"。主备老师详细介绍了自己的教学构思,包括教材内容处理、教学流程、重点突破、作业设计等,其他老师依次发言,提出意见和看法,并相互讨论,在关键问题上达成了很多共识。集体备课后,盐城中学李光明老师、江苏省前黄高级中学陈国祥老师和市地理教研员祝伟老师,分别以"高中地理新教材内容和使用策略""基于学科大概念的高中地理课程校本化实施"和"新形势下'三新'变化、推进'三程'建设"为题作了专题讲座,对当前地理教学中的热点问题进行了探讨,对教学方式改进提出了建议,我们一线教师很受启发。高中学科教师培训每年都有,我们应珍惜这样的机会,大家聚集在一起对话交流、切磋经验,进行学习探讨,这对教学业务水平的提升是大有裨益的。

创新思维从何而来 | 2021-10-20,星期三

创新思维对学生来说很重要,但创新思维培养并不容易。创新思维对教师来说也很重要,可很多教师自身创新意识比较淡薄,甚至工作二三十年,也没什么创新观点和创新行动,因此难以有新发现、新成果。爱因斯坦说:"为什么创建相对论的人不是别人,而是我呢? 我以为主要的原因是,一个正常的成年人不会研究空间和时间的问题。但是我的智力发展滞后,所以到成年后我才开始对时间和空间的问题产生好奇心。"爱因斯坦不认为自己有天生的创新才能,他曾回忆说,自己在瑞士上中学时有自由讨论的氛围,没有人强迫他学习要得高分,从而使他对科学产生了兴趣。爱因

斯坦的成长经历值得我们思考，创新思维不是"压"出来的，而是自由和兴趣使然。教师要养成创新思维，就要对教育教学问题保持长久的兴趣，要善于在和他人讨论和实践的过程中获取灵感，并在持之以恒的研究中获得快乐。具备了这些条件，创新思维培养就不是难事。

"人才学党史，奋进新时代" | 2021-11-15，星期一

11月9日至12日，我有幸参加了盐城市委组织部举办的"人才学党史，奋进新时代——铁军精神人才行"党史专题培训班。学员是来自盐城市各领域的省"333人才工程"培养对象、省市"双创"领军人才。本次培训采取理论学习和现场教学相结合的形式。9日上午，在开班仪式上我们听取了党史学习教育的专题报告；9日下午，我们前往盐城新四军纪念馆，探寻新四军在盐阜大地浴血奋战的光辉足迹；10日，我们前往东台市和大丰区参观寻访，探寻前辈们艰苦奋斗、开拓创业的历程；11日，我们前往阜宁参观盐城抗击"6·23"特大龙卷风纪念馆，之后又前往阜宁羊寨镇参观中共中央华中局第一次扩大会议旧址。在培训中，我们还聆听了市委党校和市政府党史办两位专家的专题讲座，并进行了"人才沙龙"和学习交流活动。本次学习培训内容丰富，每位学员都非常珍惜这次学习机会，积极参与研讨，对党的百年奋斗史有了新的认识，对盐城未来发展有了更全面的思考和更科学的定位，达到了强化理论武装、凝聚思想共识的预期目标。

提升业务水平 | 2021-12-07，星期二

今天见到县内某高中校长，他说，上周他参加了市直中小学教师"三名工程"课堂教学考核评审，一天时间他听了34节微课，感触很多。总体上教师教学水平提升很快，他听了一批优质微课，但是有部分教师教学水平参差不齐，市直重点学校教师业务水平较高，他们运用先进教学方法，讲课效果较好；一般学校教师讲课水平落后一些，教学内容处理、教学方法运用都有待改进，而来自研训机构的人员教学水平也不高。这个现象的产生并非偶然，一方面它和教师的教学实践密切相关，坚持深入课堂、多上课、多研究的教师业务水平高，而平时上课少甚至不上课的教师业务水平不尽如人意。另一方面，教师业务水平还和学校教科研环境密切相关，重点学校注

重培养教师教学基本功,教师培训扎实有效,教师整体业务能力提升明显,而普通学校对教师业务培训不够重视,教科研活动没有常态化开展,教师业务水平提高不快。所以教师业务水平高低,不完全取决于教学年限和经验,更多地取决于教学实践和业务学习,而且和教育管理环境密切相关。要想成为一名优秀教师,还是要到课堂中去、到学生中去、到教育实践中去!

教育生态反思

我们要能够做，做的最高境界就是创造。我们要能够学，学从生活中去学，只知学而不知做，就不是真的学。

——陶行知

教育学科与学科教育 | 2018-01-19,星期五

教育学科寻求的是一般教育现象中的普遍规律,而学科教育学探讨的是某个学科教育现象的特殊规律。这两个"学科"的关系体现为种属关系,表征的是普遍与特殊的关系。有两个问题需要厘清:一是教育学科除了探讨一般教育现象的普遍规律外,是否涉及某个具体学科教育的特殊规律?其实,这是一个总与分的关系,即在具体学科教育存在特殊规律的情况下,教育学科的主要任务是研究一般教育现象的普遍规律,即在众多具体学科教育中所表现出的共性规律。具体学科教育所出现的特殊现象,则是学科教育学所要探讨的,最终获得对其特殊规律的认识。二是对某个具体学科而言,如地理教育,它究竟是地理的分支,还是教育的分支?作为科学分类的地理,依据的是科学规律,而地理教育主要归属于教育问题,观察和认识其现象依据的主要是教育规律,由此从现象到本质所获得的主要也是教育规律。因此,将地理教育划归为教育学科,在学理关系上更为稳妥。

生活是道德养成的根基 | 2018-03-12,星期一

德育不同于智育,智育重在知识的获得,知识面对的是客观事物和规律,而德育面对的是人,人格的生成重在情感。知识可以学习,情感只能领悟、体会,人对人、人对社会的理解是德育的基础,德育是人与人的精神对话。德育即引导受教育者去理解、体验自己生活中有意义、有价值的内容,感受生活的美好,逐步形成"生活对于我有意义"的积极态度,所以生活是道德养成的根基。但是德育和智育又融为一体,相互渗透,任何学科教师在教学中都承担着立德树人的根本任务。如果只是单纯地传授知识,放弃育人任务,这样的教师是不合格的。课堂是人与人心灵碰撞和情意交融的地方,许多动人心弦的故事会在课堂发生。学生在这样的课堂里应该是自由、快乐的,他们的身心获得解放,素养得到提高。

让教育回归自然 | 2018-03-21,星期三

法国教育家卢梭对天性教育思想作了独特而深刻的阐释,他的天性教育思想不仅有"人"的视野,更有"儿童"的视野。卢梭举例说:"我看见雪地

上有几个淘气的小鬼在那里玩,他们的皮肤都冻紫了,手指头也冻得不那么灵活了。只要他们愿意,就可以去暖和暖和,可是他们不去;如果你硬要他们去的话,也许他们觉得你这种强迫的做法比寒冷还难受一百倍。"卢梭认为,给儿童自由和锻炼,可以使他们享受当下玩耍的快乐,也能抵抗必然遭受的苦难,使他们目前和将来都过得愉快。我们的教育不应远离儿童的自然状态,而应尽可能使他们接近自然,让他们活动、玩耍、做游戏,保护他们可爱的本能,使他们在自然状态中度过幸福的童年。

课间"闹"而有序 | 2018-04-04,星期三

课间十分钟是让学生放松和休息的,可有的教师经常"拖堂",也有的教师提前进教室上课,这样就挤占了学生课间休息时间,这是一个不好的现象。课间好好放松,上课才能认真听讲,这样劳逸结合,才能提高学习效率。教师要提高教学水平,精心设计、合理安排课堂教学,做到上课铃响即上课、下课铃响即下课;要优化课间管理和服务,引导学生做好"常规事务",如饮水、上厕所、晒太阳等;要引导学生适当运动,如跳绳、踢毽子、散步等;在保证安全的前提下,让学生"动"起来,当然也不能让学生尽情去"闹",毕竟课间时间短暂。学校要加强对学生的安全教育,明确哪些行为不能做、如何防范安全事故等,可设立课间"巡查流动哨",对过度吵闹及存在安全隐患的行为及时提醒,确保课间10分钟"闹"而有序。

"重负担"不能带来高质量 | 2018-04-16,星期一

高三复习大量机械训练、强化记忆,暂时提高了学生成绩,但不能维持多长时间,知识难以内化。相反,如果教学质量提高,学生能力增强、素养提升,那么他们学到的知识是不会"消退"的。"重负担"下的教育,让学生失去的不仅是快乐的时光,还失去了自由成长的空间和多样化发展的可能。"重负担"不能带来高质量,原因有二:一是"重负担"主要集中在各学科的知识板块上,只注重对知识的识记和训练,忽视了对学生核心素养的培养;二是"重负担"主要集中在应试科目,而非应试科目被忽略,影响学生的全面发展。因此,学校以及教师要关注学生的全面发展,合理安排各学科教学,不能厚此薄彼。

纸读与屏读的融合 | 2018-05-25，星期五

纸读即纸质阅读，是历史悠久的阅读方式。纸读具有不可替代性、持续性和稳定性的特点，目前仍是人们学习的主要方式。纸读具有独特的魅力，它是高品质文化生活的一个重要体现，纸读的愉悦体验和舒适性能给人带来宁静感，抑制浮躁，培育人的书卷气质，能让人趋于理性。纸质书刊的公信力和权威性较高，真正要获取文化思想时，许多人仍然首选纸读。屏读即通过屏幕阅读文字，是数字化时代的产物。屏读方便快捷、信息来源广泛，内容获取、存储、整合方便，并可与他人即时分享与互动。屏读这种碎片化的阅读方式在一定程度上促进了全民阅读，那些普通的阅读者也拥有了相互交流的机会，这对知识传播、信息共享是大有裨益的。在这个数字化时代，我们既要充分利用好屏读快捷、互动方便、时效性强等优势，也要保留纸读的习惯，深度阅读、丰富自我离不开书籍。我们要训练自己适应不同的阅读方式，在享受数字化时代的便利性的同时，通过深度阅读提升对世界的理解力。所以纸读与屏读不是两种孤立的阅读方式，也不是简单的取舍关系，需要我们扬长避短、因时因地有机融合，这样才能获得更好的学习和交流效果。

关注"第十名"现象 | 2018-06-27，星期三

牛顿、爱因斯坦、爱迪生等科学家在少年读书时都不是"学霸"，有的成绩还很差。屠呦呦是第一个获得诺贝尔生理学或医学奖的中国人，但她在中学时成绩处于中上游，并不拔尖。众多例证表明，那些容易被忽略的"中等生"，其日后发展往往优于前几名学生，这就是心理学上的"第十名"现象。为什么会这样？因为过分看重分数的学生，往往会通过延长学习时间、增加作业训练量来获得高分，这样就压缩了自己在其他方面发展的时间和空间，透支了今后发展的潜能。而"第十名"学生面对的各方压力不大，学习不会过于辛苦，他们在最接近自然的状态下生长和发展，而这有利于保护他们的好奇心和想象力，也最有可能储存、发展他们的优势潜能，所以日后走上社会，一旦拥有适宜的环境或合适的时机，他们的潜能优势就能得到充分释放和展示。

重视劳动教育 ｜ 2018-09-14，星期五

近年来出现了一些青少年不想劳动、不会劳动、不珍惜劳动成果的现象，劳动特有的育人价值在一定程度上被忽视，劳动教育的重要性被弱化。究其原因，家庭和学校对劳动教育都没有给予重视。从家庭教育来看，许多家长不让孩子参加劳动，一是担心占用孩子学习时间，二是孩子做不好，怕累着孩子。还有家长认为即使孩子学会劳动，对考试、升学没有帮助，对以后工作影响也不大，自然就不重视劳动教育了。事实上，无论社会如何发展、技术如何进步，变化的只是劳动的对象和手段，而劳动本身不可少，"自己动手、丰衣足食"永远是颠扑不破的真理。没有劳动习惯和能力，怎能适应今后社会发展和激烈的竞争？

回归教育初心 ｜ 2018-09-30，星期日

少数学校教育停留在解决人的"生存问题"层面，把基本知识和技能提升放在优先地位，指向学生考试升学和未来的职业选择。这种"生存教育"遮蔽了"生命存在"的问题，没有教给学生生存的本领，没有让学生对生命存在的必要性进行深入思考，导致了生活的重复单调，影响了学生对幸福和自由的终极追求，这样的教育很难实现人的生命价值。学校教育要关注教育的原点问题，厘清教育的本质，聚焦人的生命的发展，即人的全面、和谐、自由的发展，要关注生命存在、生命智慧、人格修养等重要问题。教育就是要激扬学生的生命活力，使他们树立正确的生命意识和生命观，以积极的心态去应对人生的困难和挑战，更加珍惜和热爱生命、尊重生命，实现自我生命价值的建构。

教师形象宣传要全面 ｜ 2018-10-22，星期一

每年教师节前后，都有不少宣传优秀教师、模范教师的报道，但有些宣传教师敬业奉献的报道，并不能引发人们的"共鸣"，比如某个教师身患重病却坚守三尺讲台，某个残疾教师托起山区孩子的希望，等等。这些教师的精神值得宣传和学习，但"辛劳""艰苦"并不能概括教师队伍。改革开放40年来，国家对教育越来越重视，教育投入越来越多，教师待遇、地位有了

显著提升,教师成了一个热门职业。教师的形象是阳光的,生活是多彩的,即使在艰苦环境下,他们也能找到为师之道,因而,教师不是"辛劳、艰苦形象"的化身。在新时期,教师形象宣传也要与时俱进。只有深入实际,接触教师群体,了解他们的生活状况和"急难愁盼",才能写出真实的教师、真实的教育,才有助于人们正确看待教师群体,推动教育事业更快更好发展。

机器人教师展望 ｜ 2018-10-23,星期二

随着自动化机器学习系统的不断完善,利用智能机器劳动、学习、教育成为可能。智能机器不仅依靠程序、指令、算法运行,也能依靠自我意识与自主思维运行。随着数据库及算法的不断改进,智能机器甚至能兼容体现人类特征的生化算法与体现智能机器特征的电化算法,从而在某些特定方面会比人类更强大。虽然有人认为"计算机无法做出价值判断""价值体系不会以算法的形式存在",但已有事实表明,大数据和算法可以影响价值判断和价值体系,机器人教师在这方面大有作为。未来,人工智能技术、教育机器人可能会对教育发展产生革命性的影响。

学习的改造 ｜ 2018-10-29,星期一

学习需要不断改造和革新,这样才能适应社会进步和人的发展。改造学习涉及方方面面,我认为应抓住以下三个方面:一是从学校走向社会中心。这是教育空间的改变,我们不能仅仅在学校里学习,社会是我们的大课堂,有着各种各样良好的教育资源,社会精英都可能成为我们的老师,能者为师的时代将会出现。二是从固定的学习走向弹性的学习。未来的教育必然以弹性学习为基础,什么时候开始学、学什么、怎么学,应该由每个人自主决定。工作、学习交替进行应成为常态,工作最能调动一个人的学习动力,未来传统的学校刚性约束制度可能会被取代。三是从学历社会走向"学力"社会。未来应是一个追求"学力"的时代,评判一个人,不在于你取得什么文凭,而在于你学到了什么,你有没有通过学习真正地发展。通过"学分银行"来动态记录一个人的学习经历、成长经历,让"学力"和素养提升成为人们的共识,我们的教育会迈上新的台阶。

分数不是唯一 | 2018-11-15,星期四

期中考试结束后,学校会召开考试质量分析会,对各班级、各学科学生考试成绩进行分析,表扬好的班级,对差距较大的班级进行通报,并要求相关教师做好整改工作。有的教师压力很大,不得不在教学上加码,师生的负担都加重了,这个现象值得关注。教师的工作难道只看分数?学生的分数高,其教师就是优秀教师吗?我看不是这样的。教学是个"长线"工程,急躁和冒进不可取,教学工作不是仅围绕学生考试成绩来开展的,阶段性的考试分数不能表明教师教学工作的优劣。有些学校将分数作为评估教师的标准,这会带来不良后果,可能会助推教师教学的恶性竞争,掩盖一些人的师德缺陷。不考虑校情、班情、学情,只以分数排名次、论英雄,这种考核机制应该被淘汰。教学质量分析会需要改进和优化,它既需要考虑教师课堂教学水平和育人意识,也要考虑学生基础情况、班级管理情况等,目的是达到整体提升而不是奖"优"罚"劣"。分数不是唯一,应该成为每个教育人的共识。

教育家办学 | 2019-01-11,星期五

当一个国家需要建设成创新型国家、当教育亟需转型为创新型教育的时候,学校就特别需要教育家办学。只有那些既有教育理论、教育思想,又有教育实践和创新能力的人,才能办出最优质的教育。教育家办学,才能实现这样的目标。那些在几十年的教育生涯中,研究了教育、引领了教育、创新了教育,有着独特的教育思想和成功的办学实践的教育者,是真正的教育家,是广大教师学习的典范,其思想和实践丰富着我国的基础教育。在千千万万的教育实践者中,做出成绩的不少,但能形成完整教育思想的并不多,其教育影响力有限。要成长为教育家型校长或教育家型教师,理论功底和创新实践能力需要不断提高,教育家永远是立足于教育一线的专业人才。只要走上理论与实践紧密结合之路,中国的教育家就会源源不断地出现。

个人小结德为先 | 2019-01-18,星期五

临近年终,年度考核即将开始,每个教师都要撰写个人小结。个人小结一般包括"德""能""勤""绩""廉"五个方面,很多教师都重视"能""绩"等方面,却对排在首位的"德"有所忽略。在小结中关于"德"方面的总结,不是写几句套话,就是写一些老话,甚至照抄以前的表述。在一些教师看来,"德"是虚的,只要没犯原则性的错误,没被教育部门处理过,写多写少、写什么,没人会在意。其实,教师素质的核心就是"德","人无德不立,业无德不兴","教师大计,师德为本",这些都说明了"德"对于教师及教育事业的重要性。教师必须德才兼备,以德为先,否则就不能成为一名合格的人民教师,更谈不上承担立德树人的根本任务。"德高为师,身正为范。"每一位教师都应积极主动参与师德师风建设活动,努力提升自身师德修养,确保自己师德过硬。教师在撰写个人小结时,应高度重视自身"德"的总结,做到实事求是,如实撰写,不能马虎对待、应付了事。同时,学校以及教育行政部门也要注意对教师"德"的考察。

影视教育不可少 | 2019-02-19,星期二

2018年11月,教育部、中共中央宣传部联合印发《关于加强中小学影视教育的指导意见》,提出我国计划用三至五年时间,在全国中小学基本普及影视教育,保障每名中小学生每学期至少免费观看两次优秀影片,使观看优秀影片成为每名中小学生的必修内容。优秀的影视作品具有独特的影响力和感染力,我们回忆小时候自己看过的电影,对其中的人物、故事情节往往记忆犹新,就是因为电影是当代最具传播效应的大众艺术形式之一,对青少年的人生观、价值观有重要影响。近年来我国电影事业快速发展,优秀影片大量涌现,但客观上电影院特别是乡镇电影院少、门票贵,同时学生自由时间少,很多电影故事的教育效果未充分发挥。开展中小学影视教育,引导各地学生多看优秀影片,对于深化基础教育课程改革、丰富学校育人方式、培养学生良好的审美观念和鉴赏力,具有重要作用。

力量源自团队 | 2019-04-09,星期二

罗斯福说:"团队行动可以完成单个行动者永远也不敢奢望的事情。"团队的力量,足以让最普通的人做出最伟大的事情。很多教师深谙此理并积极践行。地理教研组提出了"整体优化结构,发扬团队精神"的建设宗旨,以"优势互补,整体推进"的教研思路,把"备、讲、评、改"四个环节作为常规教学的重要工作予以落实,取得了显著成效。教研活动形成了这样的特点:有什么灵感和经验,大家共同分享;有什么困惑,大家共同探究化解;有什么任务,大家共同承担。有时为了一个问题,大家会争论不休,但往往在争论中渐渐达成共识。正是得益于教师之间推心置腹、开诚布公的研讨,单数的"我"与复数的"我们"相遇相融,个人的观点转化为大家的行动,一人的方法成了大家的法宝。

中西方教育谁更好 | 2019-05-16,星期四

有人说,中国教育出匠人,西方教育出大师。中西方教育差别在哪里?谁优谁劣?早在2011年,有专家指出,中国缺乏复合型、创新型人才,无法满足经济社会发展的需要,并将其归咎于灌输式教育模式。对此我们要理性分析,中西方教育有差异,并不存在谁比谁更好的说法。有人认为,中西方思考方式不同,东方学者看问题更整体、更抽象,而西方学者思考问题更具体,这正是孔子和亚里士多德之间的差别。这话说得没错,中西方教育各有优劣,两者之间应相互借鉴、取长补短。融合是大势所趋,跨国、跨文化、跨学校、跨专业学习都很重要。当然,目前"跨"还面临很多障碍,需要进一步破解和推进。

教育协作 | 2019-06-20,星期四

晚饭后,我到办公室走走,一位班主任正在和两个学生谈话。班主任找学生谈话是再平常不过的事了。可是不一会儿,那两个学生就和班主任争执了起来。班主任开始指责他们,而学生也不甘示弱,我见状急忙上前劝阻,要他们保持冷静。原来晚自习那两个学生在教室打闹,被班主任发现了,带他们到办公室,他们不承认,说老师冤枉他们。我和他们讲,在学

校里,学生犯错,老师有责任教育,学生有想法和意见可以向老师提,但一定要心平气和地提……经过一番劝说,那两个学生低下了头,承认自己态度不好、没有尊重老师。班主任又和他们谈了一阵,那两个学生离开了。教育是一项细致而琐碎的工程,不可急躁和冒进,教育学生是教师共同的责任。因此,遇到这种情况,千万不要袖手旁观、熟视无睹,那不仅是别人的事,也是你的事!

不可忽视生命教育 | 2019-06-26,星期三

有些教师和家长不能理解孩子独立自主的心理需求,事事为孩子"着想",更多地把个人主观意愿强加给孩子,这就阻碍了孩子个性发展,忽略了生命教育。生命教育包括安全教育和心理健康教育等。生命教育是一个系统工程,需要各方通力合作、精心设计。首先,对生命教育要有正确的认知和规划,要把心理健康教育纳入学校课程规划体系,让生命教育进课程、进课堂、进家庭。其次,有关部门应该整顿社会文化秩序、优化网络环境,让生命教育拓展到孩子成长的各个空间。创新生命教育方式,让学生和家长能够听得懂、看得清、接受得了。最后,要促进"家校社"协同育人,只有全社会重视,多方参与,才能为孩子成长创造良好的内部和外部环境,生命教育才能得到真正落实。

创设良好的学校环境 | 2019-09-16,星期一

培养真正的创新人才需要有一个良好的学校环境。良好的学校环境需要具备六个要素:一要有良好的学习风气和学习氛围;二是有一批热爱教育的高素质教师队伍;三是教师对教育教学的投入,以及良好的个性化教育;四是学生拥有自主学习和创造的空间;五是教师要有国际化的教育视野;六是学校要具备教学和研究必要的软硬件条件。具备这六个要素的学校就是一所好学校。有些学校办学质量不高,就归咎于生源差、优秀学生少,却很少提及学风、校风及教师的敬业精神。良好的学风、校风对教育教学和学生成长具有重大影响,但一些学校忽视学风建设,导致学生学习动力不足,综合素养迟迟得不到提升,教师敬业精神不足,个性化教育也没有落到实处。建设良好的学校环境是一个综合、系统的工程,学生与学风、

教师与教风、软硬件条件等都同样重要。

教育即解放 | 2019-10-08，星期二

20世纪六七十年代，巴西教育家弗莱雷就提出"教育即改变""教育即解放"的思想。他认为，在社会向现代化转变的过程中，依靠教育解放人，首先要剔除旧时代遗留下来的"驯化教育"的毒瘤，让人们体会到人的本体意义，打破内心的锁链，才能解放自己，然后解放他人。弗莱雷以独到的眼光和视角，提出的"教育即解放"观点触及了教育的本质，也触及了家庭教育的本质。当孩子过着"被关爱""被规定"的生活，淹没在无主体意识、无思考、无批判状态的时候，他们的身心很难得到健康发展。家庭教育应建立在尊重孩子的基础上，让孩子有权利去表达、选择和追求，每个孩子都是独特的，要允许孩子不完全以家长的意志去说话做事。解放孩子的双手、双眼和大脑，使他们有自由成长的空间，能承担自我责任，实现真正的自由选择。

STEM教育优势 | 2019-10-21，星期一

STEM教育是指科学（Science）、技术（Technology）、工程（Engineering）和数学（Mathematic）相结合的教育，自20世纪90年代被提出以来，因其顺应教育改革的趋势和未来人才培养需求，而备受各国的关注。首先，STEM教育突出多学科的有机联系，强调对科学、技术、工程和数学的跨学科整合，并搭建学生大脑中抽象知识和真实世界之间的桥梁，引导学生形成积极思考的习惯，使其能以综合性、创造性的视角分析和解决问题。其次，STEM教育注重真实问题的解决。STEM教育将关注点放在现实生活中的具体问题上，强调对先前习得知识与技能的迁移运用，鼓励学生积极寻找解决实际问题的方法。最后，STEM教育突出学生的主体地位，强调学生的主动、积极参与，要求教师能够倾听学生的想法，给学生预留充足的时间进行自主探索，并用一系列疑问去引发学生思考，引导学生从迷惑和错误中探寻知识本真。学生只有经过探索过程中的纠结和冲突，才能更深刻地构建知识网络并掌握实践技能，提升获得感，逐渐成长为全面发展的优秀人才。

日本"宽松教育"为何失败 ｜ 2019-10-31，星期四

日本在20世纪70年代曾全面推行"宽松教育"，2016年政府发表"去宽松化"宣言，承认宽松教育失败。究其原因主要有以下三个方面：一是在政策理念上，没有达成共识。日本初期的宽松政策，只是在原有教学时间和教学内容上进行了大幅削减，宽松之后，学生到底要学到什么程度、教师应教到什么程度，对此没有形成统一认识。二是在政策执行中，没有依据同一标准。公立学校按照要求削减了教学时间和教学内容，但私立学校和社会培训机构却没有实行，仍然以"应试"为主导。三是在政策保障上，尤其是在教学保障上，没有落实到位。宽松教育在减少一般学科的课时后，增设了"综合学习时间"，但日本文部科学省没有对综合学习内容作出详细、具体的规定，也没有指定教材。日本实行"宽松教育"的出发点是为了避免传统填鸭式教育的弊端、培养面向未来的创造型人才，但是由于上述诸多方面的失误，最终走向了失败的结局，这不能不令人深思。

经验办学的劣势 ｜ 2019-11-25，星期一

高二学业水平模拟考试结果公布，某校与县内同类学校相比，三门学科领先，三门学科落后。在考试分析会上，有人说："三门学科过关率低，怎么办？只有加课时、多辅导，老师要使出全身力气搞好复习！"又有人说："学生自觉性差，不靠盯、不靠压，怎么行？考得好不好，就看老师肯不肯下功夫了！"听了这样的话，相信在场的老师肯定会发怵：教学怎么变成了时间的比拼、力气的较量？难道学校和工厂一样，劳动力投入越多，产出就越大？在大力推进素质教育、培育学生核心素养的当下，靠"盯、磨、压"的传统方法已经行不通了。学生成绩落后是事实，但我们不能仅仅将其归结于课时少、教师时间花得少，搞简单的"加码"。实际上，深层原因还在于"教"与"学"不得法。每个班级、每个老师情况不一样，我们先要了解学情，掌握学生"学"的状况，再分析教情，找出"教"的短板，然后整体考虑、精准施策，对不同班级、不同学科采取不同的应对策略。这是一个精细、严谨的分析过程，不可慌乱和急躁。

少一些功利性评价 | 2019-12-16，星期一

功利性评价是指向短期教育效能和效果的教育评价，比如说单元考、期中考、分数排名等。功利性评价所带来的损耗感非常大，使原本有意义的工作都变成了为了排名和考试分数的较量。人的综合发展需要依托复杂的情境和条件，为了发展思维和提升素养，教学过程需要绕着弯走，引导学生步步提升。而为了应付功利性评价，教学过程就要抄近路、走直线，追求业绩，急功近利，补课、刷题训练等，这样就把原本可以带来幸福感和成就感的教育过程变成了"损耗"的过程，很多教师都会感到力不从心。因此，为教师"减负"并不是简单地减少工作量或缩短工作时间，而是要找到那些让教师产生"损耗"的关键方面，落实好化解之策，让教师在忙碌中充实，在充实中发展。

"关心教育"的价值 | 2020-01-07，星期二

唤起学生的同情心，是教育的主题之一。倡导"关心教育"的内尔·诺丁斯，从不同角度阐述了"同情教育的思想"。她认为，关心和被关心是人类的基本需要，但并非所有人都学会了关心他人。有的人关心知识，关心事业，关心变化的世界，却缺乏对人类的同情；有的人精神贫乏，内心空虚，对人或事物都很漠然，其生活词典中就没有"关心"一词。内尔·诺丁斯呼吁，教育最好围绕"关心"展开，让学生学会"关心自己，关心身边最亲近的人，关心与自己有各种关系的人，关心与自己没有关系的人"。教育的目的应该是"鼓励有能力关心他人、懂得爱人也值得别人爱的人"的健康成长。在教育实践中，"关心教育"相对缺失，不仅家长，甚至一些教师也没有意识到"关心教育"的价值。我们对自己孩子的爱是"无私的、慷慨的"，可是却忽视了把爱根植到孩子心中。在"关心他人"方面自己做得不够，就很难引导孩子关心他人。这值得我们深思，只有自己具备同情心，努力关心身边的人，才能积极主动地引导孩子、引导学生去关心他人，把"关心教育"落到实处。

"走出去"何其难 | 2020-01-10,星期五

2013年2月,国务院办公厅印发《国民旅游休闲纲要(2013—2020年)》,提出"逐步推行中小学研学旅行"。2016年11月,在教育部等11部门出台关于推进中小学生研学旅行的意见后,各地积极探索开展研学旅行,积累了很多有益经验。但目前还存在一些不足。我们在一些学校进行调查,发现实施情况不容乐观。由于教学任务重、学生安全责任大等各种原因,研学旅行的开展并不顺畅。但研学旅行确实是一个良好的育人方案,学生可以通过集体旅行,集中食宿的方式走出校园,拓宽视野,丰富知识,提升自理能力和实践能力。所以我们需加倍努力,转变教育观念,改进教学模式和教学评价制度,各方协调行动,使研学旅行真正落到实处,并常态化开展活动。

好经不可念歪 | 2020-02-20,星期四

为阻断疫情向校园蔓延,今年春学期延期开学,各地、各学校陆续开展网上教学,"停课不停学"对保障正常教学秩序和维护社会稳定有重要意义。但在落实过程中也产生了一些问题,如有些学校超前授课,以"不停学"之名,行假期补课之实。有的学校要求教师每天给学生布置任务,并督促检查,为学生制定"假期作息时间表",其时间安排和学生在校时间安排完全一致。除了白天网上学习,还有早读课、晚自习,每个时间点都要"点名考勤"。每天有大量作业,周末还有阶段性练习,学生负担并不比在学校轻,家长有想法却不敢提。个别学校要求全体教师录制视频课程并按日上传,大大增加了教师的工作量。特殊时期要坚持教师线上指导与学生居家自主学习相结合,选择适宜的学习资源,限时限量安排学习任务,促进学生身心全面发展。

补上生命教育课 | 2020-05-26,星期二

疫情笼罩下,青少年有着深刻的抗疫体验,这是一次绝佳的生命教育机会。但有些学校没有充分认识到生命教育的重要性,学生对生命存在、生命价值、生活目标等缺少深刻认识。从本质来讲,生命教育是一种全人

教育,它不仅是关乎"生"与"死"的教育,更是对生命自身探寻的教育,其最终目标是让每个人知道"我是谁""我能做什么""我的生命价值是什么",让青少年带着这些思考去成长。生命教育,可以单独开课,但要更多地融入日常教育中,我们不必刻意去寻找生命教育与学科教学的关联点,只要教师认识到生命教育的重要性,明确肩负的教育责任,在教学中随时可以融入、渗透生命教育,或多或少、或长或短,只要留心、只要坚持,生命教育就能取得较好的教育效果。

德育之重 ┃ 2020-06-02,星期二

生而为人,要做一个人,不是一件简单的事,要做一个好人,则更不容易。人是道德主体,有向善的禀赋,能意识到道德法则,但也有选择恶的可能,稍不留心就有可能滑向道德的反面、罪恶的深渊。做好人需要一生的努力,而做坏人则只在一念之间。人本身有弱点,又有各种来自外界的诱惑与压力,做好人就要时刻经受考验。青少年在成长过程中必然处在内外各种力量的拉扯之中,会陷入被欲望、诱惑所影响的摇摆状态,有时难以自拔,需要他人施以援手,这就是教育的初衷。教育和德育可以起到"援手"的作用,及早发现危险苗头,及时施以"援手",就能获得较好的教育效果。如何及早发现危险苗头,何时拉,怎么拉,这考验着教育者的智慧。另外,学校本身也是群体,要克服群体固有的缺陷去指引学生前进并非易事。但无论如何困难,都要充分落实德育教育,都要去尽力培养道德自律的人。

5G能改变教育形态吗 ┃ 2020-06-03,星期三

5G是第五代移动通信技术的简称,与4G相比,具有高速度、低时延、大容量的特点。有媒体认为"5G赋能教育""5G改变教育",那么5G对教育究竟会产生多大影响呢?不可否认,每次技术进步,都会推动教育变革,所以人们希望5G等新技术能改变我们的教育。马克思指出,人类工具的发展能够造成新的力量和新的观念。观念、思维、精神交往是人们物质关系的直接产物。依靠科技进步,我们可以把现有学科知识一览无余地提供给学生,但青少年核心素养和人格、情感、品德、意志等方面培养,仅依靠5G等技术手段,而没有教师参与,在当前及今后很长一段时间都很难实现。教

育数字化转型的物质基础是实体技术的升级与迭代,师生数字化观念及行为的转变才是首要任务。

教育评价新趋势 ｜ 2020-06-18,星期四

教育评价的内容和标准在整个教育活动中发挥着指挥棒和方向标的作用。目前教育评价出现了一些新趋势:一是教育评价设计和开发所依据的认知模型突破了分科教学的模式,包含整合的核心知识、技能及彼此之间的关联。教育评价的范围扩展到学生的复杂思维、问题解决能力以及隐性知识评估。二是教育评价关注学习者知识建构的贯通性,为课程、教学和评价提供一种跨越不同年龄段的、贯通的认知发展模型,其比较典型的做法就是将"学习进阶"的理念引入学科核心大概念的学习中。以学习进阶的模型指导教育评价的设计和开发,关注学生深层次理解的发展过程,为学生的具体学科核心概念的理解和发展提出相应建议。三是教育评价关注学生的认知、元认知、社会认知和非认知特征对个体行为和学习表现的影响。大量研究表明,非认知变量与学生在教育过程中和今后职业生涯中取得的成绩之间存在较强的关联性。教育评价的这些新趋势对我们教师的教学活动都有直接或间接的影响。及时了解这些变化,我们就能把握教育发展的一些最新动态,在教育工作中保持先进性。

榜样教育要接地气 ｜ 2020-06-23,星期二

每个人心中都有榜样,有长远的榜样,也有近期的榜样,不同时期,榜样也会变换。榜样的力量,对青少年健康成长是很有帮助的。榜样教育的目的不是让学生都成为"完美"的人,而是让他们在对美好事物追求中不断"完善"自己。榜样教育要接地气,如果人为拔高,使榜样过于完美,只讲述其杰出事迹而忽视其作为一个人的真性情,就会导致榜样脱离普通生活,让青少年感到榜样离自己太遥远,只"点赞"却难以效仿学习。多挖掘、展示榜样接地气的生活,会更吸引学生,使学习榜样变得比较轻松。伟人、英雄、时代楷模是青少年成长中不可或缺的榜样,身边优秀的老师、同学、邻居等也可以是学习的榜样。很多中小学生把学习好、人品好、勤奋努力的同学视为榜样,就是因为同学与他们的生活更近,经常看到这样的榜样,其

激励效果会更明显。

客观评析高考试题 | 2020-07-13,星期一

2020年高考已落下帷幕,今年江苏高考试卷质量如何,一时成了各方关注的热点。一些学科名师、专家受媒体邀请对高考试卷作了点评,大部分点评是中肯、实事求是的,但也有一些点评不切实际,受到人们质疑。以今年江苏高考数学卷为例,教育报上刊登南京某中学教师的评析文章,认为高考数学试题"注重'四基',贴近教材,基础考察全""目标性强,覆盖面广,点题对应好""注重素养,倡导通法,解题路径宽"等。而我从考生处了解到,数学试卷存在"简单题太简单,难题太难,中等题偏少"的问题,这和平时的模拟试卷有很大不同。我又和一些高三数学老师交流,他们证实了学生的说法。吉老师告诉我,今年数学卷过于侧重基础,有的甚至就是教材中例题的改编,而难题过难,除了极少数优秀学生能拿到分数,其他学生都很难得分,试卷难度把握不足。这些情况在评析文章中只字未提。既然是评析就应该实事求是,在听取各方意见的基础上,客观评价试卷质量,指出改进的方向。要敢于讲真话、说实话,这样的评析才是"真评析",才能受到大家的欢迎。

素质教育与应试教育 | 2020-08-03,星期一

与应试教育相比,素质教育的优势是什么?对此很多人都会说,素质教育减轻了师生负担,有利于学生终身发展。但是当自己的孩子选择高中时,一些家长又忽略了素质教育。在现实面前,各方的功利心态给学校办学带来压力,一方面要落实素质教育,培育学生核心素养;另一方面要抓教学,提高学生成绩。两者协调推进,家校皆大欢喜,一旦失衡,学校会面临巨大压力。十年树木,百年树人,教育要面向未来。每个家长都希望孩子今后工作好、生活好,但这并不是用高分就能换来的,而是取决于孩子的意志品德和综合素养,只盯着高考成绩,以分数高低论优劣,难以培养出真正的优秀人才。

“淘汰制”早就该淘汰了 ┃ 2020-09-25,星期五

今年5月,李老师团队申报某市“四有”好教师团队,经过学校推荐、县级初审、市级评审几个环节,一番周折后仍未能入选。在参评过程中,李老师了解到,市教育局在评审过程中实行的是淘汰制,即首先审核申报材料,确定入围团队,之后组织入围团队答辩,专家打分,最后根据专家打出的分数确定入选团队。淘汰制容易操作,但受到参选教师的质疑。淘汰制适用于体育竞赛,但不适用于教师考评。一些教师平时积累的教育成果不多,但如果现场10分钟答辩获得高分就能入选,而那些平时兢兢业业、成果丰硕,但不善于答辩的教师就很难入选。申报材料反映教师现有成果,答辩反映教师设计水平和表达能力,两者各有侧重,只有两者结合才能更全面地考核教师综合素养。因此我建议以积分制取代淘汰制,综合材料得分和答辩(上课)得分对参评教师进行排名,确定入选团队。积分制能客观、全面反映教师综合素养和能力,在教师职称和其他项目评审中应予以推广。

及时修改职称评审细则 ┃ 2020-11-27,星期五

今天我作为教师代表参加了学校教师职称申报材料审核工作。2020年我校推荐高级职称(副高级)4个,学校共有13位教师提交了申报材料。审核小组对各位老师提交的申报材料进行认真审核、打分和统计,整个过程是公平、公正、公开的。但在审核过程中,我发现《职称评审量化细则》还存在一些不足之处,需修改完善。比如在“教育管理”中,“教师担任教研组长,每年加1分”,这与班主任每年加分一样,这就不够稳妥。再比如“参与县、市、省级及以上批准立项课题研究的分别加1、2、3分,已结题的另加1、2、3分”,这意味着只要参与省级课题并结题,即可获得6分(最高分),课题参与人与主持人得分相同,这也不尽合理。还有“任现职以来在农村工作的,每年加1.5分”,如果教师任现职以来在农村工作8年以上,即可得到本项最高12分,而教龄、学历却没有被提及,这也有失偏颇。职称评审涉及教师的切身利益,是学校工作的一件大事。针对评审中出现的新情况、新问题,需要认真对待,及时对细则进行修改完善,这样才能保证职称评审更公平、更公正。

培育"道德能力" | 2020-12-04,星期五

道德能力、道德态度、道德行为都是道德的重要方面,道德能力是道德态度连接道德行为的中间环节。与语言能力、思维能力等一样,道德能力不是与生俱来的,需要通过父母、学校和其他教育途径培养习得。道德能力是践行价值观的基础和关键,很多学校和教师简单地把核心价值观教育理解为背诵几个价值要点,限定于道德概念的说教、标语的悬挂或其他有道德内容的宣传形式,这种做法常常是低效的。"记住要求"只是价值观教育的起始阶段,如何深刻理解这些价值范畴,如何在面临价值冲突和价值选择时坚定地站在社会主义核心价值观的立场,做出抉择,这就要求青少年具有一定的道德能力。必备的道德能力也是迎接时代挑战、解决问题、建设和谐社会的根基,道德能力需要不断地培育,每个教育工作者都要有意识地培育学生的道德能力,助力学生更好地发展。

为教师"减压" | 2020-12-15,星期二

这些年教育者的压力逐年升高。学校和教师面临着辅导学生和管理、安全等多方面的压力,工作负担不断加重,过高的压力打击着教师工作的积极性。调查显示,不少教师都感到工作疲劳,压力让教师的职业幸福感下降很快。"减压"是当前教育的关键词,不仅要为学生"减压",也要为教师、为学校"减压"。如何为教师减压,让他们以更好的状态面对工作?为教师"减压",主要依靠学校和教育行政部门推动。管理变革的方向就是要尊重教师,尊重他们的个性,给予他们自主发展的空间,关注他们的心理健康,激励教师努力实现奋斗目标,如此才能真正提高教师的积极性。

以学生为本办教育 | 2021-01-04,星期一

有的校长和教师对分数、名次、优秀率、本科达线人数等一个个数字了如指掌,却对一个个鲜活而真实的学生视而不见;有的校长拿生源好坏来说事,或者鼓吹"重点班""强化班"的时候,教育就已经"变了味",这样很难办出让人民满意的教育。在任何教育中,人都是第一位的,真正的教育一定是以学生为本的。学生是学校的"中心",学校教育教学工作都应围绕学

生来展开。每个学生都是独一无二的生命个体,都有其独立存在的生命价值和生命尊严。教育的价值就在于引发每个学生积极向上的生命信念,唤醒他们内在的人生追求,努力成为最好的自己。教育发展再快,我们也不能丢失"服务学生"这个根本。

关注"不公平"问题　|　2021-01-06,星期三

有些教师刚参加工作时积极性很高,工作几年后慢慢变得懈怠。影响教师工作积极性的因素之一是不公平,有以下几种情况:一是教学工作量不公平。有的教师课务少,自由时间多,工资待遇却一分不少。其他教师看在眼里,感到不公平,就可能以消极态度对待教学。二是机会不公平。有的教师第一次申报职称就评上了,而有的教师报了多次也没评上,但从材料上看,他们也不差。有的教师总有机会去比赛,而另一些教师总轮不到。这些情况值得我们关注,教师行业对从业态度要求很高,积极性高的教师会更加主动工作,会为更深层次的教育成效付出努力。首先,我们要用基本工作量给公平保底,全体教师参与确定基本工作量,所有教师都要完成基本工作量。其次,用共同成长代替零和博弈。零和博弈是有你没我,伤了教师之间感情,打击教师的积极性,所以要大力倡导教师共同成长、共同提升。最后,要引导教师进行职业生涯规划,明确奋斗目标和路径,实现个性化自主发展。

防止教育课题功利化　|　2021-02-23,星期二

在许多学校,教师申报高一级职称时,课题研究都是一个重要加分项。这就导致部分中小学教师挖空心思去"参加"课题研究,根本不是自己的兴趣爱好使然,而是带着极强的功利性目的。有的人四处请人帮忙,加入别人的课题组;有的人不会研究、没有论文,就花钱购买课题研究资格,购买结题论文;个别管理者甚至以权谋私,不从事实际研究却通过挂名等形式获取利益;等等。课题本应该源自课堂,立足实际,针对各种教育教学问题开展研究,而这些虚假研究显然违背教育初衷,把课题研究异化为功利行为,导致学术不端,最后造成课题研究的"假大空",背离了课题研究的本意。所以各级教科研部门要切实履行课题研究的指导、监督职责,杜绝学

术不端行为的发生;同时改革教师评价机制,营造教育科研的良好氛围,保障有课题研究能力的教师能够潜心研究。这样才能使异化的课题、变味的研究回归正常轨道。

教育与科技的融合 | 2021-03-09,星期二

教育与科技的融合一直是人们关注的话题。近年来,教育与科技的结合越来越紧密。科技除了改变教育之外,也在改变青少年和世界的关系。但是,从2012年开始在部分地区试行的电子书包等技术进课堂的实践,并未完全成功,也未实现大范围推广。2018年,教育部等部门联合印发《综合防控儿童青少年近视实施方案》,提出有意识地控制孩子特别是学龄前儿童使用电子产品,非学习目的的电子产品单次使用时间不宜超过15分钟,每天累计不宜超过1小时。今年1月,教育部办公厅在《关于加强中小学生手机管理工作的通知》中要求,学生原则上不得将个人手机带入校园,禁止手机带入课堂。这些规定得到了大多数教师和家长的支持。但我们要看到,手机对学生学习生活产生的冲击,并不是科技的过错,而是利用方式出了问题。科技总是走在教育前面,科技对教育的引领作用十分明显。教育与科技的融合并非教育单纯与高科技设备的结合,我们要引导青少年"理解电脑时代的思考逻辑,从而更好地与智能机器进行交互并且驾驭它们"。这不仅需要教育界对科技的理解和支持,也需要更多高素质师资推动教育与科技协同融合、共同发展。

技能的重要性 | 2021-03-16,星期二

据世界银行网站报道,当前的自动化和人工智能都提高了对教育的需求,各国要做的不仅是提供更多的教育资源,还要提供高水平、高质量的教育资源。技能学习对于建立终身学习体系非常重要,我们需要在认知技能及其他相关技能上进行投资。这些技能包括:解决问题的能力——批判性思考和分析;学习技能——获取新知识;研究技能——阅读和写作;个人技能——自我管理、做出合理的判断;社会技能——协作、团队合作、管理、领导能力;应变能力和解决冲突的能力。这些技能的培养是大中小学教育和家庭教育的重要任务,而当前我们可能只重视学生某些方面的技能培养,

而忽视了其他技能的培养。作为教育者,我们要充分认识到培养技能的重要性和紧迫性,虽然一时难以做到技能培养的均衡发力,但在教育活动中,不能顾此失彼,要兼顾学生各种技能培养,让学生在学习技能、个人技能、社会技能等各方面都得到长足发展。

让歌声在校园飞扬 ｜ 2021-03-17,星期三

上午第二节课后的课间操取消了。30分钟的时间,学生在教室里和走廊上活动,相互交谈、追逐、吵闹……此时校园广播可以放一些音乐。在催人奋进的音乐声中,顽皮的学生会冷静下来,失落的学生也会受到激励。其实不仅课间操时间,学生自由活动、吃饭、劳动时间,校园里都可以有嘹亮的歌声响起。伴随着歌声,学生的心情都会更加愉悦。有的学校还组织学生唱校歌、唱班歌,鼓舞学生的士气。高中三年,每个学生若都能学会几首歌曲,闲暇时唱上几句,这是多么美好的事情!对于我们教师来说,音乐也能化解忧郁、催人奋进。我在工作之余经常听音乐,音乐会给我带来美妙的享受,有音乐相随,心情就会轻松愉悦。

仪式不能变成"形式" ｜ 2021-03-23,星期二

学校教育离不开仪式,每周一的升旗、每天的课间操,以及运动会、艺术节等各种集体活动,都是需要全校师生参加的仪式。以班级为单位举行的仪式、每节课教师安排的活动也都有着各种规范。但有的学生对仪式漠不关心,或根本不当回事,上课铃响了依然在讲话,课间操集合站队松松散散,参加升旗仪式漫不经心,这样仪式就失去了应有的教育作用。仪式变成了"形式",这不仅与学校常规管理不到位有关,也与"仪式感"的缺乏有关。仪式是一种情感教育,仪式的设计要指向情感共振,使师生获得某种秩序感。仪式教育的核心在于励志,要唤醒学生的心灵,让学生真心感悟而不是"走过场",要重视仪式参与者的主体地位,精心设计浓烈的情感体验,营造让受教育者内心感动的仪式氛围。

加强通识教育 ｜ 2021-04-14,星期三

通识教育指的是每位学生都应接受的非专业性、非功利性教育,它与

专业知识和技能教育相辅相成。知识、技能的跨学科融合是通识教育的重要特征,这是"双减"政策所追求的人的综合发展重要理念之一。如在地理教学中,可适当增加以项目式学习为主要方式的跨学科主题探究,内容可以涵盖宇宙空间、气候变化、农业生产、城市规划、环境治理等方面,形式可以有实验演示、角色扮演、野外考察、社会调查等,将多学科知识从"点"到"网"联结起来。通过真实情境建构学科知识的意义,引导学生在地理学习中进行科学学习、文化学习、社会学习、生命学习,构建出"地理+N"学科的融合式学习框架。通识教育是为了让学生知道世界的复杂性和人类认识的无限可能性。增加通识教育内容,有利于拓展学生的认知边界,提高学生思维的灵活性和深刻性,培养学生多视角和跨学科解决问题的能力,最终目标都是指向学生核心素养培育和综合素质发展。

"无痕教育"的优势 ｜ 2021-04-20,星期二

"无痕教育"就是倡导在教学中"不知不觉开始""潜移默化中掌握""春风化雨中提升"。教师在教学过程中,不能把自己的主观愿望强加给学生,要学会把教育意图"隐藏"起来,达到"随风潜入夜,润物细无声"的境界。比如,有教师在讲"自然环境的差异性"时,没有展示事先准备好的景观图片,而是先问学生:"咱班有多少人去过北京?"有学生举起了手。"你对北京印象最深的是什么?"教师问道。学生的回答是天安门、故宫、长城、水立方等。教师又问:"北京自然环境与射阳相比,有什么不同呢?"学生议论纷纷。至此,开始了本课教学。这位教师善于认识学情,利用学生较熟悉的城市导入教学,而不是直接出示两张陌生的图片让学生比较差异。"好课无痕",就是教师"教"的痕迹不太明显,与学生的思维和想法自然衔接。"教"的痕迹越重,教学的效果反而不好,那种强制牵着"牛鼻子"向前走的教学是低效教学。教学艺术就在于想学生所想,在学生生活体验和思维基础上巧妙"链接"知识,自然地引导学生成长。

教育研究范式变革 ｜ 2021-05-25,星期二

教育研究的基本目的是对教育问题进行解释和分析,提出一些新观点或新策略。但是,有的教育研究只是教育"知识"的生产,把发表论文作为

研究的主要任务,至于对教育实践的实际影响和应用,则很少关心。在这种研究范式下,教育知识生产与教育实践改进之间存在明显脱节,降低了教育研究对教育实践改革的推动作用,使教育实践改进停留在经验探索层面,难以取得实质性进展。这种情况应引起我们的关注,教育研究者要胸怀"国之大者",针对教育实践需求,研究真问题,真研究问题,服务教育教学改革。教育研究者要深入教育一线,搜集各种数据和资料,多和一线教师、学生广泛交流,这样才能发现新动态、新问题,并在此基础上提出明确的工作改进建议。改变传统的以论文和著作产出为导向的教育研究,能够通过研究助力教育系统不断改革和创新,践行从认识到实践、从实践到理论的研究路线,攻坚克难,真正展现教育研究的应有价值。

心静坚守教育 | 2021-10-12,星期二

日本学者佐藤学认为,教育往往要在缓慢的过程中才能沉淀下一些有用的东西。学校、课堂都需要安静,在安静的校园,教师安静地教书,保持理性思维,深刻思考问题,展示独特教育风格;课堂静下来,教师静下来,学生才可以安心学习。"双减"背景下,教师需要在新时代教育思想指导下,遵循教育规律,持之以恒地落实教书育人工作;要树立"全人"教育意识,贯通"三个课堂",拓宽育人教、学、练、评的场域,丰富作业形式,落实课程育人、作业育人和实践育人的教育理念。《管子》有言:"一年之计,莫如树谷;十年之计,莫如树木;终身之计,莫如树人。"新时代要落实立德树人根本任务,要有百年树人、静待花开的育人情怀,不仅要提高课堂教学效益、提高教学质量,还要看到立德树人的隐性质量。教师不仅要有学以致用的质量意识,还要有心静持久的实践研究、综合育人的深度探索。

体力劳动不过时 | 2021-10-15,星期五

2020年7月,教育部发布的《大中小学劳动教育指导纲要(试行)》提出:"有目的、有计划地组织学生参加日常生活劳动、生产劳动和服务性劳动,让学生动手实践、出力流汗,接受锻炼、磨炼意志,培养学生正确劳动价值观和良好劳动品质。"这有助于纠正轻视体力劳动的倾向。一段时间以来,受各种因素的影响,劳动教育没有得到应有的重视,社会上对劳动教育

也存有偏见，"劳动光荣"变得有些空洞。重视体力劳动，补上劳动教育缺失的短板，让学生在劳动中感受劳动光荣和劳动乐趣，让学生热爱劳动。劳动既能强健体魄，又能磨砺学生意志，培养学生务实、勤劳的品质。劳动教育以体力劳动为主，强调体力劳动和脑力劳动相结合，防止以课堂智育取代劳动教育，要强化劳动观念，弘扬劳动精神。让体力劳动不过时，关键要把体力劳动落到实处，劳动教育要让学生在生产过程中直接体验物质财富的生产过程，体验从简单劳动到复杂劳动再到创造性劳动的发展过程。学校要持续开展日常生活劳动，引导学生积极参加社区建设、环境保护、公益宣传等活动，选择服务性岗位，经历真实的岗位工作过程，培养职业兴趣。只有这样，才能让更多孩子在体力劳动中淬炼成长。

加强国家安全教育　｜　2021-11-12，星期五

国家安全关乎人民的最基本利益，国家安全得不到保障，人民幸福、社会稳定就无从谈起。维护国家安全，人人有责。我国社会主义发展进入新时代，内外环境比历史上任何时期都要复杂，国家安全的内涵与外延都有新变化，总体国家安全观突破了传统意义上的政治安全、国土安全、军事安全等领域，拓展到了更为宽广的时空领域。学校要高度重视国家安全教育，引导青少年了解国家安全形势，树立"大安全"意识，充分认识国家安全关乎每个人的切身利益，增强维护国家安全的责任感和使命感。要注重多种教学手段的运用和多学科教学的渗透，教师可借助现代信息技术，将国家安全教育的素材以纪录片、微电影、新闻报道等形式进行展示，给学生以直观的感受和体验。国家安全教育应向政治、历史、地理等多学科拓展，通过多学科的浸润与熏陶，对学生产生潜移默化、深入持久的影响。同时，要拓宽教育渠道，从生活中选材，将国家安全教育渗透于日常生活，引导学生参加社会实践，在实践中理解国家安全的重要性，体会责任与使命，将国家安全意识牢牢根植于心。

"五育融合"的核心　｜　2021-11-22，星期一

有人认为，"五育融合"即在一门学科中，通过教学设计将"五育"要素分离出来，最终在课堂上彰显，体现在教学过程中。对此我们要仔细分析，在

一门学科中将"五育"要素分离出来并不难,但在一节课中"彰显""五育"则非常困难。"五育"的"融"与"合"是形式、是过程,是将不同学科及不同领域、校内与校外、个体经验与社会需求相互融合。"五育融合"更是教育教学的理念和思维,要求每一位教育工作者秉持"全人理念",始终以关联式、融通式、渗透式思维来对照育人实践。德智体美劳本身并不会因"五育融合"而被掩盖,它追求的是五育美美与共、协调融合。"五育融合"的统一性决定了其不可能完全借助分科课程体系培育和实现,课程整合是"五育融合"的必经之路。"五育融合"的内容不止于知识层面,还包括设计价值、目标等层面,所以要继续探索项目学习、主题学习、深度学习等多种学习形式。因此,"五育融合"并不是另起炉灶搞教育,而是教育理念的更新,是课程建设、学科教学、综合育人等方面的实践再探索。"五育融合"的根本目的是更好地落实立德树人根本任务,实现人的全面发展。

家庭教育的关键 | 2021-11-30,星期二

2021年10月颁布的《中华人民共和国家庭教育促进法》提出:"未成年人的父母或者其他监护人应当树立正确的家庭教育理念,自觉学习家庭教育知识,在孕期和未成年人进入婴幼儿照护服务机构、幼儿园、中心小学等重要时段进行有针对性的学习,掌握科学的家庭教育方法,提高家庭教育的能力。"儿童发展有其共同、共通的规律特点与生长节奏,儿童智力的演化是按规律进行的,同时每个儿童又有其独一无二的天赋与个性,这是每个人与生俱来的,这些都需要家长学习、尊重和顺应。陶行知先生说过,好的家庭教育要有"科学的头脑和母亲的心肠",母亲的心肠是人类的本能,而父母只有通过学习才能具有"科学的头脑"。家庭教育知识可以帮助父母树立起关于家庭教育的正确观念。父母要通过各种渠道有意识地学习,从教育成果中、从历史经验中尽早习得家庭教育的"大道",有意识地控制与管理自己的教育行为,专心投入家庭教育实践,这样才能收到良好的教育效果。

增强教育类报刊吸引力 | 2021-12-14,星期二

现在教育类报刊比较多,但除了学校订阅外,个人订阅的比较少,很多

教师平时没有认真去读,有时只看个标题。不可否认,一些教师学习意识淡薄,静不下心去读。有人会说教育类报刊文章写得不好,其实,单从谋篇布局或结构章法上说,这些文章标题新颖、结构严谨、内容丰富,作者和编辑确实花了很多工夫。但为什么教育类报刊吸引力不够?我认为关键是没有抓住当下教师的关注点、疑难点和困惑点,比如教师职称、教师收入、教师心理健康、教师职业倦怠问题等。虽然报刊有时也会刊发相应的文章,但是影响力还不够大。基层学校教师的"急难愁盼"到底有哪些?怎么产生的?如何化解?这些不通过一线观察、调查、走访,是发现不了的。同时,很多教育问题的解决,不是简单的做什么、不做什么,而是需要我们寻求综合、系统的解决办法。所以教育类报刊本身也需要改革,不仅要考虑成本和市场,更需要考虑服务对象的需求。

充实精神生活 ｜ 2021-12-17,星期五

苏霍姆林斯基在《育人三部曲》一书中说:"精神生活的充实,这是一个宽泛的、多侧面的概念。创造性劳动把手的技艺与知识有机地融合在一起,它是使少年的精神生活丰富的一个很有效的源泉。"如何在实践中丰富和充实学生的精神生活?首先,要理解情感教育的重要性,培养学生丰富的情感。知识反映到情感中,这是知识转化为信念的重要条件。培养学生情感,教师可利用的手段非常多,审美教育、劳动教育都是重要途径。其次,要注意培养方法。教师要善于观察和发现,当观察到学生某些心理现象表现较为突出时,例如思维变得深刻、情感变得细腻,生活和学习态度有了变化,即预示着学生精神生活进入一个新阶段。教师要引导学生把所学知识、技能和技巧运用到生活中,认识到自己可以认识、改造世界,他们的精神生活就会出现难得的创造性。教师要尊重学生个性,采取不同方法引导他们充实精神生活。最后,传递正能量,培养学生的英勇精神。英勇精神是学生必备的高贵精神之一,进行专门教育非常必要,可以通过对英雄人物事迹的介绍,对中华优秀传统文化和一百年来中国共产党领导的革命历史的学习来进行培育。教师还可以适当利用一些反面素材教育学生,引导他们自觉抵制社会不良风气。学校要利用劳动、军训、实践活动等,培养学生敢于尝试、勇于争先的品质。

"双减"后的课后服务 ┃ 2021-12-21,星期二

"双减"后的课后服务,各校差异很大。有的学校的课后服务主要是教师看管学生完成课后作业;有的学校开设了艺术、体育、科学等多种选修课;有的学校则将课后服务变成了课堂教学的补充,开设学科补习和提高课程。各校课后服务做了很多有益探索,取得了一定成效,但仍然存在一些困难和问题。比如,如何丰富课后服务的教育资源,如何满足课后服务的个性化需求,如何利用好社会教育资源,如何减轻教师的负担等,还有待我们进一步研究和探索。应该说,课堂内外都是教育的重要部分,都需要整体谋划。"双减"政策中对课后服务提出了三点要求:保证课后服务时间,提高课后服务质量,拓展课后服务渠道。课后服务和课堂教学有很大不同,课后服务重在"服务"和"解惑",而不是"强制"和"命令",要保证学生自由的时间和空间。教师要提升课程开发能力,打破校园藩篱,拓展课程资源,技术赋能课后服务和管理。

教育生态反思

人生事业反思

世界上最重要的事，不在于我们在何处，而在我们朝着什么方向走。

——奥立佛·温德尔·福尔摩斯

认识自己 | 2018-01-26，星期五

希腊圣城德尔斐神殿上刻有这样的箴言：人啊！认识你自己。这是前人留下的忠告，青少年时期是寻找自我、认识自我的关键期，正确认识自己，对青少年成长有重要促进作用。孩子最初的自我认识来自外界的评价，上学后特别在意教师的评价。教师评价对孩子有很强的暗示作用，所以教师不能轻易下结论，更不能给他们贴标签。肯定优点，激励为主，帮助他们正确认识自己的缺点，让他们明白优点和缺点不是永远不变的，缺点可以转化为优点。读书和旅行可以让孩子看到另一个自我，我们必须重视培养孩子的阅读习惯，不能剥夺他们阅读的时间，更不能用教材去塞满孩子的书包。在旅行中，当踏上陌生土地，面对种种差异，孩子会产生思考，无形之中心灵会有一种通透的觉悟。读万卷书、行万里路，生活阅历会影响孩子看社会、看世界、看人生的角度，这不是自我认识的升华吗？

择一事贵有恒 | 2018-02-26，星期一

2017年度国家最高科学技术奖获得者王泽山院士说："我一生只做一件事。"这位"火药王"为了做好一件事，整整奋斗了一生。1996年，61岁的王泽山获得国家技术发明一等奖，在不少人看来，他已经功成名就，完全可以安闲度日、颐养天年。但王泽山继续潜心科研，苦苦研究20载，终于攻克了火炸药领域的一个世界性难题，走上了国家最高科技奖领奖台，这正应了那句老话"万事从来贵有恒"。其实不管是谁，要想干成一件事，最忌遇难则退，最忌半途而废，最需坚定不移，最需坚忍不拔。"一辈子做好一件事"需要决心和信心，也需要恒心和耐心。不管从事什么工作，不管能力大小，只要你确立了"一辈子做好一件事"的信念持续前进，不怕吃苦，不怕失败，日日有积累，天天有进步，经过几十年的奋斗，即使没有大的建树，也不会平庸。

思想贫困是最大的贫困 | 2018-05-16，星期三

帕斯卡在《思想录》一书中告诉我们——"人因思想而伟大""人只不过是一根能思想的芦苇"。教师的职业特点决定了我们更应该成为"一根能

思想的芦苇"。对于教师来说,思想贫困是最大的贫困,它比经济贫困、知识贫困都更为可怕。一个没有思想的教师是没有教书育人的灵魂的。只有教师有思想,才能教出有思想的学生;只有教师有思想,才能真正使学生体验到生命的价值、尊严与意义。我们需要经常反问自己:我对这个世界有没有自己独立的认识?我有信念吗?我有自己的教育信念吗?我能感受到信念背后的生命价值吗?我是不是一个启蒙者?我追求什么样的启蒙?只有想透这些"大道理",才能做好"小事情",从而保证教书育人的方向不会出现偏差。

中年"不惑" ｜ 2018-05-23,星期三

40多岁的中年教师,经历了二十年左右的教育工作后,积累了丰富经验,也有比较扎实的专业基础。但很多老师此时感觉到自己太"平庸"了。有老师说,教了20年书,感觉自己水平能力没什么提高,就是个"教书匠"。这种业务水平徘徊停滞的状态,就是心理学所说的"高原现象"。如果此时不警觉、不反思,那就意味着真的在忙碌中走上了平庸之路。其实很多老师内心是不甘平庸的,那么怎么做好工作、走向优秀呢?一是合理安排时间。在学校忙于教育教学各种事务,在家除保证日常生活时间外,还要有意识地多读书,读对自己有用的书,不断改进教学方法,提高自己的理解水平。二是处理事情分轻重缓急。中年教师"上有老下有小",生活压力大,除了忙教育教学工作外,杂事多,要梳理好各种事务,分出轻重缓急,先做紧要的事,一事接着一事做。三是给自己订立目标。教师工作压力大,在工作中产生倦怠感在所难免。通过给自己定一个个小目标,逐一去完成,当目标实现时,就会有满满的获得感,工作的积极性也会随之提高。

不要"小看"自己 ｜ 2018-05-28,星期一

经常听到一些教师抱怨,甚至贬低自己,仿佛自己事事不如人。但我要对他们说,成功不是以一个人的学历、地位或工作单位来衡量的,而是由他思想丰厚程度来决定的,其中最重要的就是要看重自己,克服自卑、树立信心,不要"小看"自己。虽然我们不能改变环境,但我们可以调整心态,选择我们的态度。一旦选择了正确的方向、明确了前进的道路,那些贬低自

己、削弱信心的想法就会消散,取而代之的是思维和行为方式的积极改变。那些相信自己具有"承担重大责任的能力"的人,就可能真的会变成一个"很重要"的人物。任何时候都不要贬低自己,要尝试列出自己的各种"资产"——优点和长处,告诉自己你比想象得要好。你要让眼光注视到更远的未来,对自己充满期待,而不能只看眼前。虽然不顺心的事屡屡发生,但生活不会亏待有心人,好好努力,我们离成功会越来越近。

比成绩更重要的是成长 | 2018-09-27,星期四

期末成绩出来了,不管结果如何,都好好奖励一下辛苦努力的自己吧。成绩很重要,因为它是你努力的见证,但还有比成绩更重要的东西,就是你的成长。人生的道路有千万条,每一条都有不同的风景。人生的道路也不会一帆风顺,我们都会遇到坎坷和困难,教师也会有失败和尴尬的时候,但不管遇到什么困难,不要怕,笑着前行才是真理。我们不需要过于看重成绩,尽力就好。在前进过程中获得的成长比分数更重要,成长过程中的点滴收获都值得鼓励,因为点滴进步的背后凝结着的是你的努力和不懈进取的汗水。我们的对手其实就是自己,先了解自己、认识自己,从改变自我做起、从小事做起、从现在做起,坚持不懈地努力下去,收获一定会越来越多,道路也会越走越宽敞。

略说"孤独与寂寞" | 2018-09-28,星期五

教师从事教书育人的工作,教育学生,要与学生多交流沟通,同时,教师还要能享受"孤独与寂寞",即静得下心、坐得住冷板凳。教师工作虽然繁杂琐碎,但总有自由支配的时间,白天忙碌,晚上要能坐下来回顾总结一天的工作,读点书;平时忙,节假日、寒暑假就要多读几本书、写一些反思文章。有的教师热衷于做非教学事务,浪费了很多宝贵时光,到头来一无所成。教师从事的就是默默无闻的平凡工作,在平凡中才能造就伟大。达尔文构思《物种起源》时,过的也是平平淡淡的日子,如果他想一夜成名,想的是名利,那他就不可能沉心静气写出这本巨著。科学研究如此,教育工作也是如此。教书育人需要我们花费大量时间,付出长期艰辛劳动,要有"孤独和寂寞"下的思考和探索,才能有所成就。

何必计较 | 2018-12-04,星期二

人的一生不可能事事如意、样样顺心,生活的路上总有沟沟坎坎。你的付出、你的奋斗,也许没有得到预期的回报;你的目标、你的理想,也许很难实现。如果总是抱着一份怀才不遇之心而愤愤不平,如果总抱着一腔委屈怨天尤人,难免让自己心灰意冷、心力交瘁。生活中难免会有磕磕碰碰,难免遭别人误会猜疑。你的一念之差、你的一时之言,也许别人会加以责难;你的执着、你的真诚,也许会被别人误解和中伤。如果非要针锋相对、锱铢必较,可能会两败俱伤。适时地退让一步,坦然面对,做你自己认为值得做的事,坚持下去,挥去烦恼、抛去恩怨。你会发现,内心世界开朗了,阳光依然灿烂,生活依然美好。

每天都是新起点 | 2018-12-11,星期二

在日常工作中,我们有这样的感觉:好像每天都在做同样的事情,今天是昨天的重复,明天又是今天的翻版,既普通又单调。其实,万事万物都是在变化的,环境在变、时间在更新,你没进步、没发展,那就落后了。生活不应是简单的重复,每天要有新的发展,如此才能不断进步。比如,今天读了一篇文章,课堂上改进了一个教学环节,写了一篇教学日记等,这不都是新的东西、新的变化吗?假如工作十几年没有任何变化,或者没有意识到自己的变化,而是日复一日、千篇一律,那就违背了生存发展的原则。生命不息,奋斗不止,对于一个积极进取的人来说,每一天都是新的起点。如果能时刻保持进取的状态,每天要求自己比以前有所进步,时间长了,你就能成为一个出类拔萃的人。

无需"假装努力" | 2018-12-17,星期一

生活中有人在创造着"努力"的氛围,每天瞎忙,浑浑噩噩度日。他们每天都在尝试"努力",要求自己每时每刻都做有意义的事情,玩了会手机,打了会游戏,就开始自责,甚至焦虑。"努力"成了目标本身,行动之后心灵获得暂时的安宁,觉得自己在做事、在改变。其实我们需要搞清楚,自己是在努力,还是在模仿"努力"?到底是想要努力,还是在找努力的感觉?一

些人通过五花八门的方式，给自己立下规矩，约束自己，大多数时候只是几分钟热度，做做样子罢了。我们不是要放弃努力，而是该明白为什么要这样做。一个明确想通过读书而完善自我的人，比跟风读书更容易实现目标。无需"假装努力"，我们需要的是长久的坚持和信心，并愿意为实现既定目标而付出大量时间和精力。

善待缺陷 | 2019-01-15，星期二

在我们生活的地球上，有春暖花开、鸟语花香，也有电闪雷鸣、狂风暴雨；有美丽怡人的夏威夷、风光无限的威尼斯，也有冰天雪地的南极洲、干旱荒凉的撒哈拉大沙漠。世界并不完美，完美与缺陷总是共存，世界因此而美丽。人生也一样，人不可能太完美，每个人都存在不同的、或大或小的缺陷，缺陷是美的补充。我们不必太在意自己的缺陷，努力做好自己该做的事，使自己更充实，更有涵养，做一个开朗、善良并积极进取的人。我们无法使自己外貌完美，但我们有能力使自己内心强大，不被种种不完美和缺陷所累。生命中有小小的缺陷，是很美的一件事，它使我们永远保持着追求幸福和奋进的动力。只有善待自己的缺陷，你才能发现缺陷的价值，才能珍惜生命中所有的存在，更好地享受生活、享受人生。

奋力跑好每一棒 | 2019-03-07，星期四

经过几十年的发展，中国发生了翻天覆地的变化，经济社会实现了快速发展，民众在物质生活条件上有了极大的改善。但社会的发展对不同人群来说并不是同等效果的，这就像我们在奔向同一个目的地的旅程中，有人驾车行驶，有人步行。精准扶贫政策就是不忘记那些落在后面的人，帮助他们赶上社会整体发展速度，过上幸福生活。全面深化改革这五年，新时代坚持和发展什么样的中国特色社会主义、怎样坚持和发展中国特色社会主义得到了深刻回答，形成了习近平新时代中国特色社会主义思想等一系列理论。方向决定命运，道路决定成败，发展永远在路上。面对国内外复杂的形势，我们要居安思危、齐心协力、开拓创新，激发全社会的活力和创造力，用发展和改革的成果给老百姓带来实惠，赢得民心。走好新时代的长征路，我们要跑好每一个接力棒，才能赢得这场全民接力赛。

少壮不努力,老大徒伤悲 ｜ 2019-09-02,星期一

比利时的一家杂志,曾对全国60岁以上的人做了一次专题调查。问题是:"你最后悔的是什么?"结果显示:第一,75%的人后悔年轻时不够努力,以致一事无成,生活困苦。第二,70%的人后悔年轻时选错职业,他们当年对工作的要求是"钱多事少,离家近",结果没有发挥自己的潜力。第三,62%的人后悔对子女的教育不够或方法不当,多年后才发现应该按照合理经验和科学模式去教育他们。第四,57%的人后悔没有好好珍惜自己的伴侣。第五,49%的人后悔锻炼身体不足,老来百病丛生。这些事会不会也成为我们以后后悔的事? 可能此刻你还年轻,不重视这些调查结论。当你我都充满活力时,都认为我们有大把时间去尝试和应对,浪费些光阴并不是大不了的事。人生只有一次,切勿虚度时光,此后才能无怨无悔。"少壮不努力,老大徒伤悲"这句话我们要永远铭记。

人的全面发展 ｜ 2019-09-30,星期一

教育的最高境界是实现人的全面发展。处于青少年成长时期的中学阶段,是一个人产生理想、树立志向、形成个性的关键时期。人的发展方向和发展模式问题,成为中学教育不可忽视的重大问题。中学教育不能过多强调"特色"鲜明,必须走全面发展之路。中学与大学不同,中学是全面夯实基础的阶段,大学则是培养专门人才的阶段。一所大学可以说以文科或理科见长,或者说以法学、经济学为招牌,但一所中学却不可以,中学的学科建设必须均衡,学生的发展必须全面。教育首先是帮助学生成人,其次才是教育学生成才。一个有才能而没有德行的人,可能给社会带来的不是建设而是破坏。人的全面发展强调人格的健全,学校不仅要教学生知识,也要"育人"。一个优秀的中学生,不应只是学业优秀的人,也应是一个有德行、有社会责任感的人。

成功贵在坚持 ｜ 2019-10-16,星期三

有老师投出去一篇文章,没能发表,就没有信心去修改了;有老师教学改革试验做了一学期,碰到点麻烦,就不想继续做了;有老师教学反思写了

一个月,就不想再写了……认准的事,坚持做下去比半途而废更可取。成功的关键在于坚持。一些成功人士,其实他们经历的挫折和失败比我们要多。比尔·盖茨开发面向网络的操作系统 Windows NT 时,做出来的第一个版本并不成功,于是他尝试第二个版本,结果还是不尽如人意,接着第三个版本还是结局惨淡。当时有员工问他是否还有必要做下去,他的回答非常坚定,他确信这个方向是对的,坚持要做下去,他把理由解释给大家听,员工们在他的动员下最后选择了坚持,结果研究出的 Windows 2000 成为风靡一时的操作系统软件。比尔·盖茨在创业过程中表现出来的一往无前的勇气和坚定不移的耐力令人赞叹。成功靠的不是妥协而是坚持,社会竞争常常是持久力的竞争,有恒心和毅力的人往往会成为走得最远、笑到最后的人。

创新=创造力×执行力 | 2020-01-08,星期三

爱迪生说:"天才就是1%的灵感加上99%的汗水。"灵感代表了创造力,而汗水代表着毅力和执行力。很多人谈到创新,都只强调"创造力",认为有创新性思维、有创意、有想法就是创新了,而忽略了"执行力",这是一个很大的误区。执行力是贯彻创新者意图、完成预定目标的实际操作能力。有了创意之后,创新者需要有高效的执行力,持之以恒、不屈不挠、一往无前,这样才能实现创新。英特尔公司前首席执行官安迪·葛洛夫说:"只有'偏执狂'才能生存。"这话不无道理。没有执行力,瓦特在与别人发生专利纠纷时可能会半途而废;没有执行力,爱迪生不会在一百多次实验失败后才找到合适的灯丝材料;没有执行力,门捷列夫不可能在殚精竭虑15年后,才编制出化学元素周期表。未来的创新者,不可能是今天"温室里柔弱不堪的花朵",而应是"经历过风吹雨打的松树"。执行力很难在课堂上培育,需要到艰苦的环境中去锻炼,到复杂多变的社会实践中去感受,而这些正是目前我们教育所需要加强的。

生活是最好的老师 | 2020-02-27,星期四

这个春节过得有点特别,大部分人都宅在家里过年。我们正经历着疫情带来的危机,大家戴上口罩,居家隔离,延期开学。面对疫情,我们看到

了很多义无反顾的"逆行者"，还有默默守护城市和社区的警察、保安、志愿者、居委会工作人员……每天他们早早地来到工作岗位，把关交通出入口、统计疫情状况、进行社区巡视，为的就是保护大家的平安。万众一心、众志成城，这是中华民族生生不息的精神力量！其实，有很多东西是无法通过教科书学到的。这次疫情给我们上了一堂生活大课。在学校里，我们倡导真实的学习，在真实情景中解决问题，习得真实本领。在这场没有硝烟的战争中，我们看到了无数人的付出，理解了责任与担当的意义，看到了人生百态，也体会到生命的价值……生活是最好的老师，真希望我们的孩子听从教导，与大人一起共克时艰，希望勇敢、坚韧、拼搏的精神在他们身上得到传承。

工作呼唤责任　｜　2020-04-20，星期一

责任就是对自己所负使命的忠诚和信守，是出色地完成工作，是忘我地坚守，也是人性的升华。我们每个人都在生活中扮演不同的角色，无论你做什么样的工作，担任何种职务，都对他人负有责任，这是社会的法则，也是道德的法则。从某种程度上说，角色饰演的最大成功就是完成责任。南丁·格尔被誉为"护理学之母"，在她所热爱的护理工作中，在强烈使命感的驱动下，短短3个月内，她就使伤员的死亡率从42%迅速下降到2%，创造了奇迹。她的故事告诉我们，一个人来到世上并不是为了享受，而是为了完成自己的使命。无论你所从事的是什么样的职业，只要能认真地、勇敢地负起责任，你所做的就是有价值的，就会获得别人的尊重。你对工作的态度决定了你对人生的态度，你工作的成就决定了你人生的成就。所以如果我们不愿意拿前途和人生开玩笑，就应在工作中勇敢地负起责任，满腔热情地做好自己的工作。

追求诗意人生　｜　2020-04-29，星期三

课堂教学如果只停留在求知层面的话，那是低级的学习；如果有了科学的引领，有了道德的追求，就会"更上一层楼"，可这还不是教育教学的至高境界。如果将学习，特别是整个人生当成一种审美之旅的话，整个生命状态将妙不可言。学生学习求知，不应当是一场心力交瘁的苦役，而应当

成为走向未来的幸福之旅。尽管人生旅途中会遇到各种各样的不如意,甚至是坎坷与灾难,可是它阻挡不住人生向前迈进的脚步。疫情终会消退,乌云终会散去,生活依旧美好。诗意人生撞击着我们的心扉,让你在行进路上感受生命的多彩与美好,让你领略生命时空虽然有限,却可以演绎出万千精彩的美丽与壮观。诗意人生所追求的,不是一般意义上的学业成功,而是能够走向成功,还能享受走向成功的奋斗过程。

沉默不是金 | 2020-05-21,星期四

教师既是学生发展的促进者和引领者,也是教育教学管理的参与者。但在实际工作中,有的教师只顾自己的教学"三分地",对其他事情不关心,也不愿参与。表面上看,这些教师"专心"于教学,但实际上是典型的利己主义行为,不利于事业整体发展。"沉默"的教师对教学可能很有研究,对教学和教育管理也有自己的主张,但他们从不对身边教育管理中的漏洞和突出问题主动提出改进意见。他们有意见选择保留,有不满私下"吐槽",有怨气藏在心里,呈现出一种异常的"平静"状态。"我提意见,校长高兴吗?能改进吗?对我有好处吗?还是不说为好。"有人因担心个人前途,害怕得罪人,所以不愿对学校工作提出意见,甘做"老好人"。中小学校是落实各项教育政策的"最后一公里",而教师处在教育政策落地的"最后一环",教师素质对整个教育振兴意义重大。面对各种问题和矛盾,沉默不说真话,用空话、应酬话来逃避问题、规避矛盾,这是一种不负责任的表现,必须予以纠正。教育部门和学校要创设民主、活泼的教育氛围,鼓励教师对学校教育教学多提批评意见和建议。学校是集体的,每个教师都有责任为学校发展和学生成长出谋划策,说真话、讲实情、提建议应该成为每个教师的职业习惯。

幸福时刻 | 2020-11-19,星期四

接到射阳县教育局通知,我已入选第七届"最美射阳人"。我很高兴!下午3:00,本届"最美射阳人"从各单位齐聚县党群服务中心参加活动彩排。晚上7:30,射阳县第十四届丹顶鹤文化艺术节暨第七届"最美射阳人"评选颁奖典礼正式开始。县长吴冈玉、县委书记唐敬先后致辞,他们高度

评价"最美射阳人"评选活动对射阳县精神文明建设的积极意义和重要作用,对本届当选的"最美射阳人"表示热烈祝贺。活动现场,揭晓了第七届"最美射阳人"人选,"最美道德模范""最美赤子""最美创业精英"等11类受表彰人员依次登场,领取奖杯,大屏幕上播放着当选人物的工作、学习片段。我和王秀堂、仇正军等10位老师被评为"最美教师",我们走上舞台,领取奖杯。颁奖结束,文艺工作者表演了精彩的文艺节目。这是一个美好、难忘的时刻!三尺讲台短,大爱岁月长。我是一名普通教师,取得的成绩离不开学校的支持和同事的帮助。我要感谢政府对我们乡村教师的关心和鼓励,在今后工作中继续努力,全心全意服务农村教育,力争创造新的辉煌!

有困扰才正常 | 2020-12-25,星期五

其实,职场上的每个人都有自己的责任,只有用心干、好好干,才能有好成绩。工作不可能永远一帆风顺,有成功和胜利的喜悦,也会有困扰、懊悔和失败的时候。德国诗人歌德说:"生命在于矛盾,在于运动,一旦矛盾消除,运动停止,生命也就结束了。"这话说得很有道理,生命过程就是运动的过程、矛盾的过程。如果我们不工作、不做事,没有困扰和矛盾,那我们怎么成长?怎能创造财富?如果教育教学工作一帆风顺、轻轻松松,那我们还会去寻求、研究教育方法的改进吗?还会有创新吗?没有了压力和动力,就谈不上进步。生活中有困扰是正常的,如何抉择,才是生命中最重要的。

生命有不同的精彩 | 2021-04-15,星期四

今天看到一篇文章,说杭州某小学举行校庆时,把能请到的普通校友都请来了。在校庆大会上,一位修锁师傅作为校友代表作了发言,引起全场热烈掌声。我为这所学校的做法点赞!长期以来,无论大中小学校庆,一般都邀请知名的校友,诸如科学家、工程师、领导干部等,他们固然是优秀的校友,受到众人关注,但优秀校友毕竟少数。一所学校大多数校友应该都是普通劳动者,他们在各自的工作岗位上奋斗着、奉献着,为经济发展和社会进步作贡献,他们不是优秀校友吗?不同的生命,有不同的精彩,这

些精彩会以不同的形式呈现。任何一个人,只要他有一技之长,能为社会做有用的事,他就是有用之才。社会对人才的需求是多元的,今天的中国不仅需要大批高科技人才,也需要大批高素质普通劳动者,如此经济社会才能可持续发展。所以我们培养人才,就应该是多元的。我们面对的是一个个鲜活的生命,要少一点"齐步走",多一点个性发展,让生命呈现不同的精彩。

失败也是财富 ｜ 2021-06-02,星期三

今天盐城教育网公布了市级拟推荐参评2021年省教育研究成果奖名单,共15项,我申报的成果落选了。这是我第二次参加该项目申报,遗憾的是未能通过市级评审,心中不免有些失落。每次申报我都在材料准备上花费很长时间,精心打磨,但最后都没有成功。但我又想,我提交的教学成果在学术性、创新性上可能不如别人,质量水平不够高,被淘汰也属正常。有时自我感觉良好,但别人可能做得比我更好,那我就应该以平常心接受平凡。人们在成长过程中,不可能一帆风顺,事与愿违往往是常态。没有失败,一路轻轻松松、一帆风顺,那不符合事物发展的规律。失败不可怕,平凡也不可怕,但我们要在失败中吸取教训,在平凡中坚持努力,向目标的方向前进。

每天给自己一个希望 ｜ 2021-06-18,星期五

俄国诗人普希金说:"假如生活欺骗了你,不要悲伤,也不要气愤,在愁苦的日子里要心平气和,相信吧,快乐的日子总会来临。"当面对失败的时候、面对重大灾难的时候,我们应该满怀希望。希望是激发生命激情的催化剂。著名翻译家、北京大学教授许渊冲86岁时,被诊断出直肠癌,当时医生断言他最多活7年,但他没有被击倒,反而抓紧一切时间翻译诗词和名著。耄耋之年的他给自己制订了"每天翻译1000字"的工作计划,93岁时他的目标是翻译莎士比亚全集,今年年初他还在写自传《百年梦》。回看当年,他微笑着说:"生命不是你活了多少日子,而是你记住了多少日子。我不管还能活多久,认真享受每一天,做自己喜欢的事情就好。"希望能够使我们淡忘痛苦,为我们增添前进的力量。生命有限但希望无限,每天给自

己一个希望，从小事做起，坚持不懈向前进，我们就能够拥有丰富多彩的人生。

牢记使命，继续奋斗 ｜ 2021-07-02，星期五

今天我收到了射阳县委组织部发来的短信，内容如下：

曹军同志：

您好！

今天是您的政治生日，9年前您光荣地加入了中国共产党，在这神圣的日子里，中共射阳县委组织部向您致以节日的问候！希望您时刻牢记党员身份，注重党性修养，践行入党誓词，永葆共产党员的先进本色。同时祝您身体健康，工作顺利，阖家幸福！

收到这个短信，我很高兴。党组织没有忘记我们农村教师！作为一名共产党员，从事教师职业，就应该坚定理想信念，提高道德修养，丰富专业学识，牢记育人使命，贯彻和执行好党的教育方针，发挥党员模范带头作用。新时代要做好教育教学工作，完成立德树人根本任务。前进的道路不会一帆风顺，我们要不忘初心、牢记使命，为党育才，为国育人，为实现乡村教育振兴、建设教育强国贡献自己的力量。

最美的是过程 ｜ 2021-10-27，星期三

有的教师工作没几年，就急于成功，巴不得尽快成为"名师名家"，拿高工资、过"高雅"的生活。为何他们会有这种想法？可能是日常工作平凡、单调，漫长时日看不到尽头，或者是工作中遇到了困难和麻烦，吃了苦头，感到现实与理想太"遥远"。殊不知，生活是喜怒哀乐的总和，不顺心、不如意是人生不可避免的，也不是个人力量所能左右的。事情的结果尽管重要，但做事情的过程更重要，过程使我们的生命更充实。生活中很多人都急于奔向成功，而忽略了过程中的美丽风景。人生的辉煌是生命过程中附带的，人生的精彩是在生命过程中闪现的。成功不是一蹴而就的事情，它就像一盘永远也下不完的棋，需要我们有足够的耐心。要知道，那些轻而易举得到的结果，会让内心的幸福和快乐"贬值"，只有享受过程，才是人生之中最长久的收获。

大胆向前莫焦虑　|　2021-11-02,星期二

教师的工作有一定压力,有所焦虑在所难免。但有人往往会夸大其潜在的威胁或损失,进而产生过度焦虑。如有教师把一节公开课的失败当成自己重大损失,长时间情绪低落;有教师因工作中一个失误受到领导批评,而担心受人歧视或难以评上职称,为此寝食难安。过度的焦虑会影响正常工作和身心健康。教师所担忧的事,确实有一定负面影响,但这些事情能严重到什么程度?有教师夸大了其负面影响,自然会陷入严重焦虑中。我们不妨想一想:我已经付出了、努力了,能做的都做了,至于结果,不是自己所能控制的,此时的焦虑不可能改变最终的结果。所以我们要客观地评价事态的发展,调整好心态,无论事情结果如何,我们都要能够接受发生的事实,不要陷入无限的自我怀疑和否定中。更重要的是,一路向前不停步,始终保持乐观自信、奋发有为的精神状态,这样我们才能过上美好生活,才能最终实现人生目标。

明年会更好　|　2021-12-31,星期五

不知不觉中,2021 年即将结束。2021 年是我们国家极不平凡的一年:中国共产党百年华诞、党的十九届六中全会胜利召开、全国上下疫情防控攻坚战、国家战略科技力量新发展,"十四五"开局良好……我们每个人都忙碌了一年,在不同的岗位上书写着自己的奋斗篇章。这一年我教育教学任务繁重,平时工作忙碌,但在忙碌中也有所收获、有所进步。这一年家庭生活条件改善了,孩子学有所成,父母身体健康,我感到欣慰。新的一年,我最期待肆虐全球的疫情能早点结束,人们生活能重回正轨;世界少一些对抗和冲突,让每个人都能享受和平和安宁。新的一年我要做的事情还有很多,要鼓足勇气向前进。幸福源自奋斗,平凡铸就伟大。我们要做好自己本职工作,扎扎实实走好每一步,同心协力,新的一年里努力去争取更大胜利!

人生事业反思